JN065289

元少子化大臣が解説する

異次元の
少子化対策

衆議院議員
小倉將信

中央公論事業出版

はじめに　～異次元の少子化対策の幕開け～

　2022年8月9日の夜、岸田文雄総理から私の携帯に連絡があった。「大臣として少子化対策に対応してもらいたい。小倉さんならこなしてもらえる」との話であった。過分な評価に恐縮しながらも「一生懸命頑張ります」と返事した。その時に初めて翌日の初入閣が確定したことになるが、その一時間くらい前に既にテレビのテロップに私の入閣が速報として流れ、記者からの電話で少子化担当になることも知らされていた。そのため、総理から電話をもらうまでの間は何とも不思議な時間を過ごすことになったが、色々なことが頭をよぎった。

　自分の担務を聞いた時には率直に言えば意外に感じた。岸田総理が自民党の政調会長を務めていた時に、その下でコロナ対応をはじめ様々な仕事を任せてもらった。木原誠二官房副長官をはじめ岸田政権で要職を務めている方々と、これまで自民党内で様々な政策を一緒に取りまとめたこともあり、岸田政権の中で大臣という大役をいきなり担うにしても、仕事のやり方や考え方を理解できているという点で安心感はあった。他方で、そうした仕事の多くが、経済成長戦略、税財政、金融、デジタルなど企業部門を中心とした政策であった。これらの政策が企業を強くし経済のパイを大きくする仕事と捉えるならば、少子化対策はどちらかと言えば再分配の政策であり、個々人の生活を支援していく福祉政策であるとの印象を抱いていた（ただし、大臣を続ける中で、少子化対策は経済社会政策と密接に関わるものであり、その意味において企業の果たす役割は非常に大きいと後に気づかされるのだが）。

　また、私にはこどもがいない。当然、子育て経験もない。経験がなければその分野に携わる資格がないとなれば、国会議員はほぼ全ての政策には関われなくなるが、それでもこどものいない私が少子化の司令塔に

なればそれだけで批判に晒されることもあるかもしれない。しかし、と
もかく何かしらの考えがあって少子化担当の大臣に指名されたはずなの
だから、指名を受けたら精一杯頑張るしかない。そう思い始めた矢先に
私の携帯が鳴り、岸田総理と冒頭のやり取りが交わされることになった。

　2022年8月10日に発足した第二次岸田内閣では当初より防衛、GX
（グリーントランスフォーメーション）、こどもの3分野が財源三兄弟と
呼ばれていた。この三分野は政権の重点政策として予算を大幅に増やす
ということを意味した。実際にこの年の国会で総理は「こども予算の将
来的な倍増」を明言している。翌年4月には我が国で初めて「こども」
の名前を冠したこども家庭庁の設立も予定されており、こども予算が大
きく変わる期待感も大きかった。

　こうした中、2022年度補正予算において、こども予算の将来的な倍
増の一里塚として、10万円相当の経済的支援（出産・子育て応援交付
金）と伴走型相談支援を妊娠・出産時に行う事業が加えられただけでな
く、2023年度以降も継続事業とすることが定められた。約1,600億円規
模の事業が恒久化されるだけでも予算に限りあるこども分野では画期的
なことだった。それでも、同年末と期限が定められた防衛三文書（国家
安全保障戦略、国家防衛戦略、防衛力整備計画）の下で財源と合わせて
5年間で総額43兆円もの予算がセットされた防衛の分野や、GX移行債
という新たな手法を用いて財源を確保した上で10年間で150兆円の投
資を行うGXの分野と比べて、こども分野は「議論が遅れている」との
指摘も当時なされていた。

　しかし、私は担当大臣として、総理やその周辺から、防衛とGXの議
論が一段落ついた後、次の年は少子化対策（こども予算）を集中的に検
討するとの並々ならぬ意欲を感じ取っていた。その頃（2022年臨時国
会終盤）から、総理の国会での発言が「来年の骨太の方針までにこども
予算の将来的な倍増に向けた道筋を提示する」に微妙に変化した。次の
骨太の方針まで既に半年強しか時間が残されていない。「倍増」となる
と少なくとも数兆円にも及ぶ、これまで我が国では無かった規模での少

子化対策予算の議論となる。その時に備えて、ごく少数のスタッフと共に、少子化対策予算倍増の様々なシミュレーションを行った。

　少子化対策が一挙に国政の前面に躍り出たのは2023年1月4日のことだった。この日はコロナ禍の出口が見え始めたため、四年ぶりに総理が閣僚とともに伊勢神宮を参拝する日だった。私も閣僚の一人として随行していたが、伊勢神宮参拝の恒例行事である総理の年頭会見の場で「異次元の少子化対策」との言葉が初めて総理の口から飛び出した。総理は、私（少子化大臣）の下で関係府省会議を開催し、3月末を目途にたたき台をまとめるとの指示も明らかにした。私は「異次元の少子化対策」という言葉自体は初耳だったものの、総理指示の具体的な内容（①児童手当を中心とした経済的支援の強化、②幼児教育や保育サービスの量・質両面からの強化と全ての子育て家庭を対象としたサービスの拡充、③働き方改革の推進とそれを支える制度の充実）は我々が内々検討してきたものと軌を一にしていたため、早速表立った準備に着手した。

　通常、政策は中身、予算、財源がセットで定められる。ところが、今回の少子化対策は最初に必要な政策の内容を決め、その後に予算総額と財源を確定させていく、との珍しい政策プロセスを辿ることになった。というのも、前年の防衛予算の倍増の際には、財源の報道が先行してしまい、「レストランでメニューも見ていないのに請求書が先に来るのはおかしい」との批判が自民党からも上がったからだ。なかんずく少子化対策の場合は、若者や子育て当事者など対象が多岐にわたり、これらを独身者も含め皆で支えなければならないため、なおさら具体の政策をしっかり示した上でより多くの人達に理解と賛同を得られなければ、政策は実現へと向かわない。

　上記の総理指示を受けて、2023年1月下旬には、最初の関係府省会議を開催した。上記の三本柱（＋こどもの貧困、社会的養護、障害児支援）に関する有識者ヒアリングや、総理と共に地方に赴き当事者達と意見交換を行う「こども政策対話」を経て、3月末に試案（たたき台）を取りまとめ、公表した。このたたき台では、若年人口が倍速で減少する

2030年代に突入するまでの6〜7年間を少子化トレンドを反転させるラストチャンスと見做し、その前半にあたる3年間を集中取組期間と定め「加速化プラン」と称して具体的な政策を盛り込んだ。

　たたき台に記された具体の施策については別の章に譲るとして、ここでは、少子化対策の三つの基本的な柱を紹介したい。第一に、若い世代の所得を向上させることである。少子化は婚姻数の減少（法律婚の下での出産が全体の98%を占める我が国では当該要因が他国よりも大きい）とカップルの完結出生児数の減少等の複合要因により進行する。婚姻数の減少は「適当な相手に巡り会えない」や「他に楽しみがある」との理由もあるが、やはり大きいのは若い世代の所得が伸び悩み、こどもを持つことの責任を躊躇せざるを得ないことによるものだ。非正規雇用の男性の未婚率は正規雇用の男性のそれの3倍にものぼる。だからこそ、今回の少子化対策は、子育て支援策の範疇を超えて広く経済社会政策の一環として取り組むことを掲げ、若者の所得を増やすための、構造的賃上げ、リスキリングを含む人への投資や労働市場改革を少子化対策の柱の一つとした。

　第二に、社会構造や社会意識を変えることである。我が国の共働き家庭は全体の7割を占めるようになった。しかし、真の意味での共働きは実現できていない。出産や育児を機に会社を辞め、その後に労働市場に復帰してもパートタイムで働き続ける女性が多い。女性の就業率が出産や育児を機に落ち込む、いわゆるM字カーブはほぼ解消されたが、正規雇用の割合が年齢と共に減少するL字カーブは解消されていない。女性が育休をとって同じ会社で働き続けたとしても、育児のために時短勤務等の制約された働き方が続き、会社での昇進を諦めるケースも多い。その背景には、女性が男性の5倍以上の育児や家事等の無償労働を行なっている事実がある（先進国はこの格差は概ね2倍以内となっている）。こうした状況の下、育児のためにキャリアを諦める女性がいる一方で、キャリアを追求するためこどもを持つことを断念する女性も多い。昭和や平成の「（男性）片働き（女性）片育て」モデルから令和の完全なる

「共働き共育て」社会へと社会構造を変えていかなければ少子化は解決しない。日本人男性は世界で最も長時間労働が常態化しているとも言われている。男性が育児や家事を行える環境を創出するためには、男性の育休取得促進のみならず、長時間労働の是正が必要となる。加えて、同じ会社に長期在籍し、長時間働いている方が高い評価を受けやすい今の新卒一括採用・終身雇用型の人事モデルから、育児等でキャリアが中断しても昇進可能なジョブ型への移行が望まれる。先に述べたように、少子化対策を子育て支援の拡充に留めず、社会経済政策の中で実践していかねばならない。

　少子化の改善に際して、社会意識の変化を軽視してはならない。どんなに子育てに伴う経済的負担が軽減されたとしても、精神的な負担が大きければ、人はこどもを持つことを躊躇する。ここで言う精神的負担とは育児ストレスもあり、これらに対しては専門家による相談支援が有用だろう。しかし、当事者の多くから、日々の生活のちょっとしたことの積み重ねが子育て当事者の心理的負担となっていると聞く。街中でベビーカーを押してると舌打ちをされる、レストランや公共交通でこどもが大声をあげると周りから白い目で見られるなどだ。特に海外生活経験のある日本人から、こうした傾向は我が国で顕著だとの指摘を受けた。実際にアンケートを国際比較すると、自国が子育てにやさしいと答える人の割合は、スウェーデン、ドイツ、フランスなどで8割であるのに、日本は4割程度にとどまる。したがって、少子化対策には、個々の政策の中身や規模はもちろんのこと、皆でこどもや子育て世帯をサポートするとの社会意識の向上も不可欠なのだ。

　第三が、子育てに関する切れ目のない支援の拡充である。異次元の少子化対策で最も目玉となる政策を問われると、その答えは簡単ではない。目玉がないという意味でなく、子育てというのは、妊娠から始まり、就学前、就学後、そしてこどもが高等教育を終えるまで、20年以上にも及ぶ息の長い営みであり、そのどのステージにおいても子育てへの支援が手薄になってしまえば、こどもを持つことに対する当事者の将来不安

は解消されない。子育て支援に万能薬は存在しない。何か一つの目立つことをやれば良い（例えば、出産時に1,000万円支給すれば良いとの極論を唱える人もいるが）というわけでは決してない。子育てのあらゆるステージにおける支援の充実こそが重要であり、今回の少子化対策も、細かな施策の中身は後ほど説明するが、ライフステージに応じた包括的なパッケージをまとめることを心がけた。

　上記の三つの柱を中心とする少子化対策であるが、その大前提は、「こどもを持つ、持たない」の判断は個人の価値観に委ねられるべきであり、決して強制されるものであってはならない、ということである。戦前の「産めよ、増やせよ」の反省を持ち出すまでもなく、戦後の我が国においては、「結婚する、しない、こどもを持つ、持たない」といった、個人の選択を尊重してきた。

　このことは、反面、他の政策と異なる少子化対策の難しさも意味する。少子化を防ぎ人口を維持するという観点では、人口置換水準である出生率2.07を達成することが重要であるが、こうした観点から、政府が目標を掲げ政策を推進することは、国家が国民に特定の生き方を促すことにつながりかねない。したがって、我が国では、調査を基に、こどもを持ちたいとの希望がある人が希望通り持てた場合の出生率を希望出生率とし、あくまでもその実現を目指してきた。

　証拠に基づく政策立案（EBPM）の観点から、目標（KPI）を定め、有効な政策を実施すべきとの指摘もある。その指摘は正しい側面もあるが、注意も必要である。例えば、こどもを産んだら、多額の現金を給付する、住宅ローンが免除される等の施策はもしかしたら出生率の向上につながるかもしれない。しかし、こうした政策を通じて、国家が国民に対し人生における特定の選択に強力なインセンティブを与えることになりはしないか。

　こうした中で、上記のたたき台では、こどもを持つことの経済的・身体的・精神的負担を最大限軽減することで、当事者達が不安なく、こどもを持つ希望を叶え、こどもと向き合う喜びを感じることを少子化対策

の基本的なスタンスとした。

　他方で、当事者達にプレッシャーを与えないよう細心の注意を払いつつ、少子化が我が国の静かなる有事であることも強調しなければならない。実際に、少子化が更に進行すれば、経済・市場規模の維持、年金・医療・介護などの社会保障制度の持続性や、警官や消防隊員といった地域の担い手の確保が危ぶまれるのは言うまでもない。こどもを持つことが完全に個人の自由であるならば、独身者、こどもを持たないとの選択をした人、子育てを終えた人がなぜ子育て当事者を支えなければならないのかとの反論も考えられる。したがって、少子化対策を前に進めるためには、少子化は子育て当事者だけの問題ではなく、全ての国民に関わる課題であり、だからこそ皆で支える必要があることも丁寧に説明していかねばならない。

　これらを基本スタンスとする少子化対策の試案を2023年3月にまとめた後、総理を議長、私を副議長とする「こども未来戦略会議」が発足し、経済団体や自治体の長、有識者、若者・当事者や子育て支援関係者を交えて、更なる政策の具体化、それに伴う予算や財源のあり方を議論した。そして、6月の中旬には、「こども未来戦略方針」がまとめられ、次年度以降の予算の基本方針を定める「骨太の方針」にそのまま盛り込まれることになった。試案における諸施策がいずれも抜け落ちることなく「こども未来戦略方針」にも記載された。加えて、総理の指示により、高等教育の更なる負担軽減、および児童虐待対策、こどもの貧困対策、障害児・医療的ケア児支援を検討することになった。

　予算の総額も3年間の「加速化プラン」全体で3兆円台半ば（後に3.6兆円と確定）と明記され、これにより、こども家庭庁の予算が現在の1.5倍を優に超えることになり、GDP比でみたこども一人当たりの支出も子育て先進国のスウェーデンに並ぶことになる。そして、「加速化プラン」終了後もPDCAサイクルを回した上で更に予算を増やしていき、2030年代初頭にはこども予算を倍増することが明記された。

　財源については、歳出の見直しを通じて、実質的な追加負担ゼロを目

指すことになった。こうした歳出の見直しは一年で実現するわけでなく毎年行うことで累積していくものであるため、その間、前倒しで行うこども政策の充実に関しては、こども特例公債を発行し財源にすることも決まった。

　この「こども未来戦略方針」は、同年12月に、予算編成プロセスを経て、支援金制度などの財源の仕組みを具体化した上で、「こども未来戦略」となり、翌年には最初の法案化（「改正子ども・子育て支援法案」）がなされた。

　本章の最後に「異次元」の意味について考えてみたい。まずは規模面である。

　少子化対策関係予算は安倍政権発足と合わせてこれまでも10年弱の間で3.3兆円から6.1兆円へとほぼ倍増している。この間、特に注力されたのが、子育て支援サービス（現物給付）の充実強化である。アベノミクスが経済状況を好転させた結果、求人が増え、女性の就業率も上昇した。他方で、女性就業者の増加が保育ニーズの急増につながり、「保育園落ちた、日本死ね」とのネットの書き込みが国会で取り上げられるほどに社会問題化した。待機児童の解消が政権の喫緊課題となり、消費税10％引き上げ時の財源活用等により保育の受け皿整備、保育士の処遇改善、幼児教育・保育の無償化などの政策が順次実現された。こうして女性の就業者数が370万人以上増加した（すなわち保育ニーズは増加の一途を辿った）にもかかわらず、待機児童数はピークの2万6千人から3千人を切るほどに減少した。

　しかしながら、今回の少子化対策の加速化プランは、僅か3年間で上記の規模を優に上回る3.6兆円である。そして、その後の数年間で、これと同規模の予算を更に積み増すというのである。

　個々の政策も、75年間変更されてこなかった保育士の配置基準に着手する、就労要件を問わずこどもを預けられる新しい子育てサービス（「こども誰でも通園制度」）を創出する、従来の育休制度の概念を変え手取り10割を保証する、雇用保険加入者以外にも産休・育休類似の支

援を行う、若者の所得向上など子育て支援策の範疇を超えて広く経済社会政策として少子化対策を行うなど、従来とは異なる次元で議論され盛り込まれたものも数多い。

　何故こうした政策が実現し得たのか。我が国で初めての少子化対策となるエンゼルプランが策定されて約30年が経つ。少子化大臣が任命されて約20年となる。いずれの時期にあっても行政は少子化対策を国家的課題と認識し、少子化社会対策大綱の策定をはじめとする諸施策に取り組んできた。国民の中にも少子高齢化は我が国が克服すべきテーマであることについて異論を挟む人もいなかったろう。しかし、どの時期も、少子化対策は重要課題であっても"最"重要課題ではなかったように思う。バブル崩壊、金融危機、経済再生、デフレ脱却など経済問題は常に存在したし、東日本大震災をはじめとする大災害にも見舞われ、当然のことながらその対応が最優先とされた。また、北朝鮮の核開発・ミサイル発射、中国の軍事大国化など緊迫化する国際情勢を踏まえた安全保障上の対応もせざるを得なくなった。こうした我が国の政治史を振り返れば、2023年の年始に岸田総理が異次元の少子化対策を表明したことにより、少子化対策が初めて政権の最重要課題となったと言えよう。

　政権全体のコミットメントの下で、私（少子化大臣）を議長とする関係府省会議を開催し、少子化対策を検討できた意義は大きかった。従来より内閣府に少子化担当があり上記の少子化社会対策大綱などの政策は実施してきた。とは言うものの、内閣府が権限のある各省庁の政策に対してまで口を挟むには依然として高いハードルがあり、結果として、各省庁の各種政策の「ホッチキス留め」になってしまうおそれもあった。しかしながら、今回は、総理・官邸から明示的にバックアップを得ることにより、各省庁とも、従来にない政策にまで踏み込んで検討し成案を得ることができた。関係府省会議を構成する各府省庁の幹部ひとりひとりが、省益を超えて、少子化という国家的難題を正面から取り組む意気込みを持ってくれたことも大きかった。そして、多くの有識者や子育て関係者、何よりも当事者に協力をあおぎ、生の声を聞くこともできた。

本稿を記すにあたり、携わってくれた全ての人に感謝しながら筆を進めている。

　以上が異次元の少子化対策の概観である。次章以降で、その中身について更に述べていくことにする。まず第1章において我が国の少子化を取り巻く現状を、第2章において私が2023年3月に取りまとめた「こども・子育ての強化について（試案）」（たたき台）を、第3章において岸田総理の下で同年6月に取りまとめた「こども未来戦略方針」を、第4章において同年12月に取りまとめた「こども未来戦略」を解説する。第2章から第4章にかけては、詳細に議論の変遷を記載している。今回の異次元の少子化対策がどのような議論を経て、施策の具体化がなされてきたのかを本政策の責任者の一人として読者に提供することを心がけた。したがって、異次元の少子化対策のポイントを簡潔に知りたい読者は、各章のまとめの部分を読んでいただければ、そのエッセンスが理解できるようになっている。

　少子化対策について初めて学ぶ方については、ぜひ第1章から読んでいただきたい。一方、少子化対策について既に学習している方について

写真1　少子化大臣として国会予算委員会で答弁

は、第2章から読んでいただければ、異次元の少子化対策のポイントが
理解できるようになっている。

　本書が少子化対策に関する多くの読者の理解を深め、我が国の少子化
対策の更なる進展の礎になれば幸いである。

元少子化大臣が解説する

異次元の少子化対策

目次

はじめに　〜異次元の少子化対策の幕開け〜　………… 1

第1章　我が国の少子化を取り巻く現状　…………15
(1) 我が国の少子化の現状　15
(2) 我が国の少子化対策の歴史　37
(3) 諸外国の少子化対策　39

第2章　第1フェーズ　小倉少子化大臣試案　……57
（2023年3月）
(1) こども・子育ての強化について（試案）の経緯　57
(2) こども・子育ての強化について（試案）のポイント　63
(3) まとめ　108

第3章　第2フェーズ　こども未来戦略方針　…… 113
（2023年6月）
(1) こども未来戦略方針の経緯　113
(2) こども未来戦略方針のポイント　115
(3) まとめ　136

第4章　第3フェーズ　こども未来戦略　……………143
（2023年12月）
(1) こども未来戦略の検討の経緯　143
(2) こども未来戦略のポイント　143
(3) まとめ　159

おわりに　〜これからも続く少子化対策〜 ……………… 167

参考資料 …………………………………………………… 173

　　（1）こども・子育て政策の強化について（試案）〜次元の異な
　　　　る少子化対策の実現に向けて〜（令和5年3月31日こども
　　　　政策担当大臣）　　173
　　（2）こども未来戦略〜次元の異なる少子化対策の実現に向け
　　　　て〜（令和5年12月22日こども未来戦略会議）　　190

参考文献 …………………………………………………… 225

第1章　我が国の少子化を取り巻く現状

（1）我が国の少子化の現状

①静かなる有事

「静かなる有事」。私は少子化問題を国民の皆様にこのように説明している。ウクライナ侵略や北朝鮮のミサイル開発などの外交安全保障上の危機は目に見えるため、国民の間でも危機感を共有しやすい。一方、少子化問題は、ⅰ将来の経済や市場規模の縮小、ⅱ社会保障制度の持続可能性への影響、ⅲ消防・警察などの地域社会の担い手の減少、など社会に大きな影響を与えるものの、目に見えないため、国民の間で危機感を共有しにくい。このことを国民にわかりやすく伝えるため、私は「静かなる有事」という言葉を使い、少子化の危機感をお伝えしている。少子化の波は着実に我が国を侵食してきており、国民の安心・安全な暮らしや経済社会の持続可能性を蝕んでいる。我が国は今まさに少子化という「有事」に直面しているのである。

②人口の推移

我が国の総人口の推移を国勢調査によって見ていくと、2010年の1億2,806万人をピークに減少局面に入り、2020年には1億2,615万人となっている。

また、国立社会保障・人口問題研究所の将来推計人口を見ていくと、総人口は、2070年には8,700万人と現在の約7割まで減少し、2120年には4,973万人と現在の約4割まで減少する見込みとなっている。

特に注意が必要なのは、実際には、この将来推計人口を下回る可能

図表1　我が国の総人口及び人口構造の推移と見通し

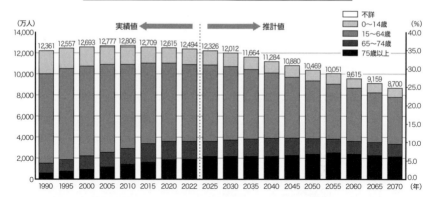

資料：2020年までは総務省「国勢調査」（2015、2020年は不詳補完値による。）、2022年は総務省「人口推計」、2025年以降は国立社会保障・人口問題研究所「日本の将来推計人口（令和5年推計）」の出生中位・死亡中位仮定による推計結果を基に作成。

注1：2015年及び2020年の年齢階級別人口は不詳補完値によるため、年齢不詳は存在しない。2025年以降の年齢階級別人口は総務省統計局「令和2年国勢調査　年齢・国籍不詳をあん分した人口（参考表）」による年齢不詳をあん分した人口に基づいて算出されていることから、年齢不詳は存在しない。なお、1950～2010年の年少人口割合の算出には分母から年齢不詳を除いている。ただし、1950年及び1955年において割合を算出する際には、下記の注釈における沖縄県の一部の人口を不詳には含めないものとする。

注2：沖縄県の1950年70歳以上の外国人136人（男55人、女81人）及び1955年70歳以上23,328人（男8,090人、女15,238人）は65～74歳、75歳以上の人口から除き、不詳に含めている。

注3：百分率は、小数点第2位を四捨五入して、小数第1位までを表示した。このため、内訳の合計が100％にならない場合がある。

性もあるということである。推計の際、合計特殊出生率[1]については、2015年の1.45と2020年の1.33を勘案して1.36と仮定されているが、2022年には1.26まで低下しており、このまま低水準で進んだ場合、将来推計以上に総人口は減少することとなる。

注
1)　合計特殊出生率とは、「15歳から49歳までの女性の年齢別出生率を合計したもの」で、1人の女性がその年次の年齢別出生率で一生の間に産むとしたときのこどもの数に相当する。

③出生数と合計特殊出生率の推移

我が国の年間の出生数の推移を見ると、第1次ベビーブーム期（1947～1949年）には約270万人、第2次ベビーブーム期（1971～1974年）には約200万人であったが、その後減少を続け、2022年にはついに80万人を割ることとなった。

足元の動向を見ると、2022年の対前年減少数は、2020年や2021年に

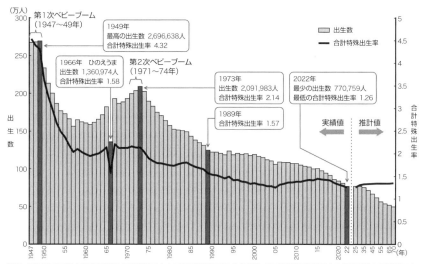

図表2　出生数と合計特殊出生率の推移と見通し

資料: 2022年までは厚生労働省「人口動態統計」、2025年以降は国立社会保障・人口問題研究所「日本の将来推計人口(令和5年推計)」の出生中位・死亡中位仮定による推計結果を基に作成。

比べて拡大しており、これは、夫婦が結婚してから第1子が生まれるまでの平均期間が2年～3年[2]である中で、新型コロナウイルス感染症が流行して間もない2020年に婚姻件数が大幅に減少したことの影響が考えられる。

　また、合計特殊出生率の推移を見ると、第1次ベビーブーム期には4.3を超えていたが、第2次ベビーブーム期には約2.1まで低下、2005年には1.26まで落ち込み、その後、2015年には1.45まで回復したものの、2022年には再び1.26まで低下している。なお、2022年の1.26は小数点第4位まで含めると過去最低の値である。

　また、国立社会保障・人口問題研究所の将来推計人口を見ていくと、出生数は、2070年には50万人と現在の約6割まで減少し、2120年には27万人と現在の約3割まで減少する見込みとなっている。

　この将来推計についても、総人口と同様、合計特殊出生率は1.36と仮定されているため、これを下回る低水準で推移した場合、将来推計以

上に出生数は減少することとなる。

注
2) 2.45年（厚生労働省「令和3年度 出生に関する統計の概況」）

④結婚を巡る状況

　こどもを持つにあたり決して結婚を前提にしているわけではなく、家族形態によらず個々人のこどもを持ちたいとの希望をいかに叶えていくかが大前提だ。他方で、現実問題として我が国では依然として98％が法律婚のカップルの下で出生している。したがって以下では婚姻数というデータに注目して少子化の現状を分析していく。

　この結婚を巡る状況を分析していくために重要な視点は、「未婚化」、「晩婚化」の2つの視点である。「未婚化」は結婚しない方が増加することを指し、「晩婚化」は初婚年齢が上昇することを指す。我が国は、先に述べたように98％が法律婚のカップルの下で出生しているため、「未婚化」が進めば、こどもの数は減少する。また、男女ともに加齢とともに妊娠する確率は低下するため、「晩婚化」が進むことによって、希望してもこどもを持てない家庭が増加することとなる。

　ここでは、まず、我が国の結婚を巡る状況を見ていく。

〈婚姻件数〉

　我が国の婚姻件数を見ると、第2次ベビーブーム期には年間100万組を超え、婚姻率も概ね10.0以上であったが、その後減少し、2020年には婚姻件数は約52万組、婚姻率は4.3と半分程度の水準となっている。

　2019年はいわゆる「令和婚」の影響で増加が見られたが、新型コロナウイルス感染症の流行が本格化する中、2020年、2021年と婚姻件数は減少し、新型コロナウイルス感染症の影響が小さくなったことに伴い、2022年は3年ぶりに前年から増加に転じている。コロナ禍を契機とした健康面や経済面などでの不安が、結婚や妊娠・出産に関して消極的にさせた影響は否定できないが、2022年には増加に転じており、今後の

図表3　婚姻件数及び婚姻率の年次推移

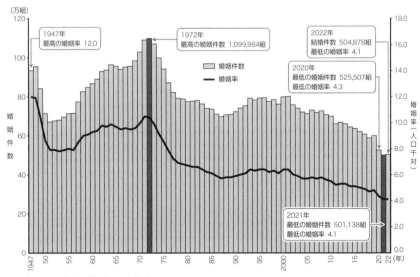

資料：厚生労働省「人口動態統計」を基に作成。

推移については、様々な要因に留意し、多面的に注視していくことが必要である。

他方、若年人口は減少していくため、中長期的なトレンドとしては、婚姻件数も減少していくことが見込まれる。

〈未婚率〉

年齢別（5歳階級）の未婚率の推移を見ると、男女ともに未婚率は上昇しており、2020年の男性は30〜34歳では2人に1人（47.4％）、35〜39歳では3人に1人（34.5％）、女性は30〜34歳では3人に1人（35.2％）、35〜39歳では4人に1人（23.6％）が未婚となっている。これは、1990年と比較して、男性では約1.5倍、女性では約3倍の水準である。

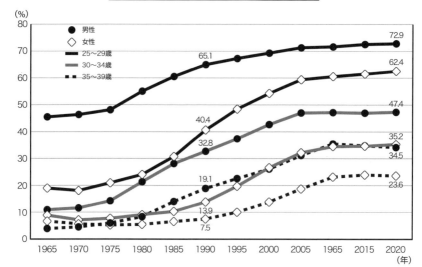

図表4　年齢別（5歳階級）の未婚率の推移

資料：総務省「国勢調査」を基に作成。

〈平均初婚年齢〉

　平均初婚年齢の推移を見ると、夫婦ともに上昇しており、2022年で夫は31.1歳、妻は29.7歳となっている。これは、1990年と比較して、夫は2.7歳、妻は3.8歳上昇した値である。

　晩婚化に伴い晩産化も進行しており、出生時の母親の平均年齢は、2022年は第1子が30.9歳となっているが、これは、1990年と比較して、3.9歳上昇した値である。

　さて、未婚化・晩婚化の現状は以上のとおりなのだが、なぜ未婚化・晩婚化が生じているのか、その要因を紐解いていこう。

〈結婚に対する意識〉

　未婚者（18〜34歳）のうち、「一生結婚するつもりはない」と答えた者の割合の推移を見ると、近年、増加傾向にある。一方、「いずれ結婚するつもり」と答えた者の割合の推移を見ると、男女ともに若干低下

しているものの、2021年の男性は81.4％、女性は84.3％となっており、依然として男女の8割以上が結婚の意思を持っている。

　未婚者（25〜34歳）に独身でいる理由を尋ねると、2021年は男女ともに「適当な相手にめぐり会わない」（男性43.3％、女性48.1％）が最も多く、次に多いのが、男性では「自由さや気楽さを失いたくない」（26.6％）や「まだ必要性を感じない」（25.8％）、「結婚資金が足りない」（23.1％）であり、女性では「自由さや気楽さを失いたくない」（31.0％）や「まだ必要性を感じない」（29.3％）、「趣味や娯楽を楽しみたい」（24.5％）となっている。1992年と比較すると、「趣味や娯楽を楽しみたい」、「異性とうまくつきあえない」という理由が増加している。

　この調査結果から、①出会いの機会、②若者の経済環境、③仕事・趣味と結婚生活との両立が課題になっていることがわかる。

〈出会いの機会〉

　夫婦の出会い別の結婚（初婚）状況の推移を見ると、「見合い・相談所」の割合が大きく減っている。「アルバイト」、「友人や兄弟姉妹」、「学校」などの割合が増加してきているが、「見合い・相談所」の減少をカバーできるまでには至っていない。

　このため、特に地方部では、行政が主導して出会いの機会を新しく提供する取組が広がってきている。また、こどもを持つかどうかは個人の判断だが、こどもを持つ具体的なイメージなかりせば、持ちたいとの希望を抱くことが難しい人も多いだろう。実際に核家族化が進行し小さいこどもが身近にいない環境で育った若者も増えている。身近にこどもがいる経験のある若者のうち9割はこどもを持ちたいと回答するが、こうした若者は全体の4割に止まる。こうした中、若者に子育て体験を提供する取組も増えており、こども家庭庁ではこれらの出会いの機会の提供等の地方自治体の取組を地域少子化対策重点推進交付金を通じて支援している。

　「結婚する相手は自分で見つけるもの」、「行政が出会いの機会づくり

図表5 地域少子化対策重点推進交付金

令和6年度当初予算案 10.0億円・令和5年度補正予算 90.0億円

地域少子化対策重点推進事業　地方公共団体が行う以下の少子化対策の取組を支援

地域結婚支援重点推進事業（補助率：2/3、3/4）

補助率3/4で支援するもの

- ●自治体間連携を伴う取組
- ●AIを始めとするマッチングシステムの高度化
- ●**地域の結婚支援ボランティア・事業者等を活用した伴走型結婚支援の充実**
- ●**客観データ等に基づく地域課題の分析を踏まえた結婚支援推進モデル事業**
- ●若い世代向けの総合的なライフデザインセミナー

※この他の結婚支援事業は補助率2/3で支援

結婚支援コンシェルジュ事業（補助率：3/4）

- ●各都道府県に、専門的な知見を持つ者をコンシェルジュとして配置し、各市町村の結婚支援を技術面・情報面から支援

結婚、妊娠・出産、子育てに温かい社会づくり・機運醸成事業（補助率：1/2、2/3）

補助率2/3で支援するもの

- ●自治体間連携を伴う取組
- ●**地域全体で結婚・子育てを応援する機運の醸成**
- ●男性の育休取得と家事・育児参画の促進
- ●多様な働き方の実践モデルの取組
- ●**子育て家庭やこどもとの触れ合い体験事業**
- ●ICT活用、官民連携等による結婚支援等の更なる推進のための調査研究

※この他の機運醸成事業は補助率1/2で支援

結婚新生活支援事業（補助率：1/2、2/3）

地方公共団体が行う結婚新生活支援事業（結婚に伴う新生活を経済的に支援（家賃、引越費用等を補助）する取組）を支援

対象世帯 夫婦ともに39歳以下かつ世帯所得500万円未満

対象経費 婚姻に伴う住宅取得費用、リフォーム費用、住宅賃借費用、引越費用

都道府県主導型市町村連携コース（補助率：2/3）

都道府県が主導し、管内市区町村における取組の面的拡大を図りつつ、地域における切れ目ない結婚・子育て支援体制の構築を促進　【交付上限額】夫婦共に…29歳以下　60万円 / 39歳以下（上記を除く）30万円

一般コース（補助率：1/2）

【交付上限額】夫婦共に…29歳以下　60万円 / 39歳以下（上記を除く）30万円

までやる必要はない」という意見をしばしば聞くが、若者が出会いの機会を得にくいと感じているのは事実であり、我が国の少子化の状況を踏まえたときに、手をこまねいているわけにはいかない。

　お見合いや相談所で結婚する割合は大きく減少しているが、マッチングアプリを通じた出会いや結婚が我が国でも増えている。他方で、利用者保護等に関して事業者毎に差があるのも事実であり、また出会い系サイト規制法に服するため優良事業者も広告等の制約がある。筆者は大臣就任以前にマッチングアプリに関する勉強会を議員仲間と主催し、同業界の所管官庁を経産省に定めるとともに、認証制度を設けることで本人確認等を徹底し利用者保護を図る事業者の支援・育成をしていくことを要請し、これを実現させた。

　なお、筆者が少子化対策の見聞を深めるため、スウェーデン、フィンランド、フランスの国々の政策担当者と意見交換をした際、どの国の担当者も、若者の経済環境の改善や仕事と結婚生活の両立は課題として認識されていたが、出会いの機会の確保は特に課題にはなっていないとのことだった。「結婚する相手は自分で見つけるもの」、「親はパートナーの見つけ方、選び方をこどもに教育する役割があるといった認識がある」などの意見もあった。結婚に関する認識や文化は各国様々であるが、「出会いの機会の確保」といった課題は我が国特有の課題といえるのかもしれない。

〈若者の経済環境〉

　若者の所得分布を見ると、2022 年は 1997 年と比べて、20 歳代では 100 万円未満の雇用者の割合、30 歳代では 100 ～ 400 万円未満の雇用者の割合が増加している。

　また、若者の完全失業率の推移を見ると、近年は、2003 年まで悪化していたが、その後、改善し、2022 年では、男性の 15 ～ 24 歳は 4.9%、25 ～ 34 歳は 3.8%、女性の 15 ～ 24 歳は 3.5%、25 ～ 34 歳は 3.2% となっている。

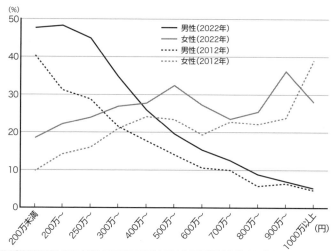

図表6　若者の所得向上が少子化対策の一丁目一番地!
年収別の生涯未婚率(%)

資料：総務省「就業構造基本調査」(実線は2022年、破線は2012年)・厚生労働省資料を基に作成。
注 ：正規の職員・従業員で作成。

　若者の非正規雇用割合の推移を見ると、男女ともに上昇傾向にあり、1991年と2022年を比較すると、男性の15〜24歳は21.4%から49.8%、25〜34歳は2.8%から14.9%、女性の15〜24歳は20.3%から54.3%、25〜34歳は25.3%から30.7%に上昇している。

　直近では、女性の非正規雇用割合が低下しているが、これは他方で、女性の正規雇用割合が上昇していることを意味する。政府は、少子化対策として、待機児童の解消や幼児教育・保育の無償化に取り組んできたが、正規雇用で働きたい女性が働きやすい環境整備は少しずつ成果を出し始めていることがわかる。

　男性の年収別有配偶率を見ると、基本的に、年収が高い人ほど配偶者のいる割合は高くなっている。

　また、男性の従業上の地位・雇用形態別優遇配偶率を見ると、正規の職員・従業員では25〜29歳で27.4%、30〜34歳で56.2%になっているのに対して、非正規の職員・従業員では25〜29歳で9.6%、30〜34

歳で20.0％になっており、正規の職員・従業員の半分以下となっている。なお、非正規のうちパート・アルバイトでは、25〜29歳で6.2％、30〜34歳で13.0％となっている。

実際の若者の声としても、「自分がこれから先、こどもの生活を保障できるほどお金を稼げる自信がない」「コロナ禍で突然仕事がなくなったり、解雇されたりすることへの不安が強くなった」などの意見が出されている。

〈仕事と子育ての両立〉

我が国は固定的な性別役割分担意識や無意識の思い込み（アンコンシャスバイアス）が強いといわれている。例えば、結婚前に相手に求めたことを調査したものでは、女性の方が「満足いく経済力・年収」「正規雇用である」「家事力・家事分担ができる」を相手に求めていることがわかる。男性に安定的な経済力を求め、女性に家事を求める固定的な性別役割分担意識やアンコンシャスバイアスが男女の働き方を大きく歪めていると指摘されている。

全世帯の約3分の2が共働き世帯となる中で、未婚女性が考える「理想のライフコース」は、出産後も仕事を続ける「両立コース」が「再就職コース」を上回って最多となっているが、実際には女性の正規雇用における「L字カーブ」の存在など、理想とする両立コースを阻む障壁が存在している。

女性の出産前後の就業をめぐる状況を見ると、第1子を出産した既婚女性で就業を継続した女性の割合は増加傾向にあり、2015年から2019年の場合、53.8％となっている。残りの17.4％は妊娠前から無職、23.6％は出産退職となっている。妊娠が判明して仕事を辞めた女性にその理由を尋ねたところ、正社員では、「仕事を続けたかったが、仕事と育児の両立が難しかったため（38.1％）」、正社員以外では、「妊娠・出産に伴う体調の問題があったため（32.5％）」が最も多い。

一方、男性は長時間労働が固定化している。週60時間以上の長時間

図表7　女性の年齢階級別正規雇用比率（L字カーブ）

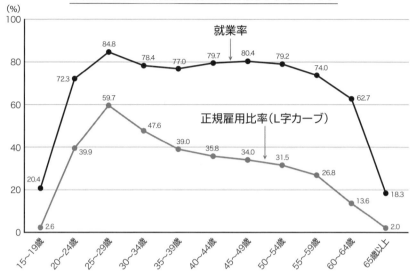

資料：総務省「労働力調査（基本集計）」より作成。
注1：2022年　注2：就業率は、「就業者」／「15歳以上人口」×100。
注3：正規雇用比率は、「正規の職員・従業員」／「15歳以上人口」×100。

労働をしている男性は、2005 年以降、減少傾向にあるが、子育て期の
30 代、40 代はそれぞれ 9.4 ％、10.8 ％と他の年齢層と比べて高い水準
となっている。就業時間が週 49 時間以上の男性就業者の割合を見ると、
21.7 ％（2021 年）となっており、他国と比較して極めて高い割合となっ
ている。

　女性（妻）の就業継続や第 2 子以降の出生割合は、夫の家事・育児時
間が長いほど高い傾向にあるが、我が国の夫の家事・育児関連時間は 2
時間程度と国際的に見ても低水準である。また、子がいる共働きの夫婦
について平日の帰宅時間は女性よりも男性の方が遅い傾向にあり、保育
園の迎え、夕食、入浴、就寝などの育児負担が女性に集中する「ワンオ
ペ」になっている傾向もある。

　また、正社員の男性について育児休業制度を利用しなかった理由を尋
ねた調査では、「収入を減らしたくなかった（39.9％）」が最も多かった

図表8　家事・育児の負担割合の男女差国際比較

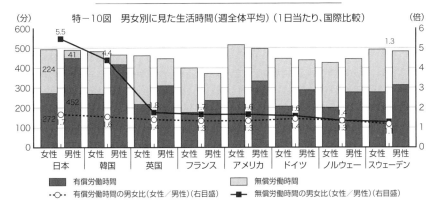

特－10図　男女別に見た生活時間（週全体平均）（1日当たり、国際比較）

資料：OECD 'Balancing paid work, unpaid work and leisure（2021）' より作成。『男女共同参画白書』令和5年版
注1：有償労働は、「paid work or study」に該当する生活時間、無償労働は「unpaid work」に該当する生活時間。
注2：「有償労働」は、「有償労働（すべての仕事）」、「通勤・通学」、「授業や講義・学校での活動等」、「調査・宿題」、「求職活動」、「その他の有償労働・学業関連行動」の時間の合計。「無償労働」は、「日常の家事」、「買い物」、「世帯員のケア」、「非世帯員のケア」、「ボランティア活動」、「家事関連活動のための移動」、「その他の無償労働」の時間の合計。
注3：日本は平成28（2016）年、韓国は平成26（2014）年、英国は平成26（2014）年、フランスは平成21（2009）年アメリカは令和元（2019）年、ドイツは平成24（2012）年、ノルウェーは平成22（2010）年、スウェーデンは平成22（2010）年の数値。

が、「育児休業制度を取得しづらい職場の雰囲気、育児休業取得への職場の無理解（22.5%）」「自分にしかできない仕事や担当している仕事があった（22.0%）」なども多く、制度はあっても利用しづらい職場環境が存在していることが伺われる。

このような背景から、我が国の場合、家事育児等の無償労働の割合は男性に比べて女性は約5.5倍となっており、スウェーデンの約1.3倍と比較しても非常に高く、家事育児の負担が女性に偏っている状況にある。

結婚、そして出産・子育てを視野に入れたときに、このような仕事と子育ての両立が困難な状況が将来の姿としてイメージされてしまうため、若者を結婚から遠ざけている。実際の若者の声としても「女性にとって子育てとキャリアを両立することは困難」「フルタイム共働きで子育ては無理があるかもしれない」といった声があがっている。こどもを育てながら、キャリアや趣味など人生の幅を狭めることなく、夢を追いかけられるようにするためにも、「共働き・共育て」の働き方に変えていくことは極めて重要な政策テーマとなっている。

写真2　G7男女共同参画・女性活躍担当大臣会合で日本人初の議長を
務め、日光声明 [3] をまとめる

　筆者は少子化対策と同時に、男女共同参画・女性活躍の担当大臣を務めた。ジェンダー平等と少子化対策は表裏一体なので、双方の担当を同時に担うことに大きな意味があったと感じる。すなわち、我が国では、女性の育児・家事負担が男性と比べて著しく重く、多くの女性がキャリアを目指す中で、こどもを持つ希望を諦める現状にある。反面、こどもを育てる中でキャリアを諦める優秀な女性がたくさんいることも忘れてはならない。女性の就業率が妊娠・出産・育児期に低下するM字カーブは解消されたが、同期間に女性の正規就業率が減少し続けてしまうL字カーブは解消できていない。労働が長時間に及ぶ我が国の働き方においてフルタイムで働き続けることができずパートタイム労働となる女性が増えるからだ。その結果、男女で能力差がないにもかかわらず、女性の役員比率は1割程度にすぎない。労働力人口が減る中にあっても優秀な女性の能力が社会で活かされていないことは、女性だけでなく男性も含む社会全体の問題である。こうした認識の下で、私は男女共同参画担当大臣として「東証プライム上場企業において、ⅰ女性の取締役を

2025 年までに少なくとも 1 名以上確保すること、ⅱ 2030 年までに女性役員比率を 30%以上にすること、ⅲそのためのパイプラインを構築することを」を上場規則に盛り込むことを決めた。

これまで我が国の結婚を巡る状況を見てきたが、各種のデータを紐解いていくと、結婚を希望する方が希望どおり結婚することができる環境をつくるためには、ⅰ若者の経済環境の改善、ⅱ仕事と結婚生活の両立（固定的な性別役割分担意識からの脱却）、ⅲ出会いの機会の確保に取り組むことが重要であることがわかる。

注
3) G7 ジェンダー平等大臣による共同の声明のこと。新型コロナウイルス感染症の感染拡大が女性・女児に与えた不均衡な影響について、その背景にある構造的な課題に立ち返りつつ、包括的に分析・検討し、特に①女性の経済的自立、②無償のケア・家事労働、③ジェンダーに基づく暴力、④社会の意識を変える、⑤ G7 のコミットメント推進の枠組みの事項について、今後の取組方針を分野横断的かつ体系的に整理している。

⑤夫婦のこどもの数を巡る状況
次に我が国の、「夫婦のこどもの数」を巡る状況を見ていこう。

〈完結出生児数〉
夫婦の完結出生児数 4) を見ると、1977 年から 2002 年まで 2.2 前後だったが、2005 年から低下し、2021 年は 1.90 の▲ 0.29 となっている。

更に、結婚からの経過期間別に夫婦の平均出生こども数の推移を見ると、1977 年から 2021 年で、結婚後 10 ～ 15 年は 2.16 から 1.95 の▲ 0.21、結婚後 5 ～ 9 年は 1.93 から 1.61 の▲ 0.32、結婚後 0 ～ 4 年は 0.93 から 0.70 の▲ 0.23 となっている。

少子化対策については、夫婦の完結出生児数は横ばいであることから、こどもを持ちたいと希望する方が希望どおりこどもを持つことができる環境をつくるための施策よりも、結婚を希望する方が希望どおり結婚することができる環境をつくるための施策を優先すべきといった指摘をい

ただくことがある。このようなご指摘の背景には、岩澤（2008）[5] において、「2000年以降2005年までの期間合計出生率の低下に対して、初婚行動の変化の寄与が8割以上を占め、残りの2割が夫婦の出生行動の変化の寄与によるものであった」との分析があるのだが、2006年以後のデータの動きに十分留意する必要がある。例えば、夫婦の完結出生児数は2005年では2.09だったが、2010年には1.96、2021年には1.90と低下のトレンドに変化している。この点、藤波（2022）[6] は、「出生数減少の要因を、人口、婚姻率、有配偶出生率に分解すると、2016年以降に出生数減少の加速をもたらしたのは、有配偶出生率の低下である。有配偶出生率は、2015年までは出生数の押し上げ要因であったが、その後は押し下げ要因となっている」、「国立社会保障・人口問題研究所の出生動向基本調査によれば、若い世代の結婚・出産に向けた意欲（出生意欲）の低下は明らかである。2021年の調査結果では、結婚意思のあ

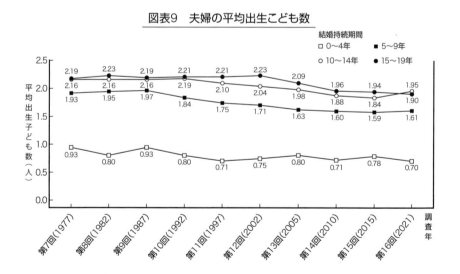

図表9　夫婦の平均出生こども数

資料：「第16回出生動向基本調査」結果の概要。
注：対象は第15回以前は妻の調査時年齢50歳未満、第16回は妻が50歳未満で結婚し、妻の調査時年齢55歳未満の初婚どうしの夫婦。出生子ども数不詳を除き、8人以上を8人として平均値を算出。客体数は、結婚持続期間0〜4年（第15回883、第16回716）、5〜9年（第15回1,056、第16回902）、10〜14年（第15回1,128、第16回1,033）、15〜19年（第15回1,232、第16回948）。

る未婚男女の希望子ども数が、2015 年の前回調査から大きく低下した。とりわけ女性の出生意欲の低下は明らかで、希望子ども数は男性を下回る 1.79 人となった」と分析している。結婚を希望する方が希望どおり結婚することができる環境をつくるための施策が重要であることはもちろんそのとおりなのだが、特に最近の若者の意識の変化を踏まえると、こどもを持ちたいと希望する方が希望どおりこどもを持つことができる環境をつくるための施策も重要であることは明らかだろう。

注
4)　結婚持続期間が 15 ～ 19 年の初婚どうしの夫婦の平均出生こども数。
5)　岩澤美帆「初婚・離婚の動向と出生率への影響」(2008　人口問題研究)
6)　藤波匠「我が国の少子化の行方と対策」(2022　JRI レビュー)

〈平均理想こども数と平均予定こども数〉

　夫婦に尋ねた理想的なこども数（平均理想こども数）は、1977 年の 2.61 から 2021 年には 2.25、▲ 0.36 の低下となっている。また、夫婦が実際に持つつもりのこどもの数（平均予定こども数）は、1977 年の 2.17 から 2021 年には 2.01、▲ 0.16 の低下となっている。

　なお、未婚者の希望的なこども数（平均希望こども数）は、2021 年には、男性 1.82 人、女性 1.79 人となっており、女性では初めて 2 人を下回った。

　予定こども数が理想こども数を下回る夫婦の理想のこども数を持たない理由としては、「子育てや教育にお金がかかりすぎるから」(52.6 %)が最も多く、「高年齢で生むのはいやだから」(40.4 %)、「欲しいけれどもできないから」(23.9 %)、「これ以上、育児の心理的、肉体的負担に耐えられないから」(23.0 %)、「健康上の理由から」(17.4 %)、「自分の仕事（勤めや家業）に差し支えるから」(15.8 %)となっている。特に第 2 子を持ちたいと思う方と第 3 子以降を持ちたいと思う方を比較した場合、「子育てや教育にお金がかかりすぎるから」、「自分の仕事（勤めや家業）に差し支えるから」の理由の差が大きくなっており、これらの理由が第 3 子以降を持ちたいという希望の実現の大きな阻害要因となっ

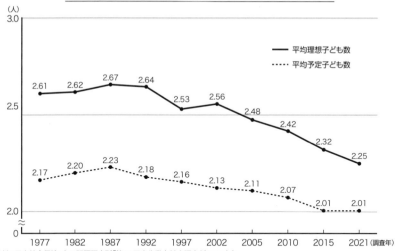

図表10　夫婦の平均理想こども数・平均予定こども数

資料：国立社会保障・人口問題研究所「第16回出生動向基本調査」(2021年)
注 ：対象は妻の年齢50歳未満の初婚どうしの夫婦。予定こども数は現存こども数と追加予定こども数の和。理想・予定こども数不詳を除き、8人以上を8人として平均値を算出。

図表11　未婚者の平均希望こども数の推移

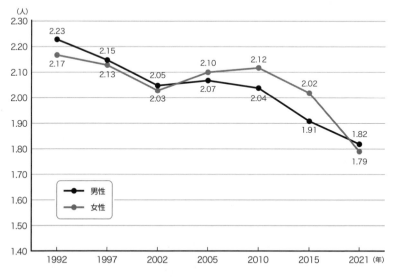

資料：国立社会保障・人口問題研究所「出生動向基本調査」より作成。
注 ：対象は「いずれ結婚するつもり」と回答した18〜34歳の未婚者。平均希望こども数は5人以上を5人として算出。

図表12　理想のこども数を持たない理由（理想・予定子ども数の組み合わせ別）

（複数回答、単位%）

予定子ども数が理想子ども数を下回る組み合わせ	予定子ども数が理想子ども数を下回る夫婦の内訳	理想の子ども数を持たない理由											
		経済的理由			年齢・身体的理由			育児負担	夫に関する理由			その他	
		子育てや教育にお金がかかりすぎるから	家が狭いから	自分の仕事（勤めや家業）に差し支えるから	高年齢で生むのはいやだから	健康上の理由から	ほしいけれどもできないから	これ以上、育児の心理的、肉体的負担に耐えられないから	夫の家事・育児への協力が得られないから	夫が望まないから	末子が夫の定年退職までに成人してほしいから	子どもがのびのび育つ環境ではないから	自分や夫婦の生活を大切にしたいから
理想1人以上予定0人	4.7	17.9	2.6	12.8	23.1	12.8	61.5	7.7	5.1	17.9	5.1	2.6	12.8
理想2人以上予定1人	37.0	46.2	6.0	9.2	40.5	18.7	32.0	23.7	10.4	7.0	4.7	3.5	8.5
理想3人以上予定2人以上	58.4	59.3	12.0	20.2	41.7	17.0	15.8	23.6	12.6	9.4	8.0	6.2	7.6
総数	100.0	52.6	9.4	15.8	40.4	17.4	23.9	23.0	11.5	8.9	6.7	5.0	8.2

資料：国立社会保障・人口問題研究所「第16回出生動向基本調査」（2021年）を基に作成。
注：対象は予定こども数が理想こども数を下回る、妻の調査時年齢50歳未満の初婚どうしの夫婦。複数回答のため合計値は100%を超える。

ている。

　まず着目すべきなのは、理想のこども数を持たない理由として、子育てに伴う経済的負担が突出して高くなっていることである。若者の経済環境の厳しさとあわせて、子育てに伴う経済的負担が大きな障害となっている。

　次に、晩婚化等による出産年齢の上昇に伴い、こどもを持ちたくても持てないという声が多いことに着目したい。民間調査の一つ[7]では、30歳代で第1子を産んだ多くの方が「もっと早く産めばよかった」と回答しており、また、「医学的に見ると、女性の妊娠する力は35歳前後からだんだんと下がり始め、40歳をすぎると妊娠はかなり難しくなる」という情報を、「中学生・高校生・大学生の頃に知っておくのがよい」と回答している。もちろん、結婚やこどもを持つことは個々人の希望に基づくものであるのは大前提なのだが、正確な知識を持たないと正しい判断も難しくなってしまう。そのような意味で、プレコンセプションケ

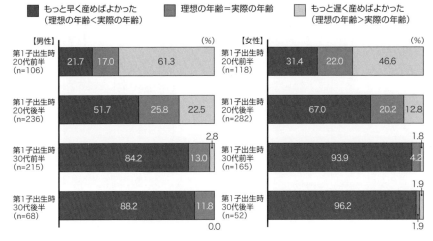

図表13　妊娠・出産について

第1子が実際に生まれた時の年齢と、第1子を産むのに望ましいと思う年齢の関係
（男女別、第1子出生時の年齢別）

■ もっと早く産めばよかった　■ 理想の年齢＝実際の年齢　□ もっと遅く産めばよかった
　（理想の年齢＜実際の年齢）　　　　　　　　　　　　　（理想の年齢＞実際の年齢）

【男性】(%)

第1子出生時 20代前半 (n=106)	21.7	17.0	61.3
第1子出生時 20代後半 (n=236)	51.7	25.8	22.5
第1子出生時 30代前半 (n=215)	84.2	13.0	2.8
第1子出生時 30代後半 (n=68)	88.2	11.8	0.0

【女性】(%)

第1子出生時 20代前半 (n=118)	31.4	22.0	46.6
第1子出生時 20代後半 (n=282)	67.0	20.2	12.8
第1子出生時 30代前半 (n=165)	93.9	4.2	1.8
第1子出生時 30代後半 (n=52)	96.2	1.9	1.9

資料：明治安田総合研究所「2013年第7回結婚・出産に関する調査レポート」

ア（将来の妊娠を考えながら女性やカップルが自分たちの生活や健康に向き合うこと）の考え方を普及していくことは重要である。また、2022年度から、不妊治療の保険適用を開始したが、不妊治療へのアクセス性を高めることも重要になってくる。

　最後に、子育ての心理的、肉体的負担の声が多いことにも注意が必要だ。

　「自国はこどもを生み育てやすい国だと思うか」との問いに対し、スウェーデン、フランス、ドイツでは、いずれも約8割が「そう思う」と回答しているのに対し、日本では約6割が「そう思わない」と回答している。また、「日本の社会が結婚、妊娠、こども・子育てに温かい社会の実現に向かっているか」との問いに対し、約7割が「そう思わない」と回答している。

　子育て中の方々からも「電車内のベビーカー問題など、社会全体が子育て世帯に冷たい印象」「子連れだと混雑しているところで肩身が狭

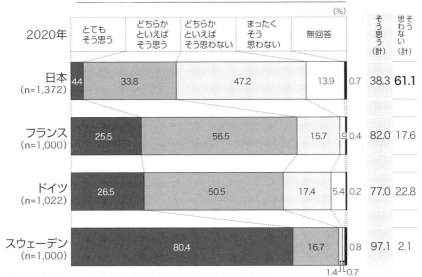

図表14　自国はこどもを生み育てやすい国だと思うか

2020年	とても そう思う	どちらか といえば そう思う	どちらか といえば そう思わない	まったく そう 思わない	無回答	そう思う (計)	そう 思わ ない (計)
日本 (n=1,372)	4.4	33.8	47.2	13.9	0.7	38.3	**61.1**
フランス (n=1,000)	25.5	56.5	15.7	1.9	0.4	82.0	17.6
ドイツ (n=1,022)	26.5	50.5	17.4	5.4	0.2	77.0	22.8
スウェーデン (n=1,000)	80.4		16.7	1.4	0.8 / 0.7	97.1	2.1

資料：内閣府「令和2年度少子化社会に関する国際意識調査」(2021(令和3)年3月)
注 ：百分率は、小数点第2位を四捨五入して、小数点第1位までを表示。このため、内訳の合計が100.0%にならない場合がある。

図表15　結婚、妊娠、こども・子育てに温かい社会の実現に向かっているか

日本の社会が結婚、妊娠、こども・子育てに温かい社会の実現に向かっていると考えるか

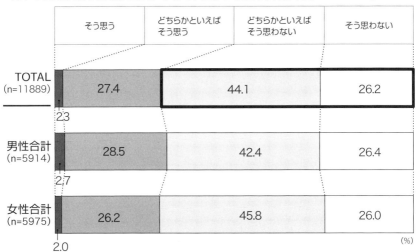

	そう思う	どちらかといえば そう思う	どちらかといえば そう思わない	そう思わない
TOTAL (n=11889)	27.4	44.1	26.2	
	2.3			
男性合計 (n=5914)	28.5	42.4	26.4	
	2.7			
女性合計 (n=5975)	26.2	45.8	26.0	
	2.0			(%)

資料：内閣府「少子化社会対策に関する意識調査」(2019(平成31)年3月)
注 ：本調査は、20～59歳の未婚及び既婚の男女11,889人を対象として実施。

い」などの声があがっており、公園で遊ぶこどもの声に苦情が寄せられるなど、社会全体の意識・雰囲気がこどもを産み、育てることをためらわせる状況にある。

　また、前述のとおり、家事・育児の負担が女性に偏っていることが女性の育児の心理的、肉体的負担を重くしている。

　更に、核家族化によって身近な人に子育ての相談がしにくくなっていることもこのような意見の背景となっている。これまでのこども・子育て政策の中では、保育対策にかなりの比重をおいてきたが、０－２歳児の約６割はいわゆる未就園児であり、こうした家庭の親の多く集まる子育て支援拠点が行った調査によれば、拠点を利用する前の子育て状況として「子育てをしている親と知り合いたかった」「子育てをつらいと感じることがあった」「子育ての悩みや不安を話せる人がほしかった」など、「孤立した育児」の実態が見られる。一方で、在宅の子育て家庭を対象とする「一時預かり」「ショートステイ」「養育訪問支援」などの整備状況は、未就園児１人当たりで見ると一時預かりは年間約 2.86 日、ショートステイは年間約 0.05 日、養育支援訪問は年間約 0.1 件など、圧倒的に整備が遅れている。

　実際の若者の声としても「教育費が昔より高くなっているので、経済的負担を考えると１人しか産めなさそう」「住居費などの固定費に対してお金がかかる」といった負担感のほか、「親の所得でこどもへの支援の有無を判断すべきではない」といった子育て世帯の不公平感を指摘する声もある。また、子育て中の世代が負担感をもって子育てしている姿を見ることによって、「こどもがいると今の趣味や自由な生活が続けられなくなる」「こどもを育てることに対する制度的な子育て罰が存在する」など、若い世代が子育てに対してネガティブなイメージを持つようになっているとの指摘もある。

　これまで我が国の「夫婦のこどもの数」を巡る状況を見てきたが、各種のデータを紐解いていくと、こどもを持ちたいと希望する方が希望どおりこどもを持つことができる環境をつくるためには、①若者の経済環

境の改善、②子育てに伴う経済的負担の軽減、③プレコンセプションケアと不妊治療へのアクセス性の向上、④仕事と子育ての両立（固定的な性別役割分担意識からの脱却）が重要であることがわかる。

注
7)　株式会社明治安田生活福祉研究所「第7回結婚・出産に関する調査」（2013年）

⑥まとめ

　少子化は、(i)将来の経済や市場規模の縮小、(ii)社会保障制度の持続可能性への影響、(iii)消防・警察などの地域社会の担い手の減少、など社会に大きな影響を与えるものであり、我が国の「静かなる有事」である。

　我が国の総人口は、2010年の1億2,806万人をピークに減少局面に入り、2020年には1億2,615万人となっている。また、国立社会保障・人口問題研究所の将来推計人口を見ていくと、総人口は、2070年には8,700万人と現在の約7割まで減少し、2120年には4,973万人と現在の約4割まで減少する見込みとなっている。この少子化のトレンドを反転させなければならない。

　各種のデータを分析すると、結婚を希望する方が希望どおり結婚することができる環境をつくるためには、(i)若者の経済環境の改善、(ii)仕事と結婚生活の両立（固定的な性別役割分担意識からの脱却）、(iii)出会いの機会の確保に取り組むことが重要である。

　また、こどもを持ちたいと希望する方が希望どおりこどもを持つことができる環境をつくるためには、(i)若者の経済環境の改善、(ii)子育てに伴う経済的負担の軽減、(iii)プレコンセプションケアと不妊治療へのアクセス性の向上、(iv)仕事と子育ての両立（固定的な性別役割分担意識からの脱却）が重要である。

　少子化の背景には様々な要因が絡み合っており、特定の施策を講じれば解決するというものではない。上記のような課題を解決するための施策を総合的・一体的に講じていく必要がある。

(2) 我が国の少子化対策の歴史

① 1990 年代～保育対策中心の時代～

　我が国で「少子化」が政策課題として認識されるようになったのは、1990 年のいわゆる「1.57 ショック」以降である。1989 年の合計特殊出生率が1.57 となり、戦後最低の合計特殊出生率となったことを契機に、政府は対策をスタートさせ、1994 年 12 月には 4 大臣（文部・厚生・労働・建設）合意に基づく「エンゼルプラン」が策定された。

　これに基づき「緊急保育対策等 5 か年事業」として、保育の量的拡大、多様な保育（低年齢児保育、延長保育等）の充実などについて、数値目標を定めて取組が進められたが、同時期に「ゴールドプラン」に基づき基盤整備を進めた高齢社会対策と比べるとその歩みは遅く、また、施策の内容も保育対策が中心であった。

② 2000 年代～政府全体の取組へ～

　2000 年代に入ると対策の分野は保育だけでなく、雇用、母子保健、教育等にも広がり、2003 年には少子化社会対策基本法（平成 15 年法律第 133 号）が制定された。翌年には「少子化社会対策大綱」が閣議決定され、少子化対策は政府全体の取組として位置付けられるようになった。

　また、次世代育成支援対策推進法により、2005 年 4 月から、国や地方公共団体に加え、事業主も行動計画を策定することとなり、職域における「両立支援」の取組が進められるようになった。

　このように法的な基盤は整えられていったものの、こども・子育て分野への資源投入は限定的であり、例えば家族関係社会支出の対 GDP 比は、2000 年度の 0.54％に対し、2009 年度には 0.80％とわずかな伸びにとどまった。

③ 2010 年代～こども・子育て支援への投資の大幅な拡充～

2010 年代に入り、「社会保障と税の一体改革」の流れの中で大きな転

機が訪れた。消費税率の引上げに伴う社会保障の充実メニューとして、こども・子育て分野に0.7兆円規模の財源が充てられることとなり、更に、2017年には「新しい経済政策パッケージ」（平成29年12月8日閣議決定）により、「人づくり革命」の一環として追加財源2兆円が確保された。

こうした安定財源の確保を背景に、待機児童対策、幼児教育・保育の無償化、高等教育の無償化などの取組が進められ、待機児童は2017年度の約2.6万人から2023年は2,680人にまで減少し、一部の地域を除きほぼ解消に向かうなど、一定の成果を挙げた。これらにより、少子化対策関係の予算額は2013年度の約3.3兆円から、2022年度には約2倍の6.1兆円へと大きく増加し、家族関係社会支出の対GDP比は、2013年度の1.13%から2020年度には2.01%まで上昇した。

なお、これまで累次にわたり策定されてきた「少子化社会対策大綱」は、2023年4月に施行されたこども基本法に基づき、こども施策に関する基本的な方針や重要事項等を一元的に定める「こども大綱」に引き継がれている。

④まとめ

1990年代から現在までの少子化対策の経緯を総括すると、当初、保育政策を中心に対策が始まったものが、少子化の背景には様々な要因が絡み合っていることへの認識が深まり、より広範かつ総合的な対策に変質していく過程であったと言える。

また、少子化対策を推進していくための財源の確保に取り組んできた過程とも言える。この点、大きな転換の契機となったのは、消費税率の引上げである。

2023年の「こども未来戦略」は、このような少子化対策の総合化、財源の充実の流れを、これまでになく思い切って前進させるものと位置付けることができる。

(3) 諸外国の少子化対策

　これまでは我が国の少子化を取り巻く現状と少子化対策の経緯の全体像を見てきたが、ここで更に視野を大きく広げ、諸外国の少子化対策について俯瞰してみよう。それぞれの国において、経済社会情勢は異なることから単純に比較することはできないが、いずれの先進国においても少子化は進行しており、国民的な議論の末に、様々な対策が講じられている。

　特に本書では、筆者が少子化大臣として少子化対策の知見を深めるため 2023 年に訪問した、(ⅰ)フランス、(ⅱ)スウェーデン、(ⅲ)フィンランドについて、訪問時に得られた現地の政策担当者の声もあわせて御紹介したい。

①諸外国の少子化対策の概要

　世界全域の年少人口割合（国連推計）は、34.7％であるが、我が国の総人口に占める年少人口の割合は、11.9％と世界的に見ても小さくなっている。

　諸外国（フランス、アメリカ、スウェーデン、フィンランド、イギリス、ドイツ、イタリア）の合計特殊出生率の推移を見ると、1960 年代までは全ての国で 2.0 以上の水準であったが、その後、1970 年から 1980 年頃にかけて、全体として低下傾向となった。その背景には、子育ての経済的負担の増加、結婚・出産に対する価値観の変化、避妊の普及等があったという指摘がある。一方、1990 年頃からは合計特殊出生率が回復する国も見られるようになってきている。

　特に、フランスやスウェーデンでは、合計特殊出生率が 1.5 ～ 1.6 台まで低下した後、回復傾向となり、2000 年代後半には 2.0 前後まで上昇した。

　これらの国の家族政策の特徴を見ると、フランスでは、かつては家族手当等の経済的支援が中心であったが、1990 年代以降、保育の充実が

図表16　諸外国における年齢（3区分）別人口の割合

国名		世界	日本	シンガポール	韓国	イタリア	ドイツ	スペイン	ポーランド	フィンランド	カナダ	フランス	ロシア	スウェーデン	イギリス	中国	アメリカ合衆国	アルゼンチン	インド	南アフリカ共和国
年齢（3区分）別割合（％）	0〜14歳	34.7	11.9	12.2	12.2	12.9	13.8	14.4	15.3	15.7	15.9	17.6	17.7	17.7	17.8	18.0	18.5	23.7	26.1	28.7
	15〜64歳	60.2	59.5	74.7	72.0	63.8	64.3	65.9	66.3	61.8	66.1	61.4	67.0	62.2	63.5	69.4	65.3	64.6	67.2	65.3
	65歳以上	5.1	28.6	13.2	15.8	23.4	22.0	19.7	18.4	22.5	18.0	21.0	15.3	20.0	18.7	12.6	16.2	11.7	6.7	6.0

資料：United Nations "World Population Prospects 2022"を基に作成。
　注：諸外国は2020年の数値、日本は総務省「令和2年国勢調査」の結果（不詳補完値）による。

行われ、その後更に出産・子育てと就労に関して幅広い選択ができるような環境整備の強化が進められた。

　スウェーデンでは、比較的早い時期から、経済的支援とあわせて、保育や育児休業制度といった両立支援の施策が強化された。

　ドイツでは、経済的支援が中心となっているが、育児休業制度や保育の充実等の両立支援の施策が強化されている。

　ただし、フランスやスウェーデンの合計特殊出生率は2010年頃から再び低下傾向にあることに留意が必要である。

　次に、アジアの諸外国（シンガポール、台湾、香港、韓国）の合計特殊出生率の推移を見ると、1970年の時点では、いずれの国も我が国の水準を上回っていたが、その後低下傾向となり、現在では我が国の水準を大きく下回っている。この背景としては、我が国以上に教育費負担が大きく、また、固定的な性別役割分担意識（アンコンシャスバイアス）も強いことがあるといった指摘がある。アジア全体として、少子化を招いているアジア特有の経済社会構造を転換していくことが求められてい

図表17　諸外国の合計特殊出生率の動き（欧米）

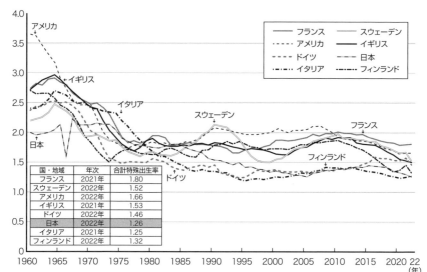

資料：1960〜2021年は"OECD Family Database"、2022年は各国統計、日本の数値は厚生労働省「人口動態統計」を基に作成。
注　：2022年のアメリカの数値は暫定値となる。

る。

　家族関係社会支出の対 GDP 比を見ると、我が国の家族関係社会支出は、児童手当の段階的拡充や保育の受け皿拡大により着実に増加し、2020 年度には 2.01％となっている。これは、国民負担率などの違いもあり、単純に比較できないが、OECD（経済協力開発機構）平均を上回る一方、フランス、スウェーデンよりも低い水準となっており、現金給付、現物給付を通じた家族政策全体の財政的な規模を拡充するべきとの指摘がなされている。

②フランスの少子化対策

　フランスの合計特殊出生率は、1993 年に 1.66 まで低下した後、2010 年までに 2.02 まで回復したが、2019 年には 1.87 まで再び低下している。過去は家族手当等が中心だったが、1990 年代以降に保育ママやベビーシッター利用への手当等が充実され、近年は、出産・育児と就労につい

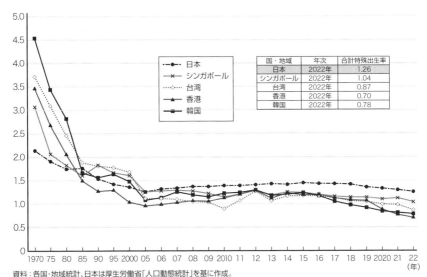

図表18　諸外国・地域の合計特殊出生率の動き（アジア）

国・地域	年次	合計特殊出生率
日本	2022年	1.26
シンガポール	2022年	1.04
台湾	2022年	0.87
香港	2022年	0.70
韓国	2022年	0.78

資料：各国・地域統計、日本は厚生労働省「人口動態統計」を基に作成。
注 ：香港の1970年は1971年、台湾の1970年は1971年、1975年は1976年、1980年は1981年の数値。

図表19　家族関係社会支出の対GDP比の国際比較

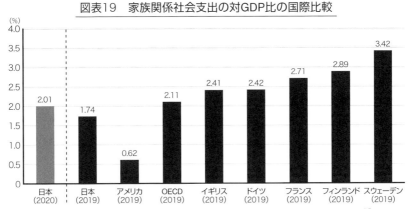

資料：日本は国立社会保障・人口問題研究所「社会保障費用統計」（2020年度）、諸外国は "OECD Family Database"「PF1.1 Public spending on family benefits」を基に作成。
注１：日本においては、2019年10月から、幼児教育・保育の無償化（平年度で約8,900億円）を実施。
　　　2020年度は、新型コロナウイルス感染症対策に係る事業（子育て世帯臨時特別給付金、ひとり親世帯臨時特別給付金）などの影響があることに留意。
注２：家族を支援するために支出される現金給付及び現物給付（サービス）を計上（決算額ベース）。
注３：計上されている給付のうち、主なものは以下のとおり（国立社会保障・人口問題研究所「社会保障費用統計」巻末参考資料より抜粋）。
　　　●児童手当…………………現金給付、地域子ども・子育て支援事業費　●雇用保険……育児休業給付、介護休業給付等
　　　●社会福祉………………特別児童扶養手当給付費、児童扶養手当給付費、保育対策費等　●生活保護……出産扶助、教育扶助
　　　●協会健保、組合健保 …出産手当金、出産手当附加金　●就学援助、就学前教育……初等中等教育等振興費、私立学校振興費等
　　　●各種共済組合…………出産手当金、育児休業手当金等

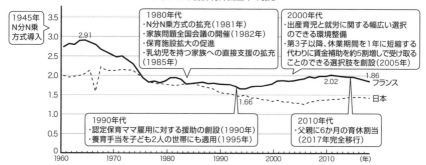

図表20　フランス：合計特殊出生率の推移と人口・家族に関する政策

○フランスの合計特殊出生率は、1993年に1.66まで低下した後、2010年までに2.02まで回復。
○過去は家族手当等が中心で、1990年代以降に保育ママやベビーシッター利用への手当等を充実。その後も育休手当を就労時間に応じて支給する等、出産後の働き方と保育手法について多様な選択肢を提供。女性の両立支援を拡充する方向で政策が進められている。

フランスの合計特殊出生率の推移

1945年
N分N乗
方式導入

1980年代
・N分N乗方式の拡充(1981年)
・家族問題全国会議の開催(1982年)
・保育施設拡大の促進
・乳幼児を持つ家族への直接支援の拡充(1985年)

2000年代
・出産育児と就労に関する幅広い選択のできる環境整備
・第3子以降、休業期間を1年に短縮する代わりに賃金補助を約5割増しで受け取ることのできる選択肢を創設(2005年)

1990年代
・認定保育ママ雇用に対する援助の創設(1990年)
・養育手当を子ども2人の世帯にも適用(1995年)

2010年代
・父親に6か月の育休割当(2017年完全移行)

資料：令和2年4月27日「第7回選択する未来委員会2.0懇談会」資料、厚生労働省「人口動態統計」、少子化社会に関する参考資料(少子化社会対策会議(第13回)、平成25年6月7日)、OECD"Family database"を基に作成。
注1：N分N乗方式：所得税について、世帯の所得を世帯構成人数で除した金額に税率を乗じ、再び世帯構成人数を乗じる方式。子どもの多い世帯ほど、税負担が軽減する。
注2：認定保育ママ：県において職業教育を受けた後、母子保護センターで認定された保育ママが、自身の自宅か乳幼児の自宅で保育サービスを行う仕組み。

て自由な選択が可能となる支援の充実が進められている。

　筆者がフランスを訪問した際、ジャン＝クリストフ・コンブ連帯・自立・障害者対策大臣と会談をしたが、フランス政府としては希望出生率（2.4）の実現が一つの指標になっているとのことであり、この点は我が国とも共通した考えであった。また、出生数を増加させるということも重要だが、家族政策を取り巻く社会的問題を解決していくことが重要という考えを持っており、特にこどもの貧困対策（貧困の連鎖の防止）、男女平等の実現が強く意識されていた。後述のスウェーデン、フィンランドにも共通しているのだが、これらの国では合計特殊出生率の目標や出生数の目標を掲げて「少子化対策」が実施されているわけではなく、男女平等などの家族政策を取り巻く社会的問題を解決することが目標であり、その結果として合計特殊出生率や出生数が増加するという認識を持っている。我が国では、合計特殊出生率という数値を上げることが着目されている部分があるが、これらの国のように家族政策を取り巻く社

会的問題を解決するという視点をより強く持つことが社会の意識改革を進める上でも重要である。

フランスの特徴的な取組として、ここでは、シラク3原則、全国家族手当金庫、N分のN乗税制を紹介する。

〈シラク3原則〉

シラク3原則とは、シラク大統領が打ち出した家族政策の原則であり、(i)こどもを産み育てることに新たな経済的負担を生じさせない、(ii)こどもを預けたいときに預けられる環境を整備する、(iii)育児休暇から復帰するときに育休前の職階や給与を保障する、の3つの原則のことを指す。

私は、この原則のポイントは、若者や子育て当事者のニーズの核となる部分をわかりやすくまとめ、国民に向けた政策のメッセージを明快に打ち出し、「安心感」を醸成しているという広報戦略となっていることにあると受け止めている。

実際、フランスにおいて、こどもを産み育てるための経済的負担がなくなっているかというとそこまでには至っていない。また、待機児童も存在している（私がフランスを訪問した際には、2万人の待機児童の解消が大きな課題となっていると伺った）。育児休暇から復帰するときも、制度として完全に育休前の職階や給与が保障されているわけではない。しかしながら、政府としての対策の方向性を明示し、コミットを明確にすることで、国民はその方向に社会が変わっていくと認識し、「安心感」が醸成されている。

このように政策のメッセージを伝えていく方法は、我が国にとっても参考にすべきであり、実際、こども未来戦略方針では、シラク3原則を参考としながら、「こどもと向き合う喜びを最大限に感じるための4原則」[8] を打ち出している。

注
8）「こどもを生み、育てることを経済的理由であきらめない」、「身近な場所でサポートを受けながらこどもを育てられる」、「どのような状況でもこどもが健やかに育つ

という安心感を持てる」、「こどもを育てながら人生の幅を狭めず、夢を追いかけられる」の4原則。

〈全国家族手当金庫〉

フランスの家族政策は、全国家族手当金庫が中心となって運営している。国と全国家族手当金庫との間で複数年の目標・運営協定が締結され、更に、全国家族手当金庫と各県の家族手当金庫との間で運営契約が締結されることによって、各種の現金給付や保育施設の整備・運営等への補助事業が行われている。財源の約6割が社会保障拠出金（事業主が賃金の5.4％相当を拠出）、約2割が一般社会拠出金（個人の所得に課せられる社会保障目的税）、残りが国庫からの拠出金等となっている[9]。

1つ目のポイントは、個人ではなく事業主の負担が非常に大きいということである。これは、フランスの家族手当が企業の福利厚生事業としての手当に端を発しているといった経緯的な部分も大きいが、我が国の児童手当等の財源となっている事業主拠出金が賃金の0.36％であることを見ても大きな違いであることがわかる。家族政策という領域における企業の役割が非常に大きくなっている。このようなフランスの事例も参考にしながら、こども未来戦略では、「少子化対策に充てる費用について、企業を含め社会・経済の参加者全員が連帯し、公平な立場で、広く拠出していく仕組みとして「こども・子育て支援金制度」を構築する」こととしている。

2つ目のポイントは、家族政策に関する政策のメニューや資金の流れが全国家族手当金庫を通じて「見える化」されていることである。こども未来戦略では、「こども・子育て政策の全体像と費用負担の見える化を進めるため、新たな特別会計（いわゆる「こども金庫」）として、2025年度から、こども・子育て支援特別会計を設置する」こととしている。フランスの全国家族手当金庫等は、政府の外にある機関であること、自ら現金給付事務を担っていること、といった特徴がある。一方、我が国の「こども金庫」は、国の特別会計であること、自治体への負担

金・補助金が大宗であり、実際の事務は自治体が担うことといった特徴がある。このように見ると、フランスの全国家族手当金庫と「こども金庫」は異なる部分も多いが、政策のメニューや資金の流れを「見える化」するという観点では大いに参考になる。

注
9) 「フランス及びドイツにおける家族政策」（2010.11 山田、立法と調査）

〈N分のN乗税制〉

　フランスの特徴的な制度として、N分のN乗税制がある。これは、世帯課税所得額を家族除数（N）で除し、それに累進税率を適用して「家族除数（N）＝1」当たりの所得税額を算出した後、再び「家族除数

図表21　フランスにおける「N分N乗方式」に基づく税額の計算（イメージ）（2020年1月現在）

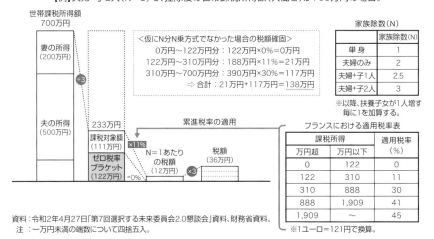

資料：令和2年4月27日「第7回選択する未来委員会2.0懇談会」資料、財務省資料。
注　：一万円未満の端数について四捨五入。

（N）」を乗ずることによって税額を算出する所得税の計算方式のことである。

こども未来戦略を取りまとめる過程において、各党各会派や様々な報道において、N分のN乗税制を我が国に導入してはどうか、という提案がなされた。

しかしながら、N分のN乗税制は、我が国の税制を前提として考えた場合、(i)現在の個人単位の課税を世帯単位の課税に改めるという税制の根幹を変える議論が必要であること、(ii)我が国では納税者の約6割が最低税率の5%となっており、もともと最低税率が適用されている方にとってはメリットがないこと、(iii)高所得層のみにメリットがあること、といった課題があり、我が国への導入は見送られている。

一方、児童手当は、現行の制度の骨格を大きく変えずに、所得にかかわらず全てのこどもを支援することができるといった特徴がある。このため、こども未来戦略では、子育てに伴う経済的負担については、児童

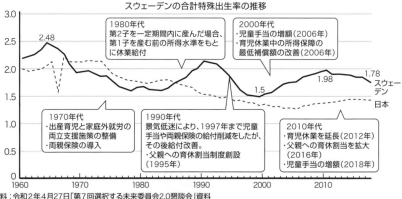

図表22 スウェーデン：合計特殊出生率の推移と人口・家族に関する政策

○1930年代、合計特殊出生率が世界最低水準(1.7)にまで落ち込んだ際に、政府は人口問題審議会を設置して人口問題に取り組み、世界に先駆けて子育てに係る経済的支援策等を導入。その後、経済的支援策の拡充、育児休業制度の導入、保育の質の向上等が図られている。
○近年、合計特殊出生率が1999年に1.50まで低下。改めて様々な施策が講じられ、2010年には1.98まで回復。

スウェーデンの合計特殊出生率の推移

1980年代
第2子を一定期間内に産んだ場合、第1子を産む前の所得水準をもとに休業給付

2000年代
・児童手当の増額(2006年)
・育児休業中の所得保障の最低補償額の改善(2006年)

1970年代
・出産育児と家庭外就労の両立支援施策の整備
・両親保険の導入

1990年代
景気低迷により、1997年まで児童手当や両親保険の給付削減をしたが、その後給付改善。
・父親への育休割当制度創設(1995年)

2010年代
・育児休業を延長(2012年)
・父親への育休割当を拡大(2016年)
・児童手当の増額(2018年)

資料：令和2年4月27日「第7回選択する未来委員会2.0懇談会」資料
　　　厚生労働省「人口動態統計」、OECD"Family database"をもとに作成。
注1：景気後退期は、OECDの景気基準日の山から谷の間。
注2：両親保険：両性が取得できる育児休業の収入補填制度。育児休暇の取得を男性にも義務づけ、育児参加を促進し、女性の家庭内労働の負担及び機会費用の負担軽減に寄与する点が特徴。

手当の拡充などを講じることとしている。

③スウェーデンの少子化対策

　スウェーデンの合計特殊出生率は、1999 年に 1.50 まで低下した後、2010 年までに 1.98 まで回復したが、2021 年には 1.67 まで再び低下している。1990 年代は父親への育休割当制度の創設、2000 年代は育児休業中の所得補償の最低保障額の改善、児童手当の増額、2010 年代は育休期間の延長、父親への育休割当拡大、児童手当の更なる増額などに取り組んでいる。

　スウェーデンの特徴的な取組として、ここでは、ミュルダール夫妻の『人口問題の危機』、両親保険を紹介する。

〈ミュルダール夫妻の『人口問題の危機』〉

　スウェーデンでは、1930 年代に合計特殊出生率が当時の世界最低水準（1.7）に落ち込んだ。そのような中、1934 年に同国のミュルダール夫妻が『人口問題の危機』を出版したことを契機に少子化対策に関する議論が広がり、1935 年に人口問題審議会が設置され、ミュルダール夫妻が審議会でも主要な役割を担いながら、世界に先駆けて現代的な考え方に基づく少子化対策が取りまとめられていくこととなった。

　それでは、当時のスウェーデンの施策は何がそれまでと違ったのか振り返ってみよう[10]。当時、少子化については、(i)伝統的な家族像や男女役割分担を保持しながら、結婚の奨励、避妊・産児制限の禁止をすべきという考えと、(ii)少子化によって一人当たりの生活水準が向上するため避妊方法の普及を通じた産児制限をすべきという考え方が中心であった。このような中、ミュルダール夫妻の『人口問題の危機』は以下の点で画期的な提言であった。

　・こどもを持つことは個人の自由に委ねられるべきであるという考え
　　を明確に示したこと
　・少子化は、高齢人口をより少ない生産年齢人口で支えなければなら

なくなる事態を招き、消費需要・投資需要をともに減少させること
にもつながるため、これを回避する必要があることを明確に示した
こと

・出生率低下の要因は、結婚やこどもを持つことに対する個人の意識
の変化といった要因に求めるべきものではなく、社会保障制度の発
展によって家族における生産の担い手や老親の扶養者としてのこど
もの役割が以前と比較して低下していることや、女性が就労するこ
とで生活水準を上げられるにもかかわらずこどもを持つことによっ
て就労できなくなることなどといった経済的・社会的要因に求める
べきであることを明確に示したこと

・少子化対策の方向性として、出産・子育てに伴う経済的負担を個人
ではなく社会で負担するようにしていくという方向性、出産・育児
に伴う困難を除去していく社会政策と雇用創出と経済成長を促す経
済政策を一体的に進めていくことという方向性を明確に示したこと

このミュルダール夫妻の提言は、現代の少子化対策の思想の源流とい
える。スウェーデンの世界的に見て高い合計特殊出生率は、約100年に
わたって、上記の思想の下に、種々の制度改革や国民の意識改革を重ね
てきた結果である。実際に私がスウェーデンを訪問した際、アンナ・テ
ニエ高齢者・社会保険大臣は、「20世紀初めの頃はスウェーデンにおい
ても男性が働き、女性が家事・育児をするという考え方が中心であった。
そのような中、育休の取得が進むよう社会意識を変革し、必要な所得補
償を進めてきた。スウェーデンにおいても、現在の育休制度と社会意識
を確立するまでに約100年かかった」と述べていた。

残念ながら、我が国には、少子化対策を約100年かけて取り組んでい
く時間的猶予はない。我が国では、諸外国の事例を踏まえた上で、社会
変革のスピードを急速に高めるための工夫が求められているのである。

注
10)「戦間期スウェーデンにおける人口減少の危機とミュルダール」(藤田菜々子)
http://www.paoj.org/taikai/taikai2016/abstract/1208.pdf

〈両親保険〉

両親保険は 1974 年に導入されたスウェーデンにおける育休中の経済的支援の中核となる制度である[11]。

被保険者は、スウェーデン国内で就労又は居住する者（労働者、自営業者、求職者、学生等を含む）となっており、保険料は使用者と自営業者が負担する仕組みとなっている。

両親は育休中 1 人の子につき、それぞれ 240 日分の給付を受けることができる。給付額は、休業や勤務時間短縮の割合に応じて、満額（1日分）、4 分の 3、2 分の 1、4 分の 1、8 分の 1 が支給される。また、所得比例給付（休業前所得の約 8 割。ただし、上限額 1 日　1,006SEK〈SEK＝スウェーデン・クローナ。約 13,000 円〉）、基礎額の給付（1日 250SEK〈約 3,000 円〉）、最低保障額の給付（1 日 180SEK〈約 2,000円〉）の 3 種類がある。就労期間と年収に応じて、所得比例給付、基礎額給付、最低保障額給付の支給を受けられる期間の組み合わせが異なる。例えば、就労期間と年収が一定の要件を満たす場合、両親あわせて 390日分が所得比例給付、残りの 90 日分が最低保障額の給付となる。一方、就労期間と年収が一定の要件を満たさない場合、両親あわせて 390 日分が基礎額の給付、残りの 90 日分が最低保障額の給付となる。

給付の受給権は各親に 240 日分ずつ付与され、一方の親は他方の親に受給権を譲渡できる仕組みになっているが、90 日分は譲渡ができない割当制度を採用している。例えば、父親が育休を全く取得しない場合、90 日分の受給権が消失することになるため、父親の育休取得の促進につながっている。

我が国の育児休業給付制度と比較した場合、
・被保険者の範囲が、労働者だけでなく、自営業者、求職者、学生等を含む普遍的なものとなっていること
・育休だけではなく、時短勤務も対象としていること
・父親の育休取得を促進する仕組みが組み込まれていること
が参考になる。後述するが、このようなスウェーデンの制度を参考にし

つつ、こども未来戦略では、

・現在、雇用保険が適用されていない週所定労働時間 10 時間以上 20 時間未満の労働者についても失業給付や育児休業給付等を受給できるよう、雇用保険の適用対象とする

・自営業・フリーランス等の育児期間中の経済的な給付に相当する支援措置として、国民年金の第 1 号被保険者について育児期間に係る保険料免除措置を創設する

・出生後一定期間内に両親ともに育児休業を取得することを促進するため、給付率を現行の 67％（手取りで 8 割）から 8 割程度（手取りで 10 割相当）へと引き上げる

・こどもが 2 歳未満の期間に、時短勤務を選択したことに伴う賃金の低下を補い、時短勤務の活用を促すための給付（「育児時短就業給付（仮称)」）を創設する

といった施策の拡充を行うこととしている。

注
11)「スウェーデンにおける親休暇・親給付の構造」（両角道代、社会保障研究）

④フィンランドの少子化対策

フィンランドの合計特殊出生率は、1974 年に 1.50 まで低下した後、2010 年までに 1.87 まで回復した。しかしながら、2019 年には 1.35 まで再び低下し、2021 年には 1.46 となっている。1970 年代は父親休業制度の創設、1980 年代以降は累次の児童手当制度の充実などに取り組んでいる。

フィンランドは、子育てに伴う経済的支援、子育てに関する相談機関「ネウボラ」による相談支援が充実しており、男女平等格差指数ランキングも上位となっているが、近年、合計特殊出生率は低迷している。フィンランドにおいても少子化は様々な要因によって生じており、一つの明確な要因があるわけではないが、有識者からは、雇用の不安定化による将来への不安が一つの要因ではないかとの指摘もある。やはり少子化

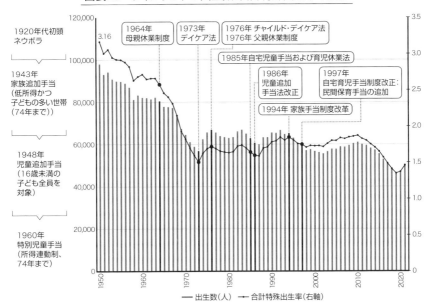

図表23　フィンランドの出生数、合計特殊出生率の推移

1920年代初頭
ネウボラ

1943年
家族追加手当
(低所得かつ
子どもの多い世帯
(74年まで))

1948年
児童追加手当
(16歳未満の
子ども全員を
対象)

1960年
特別児童手当
(所得連動制、
74年まで)

1964年
母親休業制度

1973年
デイケア法

1976年 チャイルド・デイケア法
1976年 父親休業制度

1985年自宅児童手当および育児休業法

1986年
児童追加
手当法改正

1997年
自宅育児手当制度改正:
民間保育手当の追加

1994年 家族手当制度改革

3.16

── 出生数(人)　─●─ 合計特殊出生率(右軸)

対策においては、子育て支援策だけではなく、経済政策も含めた対策を講じていく必要があるだろう。

　私がフィンランドを訪問した際、ハンナ・サルッキネン社会問題・保健大臣からは、「フィンランドでは、与野党の政党の枠を超えて国家的なこども戦略を策定した。少子化対策は、中長期的に継続した施策を講じていくというコミットメントが重要と考えている」との意見をいただいた。子育ては長い時間をかけての営みであり、少子化の背景には「若者、子育て世帯の将来的への不安」がある。我が国のこども未来戦略も、与野党幅広く行われた活発な議論を踏まえて策定している。少子化対策については、与野党の枠を超えて、継続してしっかり取り組むという認識を共有していくことは我が国においても重要なことである。

　フィンランドの特徴的な取組として、ここでは、①ネウボラ、②育児パッケージを紹介する。

〈ネウボラ〉

　ネウボラ（neuvola）はアドバイス（neuvo）の場という意味で、妊娠期から就学前までのこどもの成長・発達の支援、家族全体の心身の健康のサポートを目的とした相談機関である。

　フィンランドには全国で約850のネウボラがあり、利用率はほぼ100％となっている。妊娠期間中は8から9回、出産後は15回程度定期的に通い、保健師や助産師などのアドバイスや健診を受けることができる。

　私がフィンランドを訪問した際、ネウボラも視察させていただいたが、「フィンランド語を話せない外国人も「ネウボラ」の言葉は知っていて、しっかりと利用されている」と言われるほど国民的に普及している行政サービスとなっている（実際に多言語対応ができるようになっていた）。ネウボラでの相談を通じて、子育てに伴う精神的・肉体的負担のケアをするだけではなく、経済支援や就労支援につなぐ役割、児童虐待の予兆を把握する役割など様々な役割を果たしている。フィンランドでは、妊娠中に産科医の受診を受けるのは2回程度であり、その他の健診は全てネウボラで対応しているとのことだった。利用率の高さや国民的な浸透度はこのような制度的な違いにもよるものと考えられる。我が国は多様な専門職種や制度が妊産婦を支える仕組みになっているが、当事者からすると「制度がわかりにくく使いづらい」「担当者がその都度変わって不安」と感じる面も否めず、制度間の連携や統合、人材の底上げなどは課題かもしれない。

　フィンランドのネウボラの仕組みも参考にしつつ、こども未来戦略では、

　　・妊娠期から出産・子育てまで、身近な場所で相談に応じ、多様なニーズに応じた支援につなぐ「伴走型相談支援」及び「産後ケア事業」の制度化を進める

 こととしている。

〈育児パッケージ〉

　育児パッケージは出産時の給付事業の一つであり、1子当たり170ユーロ（約26,000円）の現金支給又はベビー用品等が入ったパッケージを選択することができる。歴史は古く、1937年から法制化されており、生まれてくるこども全員への社会からの祝福と歓迎のシンボルとなっている。育児パッケージを受給するためには、妊婦健診の受診が要件となっており、妊婦健診を受診するためのインセンティブという効果も期待されている。

　フィンランドの育児パッケージの取組を参考にしつつ、こども未来戦略では、

・10万円相当の経済的支援である「出産・子育て応援交付金」[12]について、2025年度から子ども・子育て支援法の新たな給付として制度化する

こととしている。

注
12) 市町村が創意工夫を凝らしながら、妊娠届出時より妊婦や特に0歳から2歳の低年齢期の子育て家庭に寄り添い、出産・育児等の見通しを立てるための面談や継続的な情報発信等を行うことを通じて必要な支援につなぐ伴走型相談支援の充実を図るとともに、妊娠届出や出生届出を行った妊婦等に対し、出産育児関連用品の購入費助成や子育て支援サービスの利用負担軽減を図る経済的支援（計10万円相当）を一体として実施する事業。

⑤まとめ

　各国とも社会経済情勢や歴史文化的背景は異なるものの、少子化は大きな課題となっており、それぞれの国によって様々な対策が講じられてきた。

　個別の施策の内容についてはそれぞれの国の制度的背景が異なるので一概にその是非を論じるのは難しいが、少子化対策に一定の成果を上げてきた国の取組を見ていくと、少子化対策全体の思想については共通の型が見えてくる。

　具体的には、

・合計特殊出生率や出生数は目標ではなく結果として考えるべきものである。家族を取り巻く社会的問題を解決することが目標であり、その結果として合計特殊出生率や出生数が増加する
・少子化対策は、子育て支援といった福祉政策だけではなく、経済成長や雇用労働などの経済政策を含めたものとして構築すべきものである
・少子化対策を進めるためには、男女平等の理念を国民の間で共有し、その実現に向けた施策を徹底して講じていく必要がある
・少子化対策を進めるためには、社会全体で子育て世帯を支援していくという理念を国民の間で共有し、子育てに伴う経済的負担の軽減等の施策を徹底して講じていく必要がある

というものである。

　まずは、我が国においても、このような自由主義、民主主義社会で共通する少子化対策の考えを国民の間で共有していくことが重要である。その上で、個別の施策の分野においても諸外国の施策を参考にしながら、我が国の経済社会情勢、歴史的文化的背景、各種制度の沿革に適合した施策の充実を進めていく必要がある。

第2章　第1フェーズ 小倉少子化大臣試案
（2023 年 3 月）

　第 2 章では、岸田政権の「次元の異なる少子化対策」の取りまとめに向けた議論の前半戦として、岸田政権発足から 2023 年 3 月の「こども・子育て政策の強化について（試案）」の取りまとめに至るまでの議論を解説する。

（1）こども・子育ての強化について（試案）の経緯

①自民党総裁選立候補者によるこども庁創設に向けた公開討論会（2021 年 9 月 22 日）

　岸田文雄内閣総理大臣が将来的なこども・子育て予算の倍増に関して発言した最初の機会は、2021 年 9 月 22 日の「自民党総裁選立候補者によるこども庁創設に向けた公開討論会」であった。

　この討論会では、自民党総裁選立候補者の岸田議員、河野太郎議員、高市早苗議員、野田聖子議員に対して「子どもに関する予算、家族関係支出を倍増すべきである」という質問が○×形式で問われ、いずれの候補者も○で回答した。岸田総理は子ども関連の予算ついて、「思い切って倍増していかなければならない」との意欲を示していた。

②国会における議論（2022 年 1 月 25 日、6 月 14 日）

　自民党総裁選に勝利した岸田総理が国会の場で将来的なこども・子育て予算の倍増に関して発言した最初の機会は、2022 年 1 月 25 日の衆議院予算委員会であった。

　こども予算に関する議論の中で、岸田総理は、「こども政策に関する

予算は、今後はこども家庭庁の下で、こどもの視線に立って、体系的に取りまとめていきたいと考えています。その際に、期限とか規模ありきではなくして、こうした体系的な取りまとめを行うことによって、将来的には倍増、これはしっかり目指していきたいと考えております」と改めて意欲を示された。

　岸田総理は、その後、同年6月14日の参議院内閣委員会において、「来年4月にこども家庭庁を発足させ、必要なこども政策を体系的に整理し、来年の骨太の方針には倍増への道筋について明確に示していきたいと考えているところであります」と発言し、ここで初めて、2023年の骨太の方針に倍増への道筋を明確に示す方針が明らかとなった。

③岸田総理の年頭挨拶（2023年1月4日）

　将来的なこども・子育て予算の倍増に向けた議論が本格化したのは、2023年1月4日の岸田総理の年頭挨拶において、私（少子化大臣）に対して、こども政策についての強化の指示をする考えが示されたときからである。

　このとき、岸田総理は、「今年のもう一つの大きな挑戦は少子化対策です。昨年の出生数は80万人を割り込みました。少子化の問題はこれ以上放置できない、待ったなしの課題です。経済の面から見ても、少子化で縮小する日本には投資できない、そうした声を払拭しなければなりません。こどもファーストの経済社会をつくり上げ、出生率を反転させなければなりません。本年4月に発足するこども家庭庁の下で、今の社会において必要とされるこども政策を体系的に取りまとめた上で、6月の骨太方針までに将来的なこども予算倍増に向けた大枠を提示していきます。

　しかし、こども家庭庁の発足まで議論の開始を待つことはできません。この後、小倉少子化大臣に対し、こども政策の強化について取りまとめるよう指示いたします。対策の基本的な方向性は3つです。第1に、児童手当を中心に経済的支援を強化することです。第2に、学童保育や病

児保育を含め、幼児教育や保育サービスの量・質両面からの強化を進めるとともに、伴走型支援、産後ケア、一時預かりなど、全ての子育て家庭を対象としたサービスの拡充を進めます。そして第3に、働き方改革の推進とそれを支える制度の充実です。女性の就労は確実に増加しました。しかし、女性の正規雇用におけるL字カーブは是正されておらず、その修正が不可欠です。その際、育児休業制度の強化も検討しなければなりません。小倉大臣の下、異次元の少子化対策に挑戦し、若い世代からようやく政府が本気になったと思っていただける構造を実現するべく、大胆に検討を進めてもらいます」と発言した。

岸田総理の強い意思が「異次元の少子化対策」という言葉で示され、少子化対策への国民の関心が大きく高まることとなった。筆者自身、少子化対策が今年の重要課題であることは十分認識していたが、「異次元の少子化対策」という言葉は当日の岸田総理の挨拶で初めて聞き、岸田総理の発言に身が引き締まる思いであった。

④岸田総理から少子化大臣への指示（2023年1月6日）

2023年1月6日に総理官邸において、岸田総理から私（少子化大臣）に対して、

・こども政策の強化について、検討を加速するため、本年4月のこども家庭庁の発足を待たず、少子化大臣の下で、3つの基本的方向性（※）に沿って検討を進め、3月末を目途に、具体的なたたき台を取りまとめること

※対策の基本的な方向性

ⅰ児童手当を中心に経済的支援を強化すること

ⅱ学童保育や病児保育を含め、幼児教育や保育サービスの量・質両面からの強化を進めるとともに、伴走型支援、産後ケア、一時預かりなど、全ての子育て家庭を対象としたサービスの拡充を進めること

ⅲ働き方改革の推進とそれを支える制度の充実を図ること。女性の

就労は確実に増加した。しかし、女性の正規雇用における L 字カーブは是正されておらず、その修正が不可欠である。その際、育児休業制度の強化も検討すること

・検討に当たっては、少子化大臣の下に関係省庁と連携した体制を組むとともに、学識経験者、子育て当事者、若者をはじめとする有識者から、広く意見を聞き、大胆に検討を進めること

・岸田総理自身も節目節目で会議に参加し、直接話を聞くので、よく相談すること

・少子化大臣によるたたき台の内容を踏まえ、4 月以降、総理の下で更に検討を深めるとともに、こども家庭庁においてこども政策を体系的に取りまとめつつ、6 月の骨太方針までに将来的なこども予算倍増に向けた大枠を提示すること

という指示が下った。

⑤こども政策の強化に関する関係府省会議、こども政策対話（2023年1〜3月）

こども政策の強化に関する関係府省会議の初会合は、2023 年 1 月 19 日に開催された。

私（少子化大臣）を座長として、座長代理は内閣官房こども家庭庁設立準備室長が担い、各府省の実務上の政策責任者[13]を構成員として参集した。財務省、総務省といった財政当局が関係府省会議の構成員になることは珍しいが、今回の検討テーマは財政的に大きな影響があるものであり、特に財政当局との緊密な連携を要することから、参加してもらうこととなった。また、経済政策と一体的に少子化対策を検討する観点から内閣府政策統括官（経済社会システム担当）、住宅施策も少子化対策として取り込む観点から国土交通省住宅局長にも参加してもらった。

関係府省会議については、実は従来の国の会議にはあまり見られない、「総理の指示に基づいて、担当大臣が総理の名代として関係府省を含めた全体の政策を取りまとめていく体制をとった」という特徴がある。少

子化対策は広範かつ多岐にわたる政策を総合的・統合的に取りまとめていく必要があるが、各府省に全てを委ねて検討を進めた場合、各府省が自ら従来の枠組みにとらわれない大胆な施策に踏み切ることはなかなか難しく、小さな施策の改善のパッチワークになりかねない。他方で、岸田総理の「大胆に検討を進めること」という指示を受けて、漸進的な対策にとどまらず、長年の課題を一気に解決に向けて前進させられるような思い切った対策を取りまとめる必要がある。このため、「総理の指示」に基づくものにすることで、総理官邸との緊密な連携、バックアップの下に各府省との協議を進めることができる環境を作るとともに、少子化大臣が担当外の関係府省の局長級と直接議論をしながら施策を取りまとめていくプロセスとすることで、従来の枠組みにとらわれない大胆な施策のパッケージを構築できるようにしたのである。こども家庭庁の設立の意義の一つは、こども政策について、縦割りを排した司令塔機能を発揮することであるが、今回の体制は、この機能を十全に発揮するための工夫といえよう。

　関係府省会議では、学識経験者、子育て当事者、若者をはじめとする有識者の意見を丁寧に伺った。また、岸田総理自ら「こども政策対話」を開催し、地方・都市それぞれの現場で少子化対策に取り組む自治体等の関係者や若者や子育て当事者の声をきめ細かく拾い上げていった。

　子育て体験とその苦労は父親と母親の数だけあると考えている。少子化大臣として子育て経験がないことを指摘する声があったが、どんなに経験豊かな母親や父親でも他の家庭の大変さがわかるわけではない。

　大臣就任前、自民党青年局で疑似妊婦体験を行った。二泊三日の間、妊娠8か月を疑似体験できるジャケットを入浴以外は装着し生活した。何気ない電車通勤も息切れし、足の爪を切るのも一苦労し、夜はひたすら寝苦しかった。ところが、我々の疑似体験を報じた記事はネットで荒れた。特に当事者から「十月十日に及ぶ、心身の様々な不調を重りをつけただけでは理解できない」や「出産時の痛みとその末にこどもを育む喜びは分からない」といった厳しい意見を承った。

写真3　妊婦体験

　やや禅問答のようになるが、私は疑似妊婦体験を通じて「どんなに頑張っても、当事者と同じ喜怒哀楽を感じることはできない」こと、すなわち他者の大変さや喜びは「わからないということ」がわかった。

　だからこそ、大臣就任以降も、「子育てとはこういうものだ」との先入観を排除し、全ての意見に謙虚に耳を傾けることを心がけた。そして、できる限り多くの子育てニーズに対応できるよう、多彩な子育て支援策を用意することに努めた。

　試案の検討に当たっては、岸田文雄総理、松野博一官房長官、木原誠二官房副長官をはじめとした総理官邸及び加藤勝信厚生労働大臣、永岡桂子文部科学大臣をはじめとした各府省の担当大臣には全面的に支えてもらった。また、各構成員に対しては、私から常に、「こども・子育て政策について、自らの所管にとらわれず、各府省の縦割りを排してワンチームになって積極的に議論を進めていきたい」というメッセージを共有していたが、各構成員はその言葉どおりワンチームになって真剣に議論を重ねた。これも国家公務員として働く者の間で、少子化対策の重要性を強く共有することができたことが背景にあると思う。どの構成員も、

「仕事冥利に尽きる」ということで、一肌脱いで、思い切った施策に踏み込んでくれたと感じている。

注
13）内閣官房こども家庭庁設立準備室次長、内閣官房全世代型社会保障構築本部事務局長、内閣府政策統括官（経済社会システム担当）、内閣府政策統括官（政策調整担当）、内閣府男女共同参画局長、内閣府子ども・子育て本部統括官、総務省大臣官房審議官（財政制度・財務担当）、財務省主計局次長、文部科学省総合教育政策局長、文部科学省初等中等教育局長、文部科学省高等教育局長、厚生労働省職業安定局長、厚生労働省雇用環境・均等局長、厚生労働省子ども家庭局長、厚生労働省政策統括官（総合政策担当）、国土交通省住宅局長。

（2）こども・子育ての強化について（試案）のポイント

2023年3月31日、私（少子化大臣）から岸田総理に「こども・子育ての強化について（試案）〜次元の異なる少子化対策の実現に向けて〜」（以下、「試案」という。）を手交し、公表した。

試案は、「Ⅰこども・子育て政策の現状と課題」、「Ⅱ基本理念」、「Ⅲ今後3年間で加速化して取り組むこども・子育て政策」、「Ⅳこども・子育て政策が目指す将来像とPDCAの推進〜こどもと向き合う喜びを最大限に感じるための4原則〜」で構成される。

本章では、この試案のポイントについて解説を行う。巻末に試案の全文を参考資料として掲載しているので適宜参照されたい。解説では、それぞれの文章の中にはどのような背景があり、どのような意図が込められているのかをできるだけ丁寧に記載するよう努めた。第3章、第4章では、更に、こども未来戦略方針、こども未来戦略の内容について逐条的に解説を行うので、読者は、各章を読み進めていくことで、次元の異なる少子化対策の策定プロセスにおいて、どのような議論の変遷があったのかを深く理解することができるようになるだろう。

①試案の位置付け

試案は、総理の指示を受けて、私（少子化大臣）が、「今後3年間で

加速化して取り組むこども・子育て政策（加速化プラン）」と「こども・子育て政策が目指す将来像」の基本的な方向性を取りまとめたものである。先述のフランスのシラク3原則を参考にしつつ、若者、子育て世帯が安心感を持つことができるよう、目指す将来像を明確にした上で、将来像を実現するためにスピード感をもって取り組むべき政策を取りまとめており、この試案をベースに、岸田総理の下で、必要な政策強化の内容、予算、財源について、更に具体的な検討が進められることとなった。

その後の「こども未来戦略方針」、「こども未来戦略」では、施策の具体化、追加が行われるとともに、財源についての考え方が整理されたが、施策パッケージ全体の基本的な内容は変わっていない。試案は、まさに「次元の異なる少子化対策」の骨格を作り上げたものといえよう。

②少子化対策の目指すべき基本的方向

試案では、少子化対策の目指すべき基本的方向について、

・結婚やこどもを産み、育てることに対する多様な価値観・考え方を尊重しつつ、若い世代が希望通り結婚し、希望する誰もがこどもを産み、育てることができるようにすること、すなわち、個人の幸福追求を支援することで、結果として少子化のトレンドを反転させること、これが少子化対策の目指すべき基本的方向である

・同時に、少子化・人口減少のトレンドを反転させることは、経済活動の活性化、社会保障機能の安定化、労働供給や地域・社会の担い手の増加など、我が国の社会全体にも寄与する。「未来への投資」としてこども・子育て政策を強化するとともに、社会全体でこども・子育てを支えていくという意識を醸成していく必要がある

と記載している。

結婚や出産は個人の選択に関わる問題であり、若者に特定の価値観の押し付けやプレッシャーを与えることがないようにする必要がある。ここでは、あくまでも個々人の結婚や妊娠・出産、子育ての希望の実現を阻む様々な障害を取り除くこと、すなわち「個人の幸福追求を支援する

こと」で、結果として少子化のトレンドを反転させる（合計特殊出生率を希望出生率[14]に近づける）という基本姿勢を明確にしている。

また、少子化対策が社会全体にもたらす効果について、経済活動の活性化、社会保障機能の安定化、労働供給や地域・社会の担い手の増加などを示した上で、社会全体でこども・子育てを支えていくという意識を醸成していく必要性を訴えている。例えば、育休を無理なく取得できるようにするためには、会社や周囲の職員の理解が不可欠である。また、企業、独身者、高齢者などの子育てに直接携わらない者の理解と協力なしには、少子化対策の財源を確保することも難しい。少子化対策が社会全体にもたらす効果を社会全体で共有し、社会全体でこども・子育てを支えていくという意識を醸成していかなければならない。

注
14) 希望出生率とは、結婚や妊娠・出産、子育ての希望が叶う場合に想定される出生率のことであり、少子化社会対策大綱では、希望出生率 1.8 の実現を基本的な目標として掲げている。

③こども・子育て政策の現状と課題

試案では、「Ⅰこども・子育て政策の現状と課題」として、これまでの政策の変遷やこども・子育て政策の課題を整理している。これまでの政策の変遷については、第1章（2）に詳述した内容を簡潔にしたものが記載されており、こども・子育て政策の課題については、第1章（1）に詳述した内容を、ⅰ若い世代が結婚・子育ての将来展望が描けないこと、ⅱ子育てしづらい社会環境や子育てと両立しにくい職場環境があること、ⅲ子育ての経済的・精神的負担感や子育て世帯の不公平感が存在すること、の3つの柱に集約して簡潔に記載している。

④基本理念

試案では、「Ⅱ基本理念」として、目指すべき社会の姿を、「若い世代が希望通り結婚し、希望する誰もがこどもを持ち、ストレスを感じることなく子育てができる社会、そして、こどもたちが、いかなる環境、家

庭状況にあっても分け隔てなく大切にされ、育まれ、笑顔で暮らせる社会」と位置付けた上で、ⅰ若い世代の所得を増やす、ⅱ社会全体の構造・意識を変える、ⅲ全ての子育て世帯を切れ目なく支援する、という3つの理念を掲げている。

　第一のポイントは、目指すべき社会の姿として、大人の視点から「若い世代が希望通り結婚し、希望する誰もがこどもを持ち、ストレスを感じることなく子育てができる社会」を掲げるだけではなく、こどもの視点から「こどもたちが、いかなる環境、家庭状況にあっても分け隔てなく大切にされ、育まれ、笑顔で暮らせる社会」を掲げたことである。

　第二のポイントは、基本理念の第一の柱として「若い世代の所得を増やす」ことを位置付け、こども・子育て政策の範疇を超えた大きな社会経済政策に取り組むこととしたことである。

　若い世代が結婚・子育ての将来展望が描けない背景には、所得や雇用への不安がある。このような課題を解決するためには、子育て支援策だけでは不十分であり、社会経済政策と一体的に取り組んでいく必要がある。このような考え方を明確にするため、基本理念の第一の柱に「若い世代の所得を増やす」ことを位置付けた上で、具体的に、「持続的・構造的な賃上げ」、「希望する非正規雇用の方々の正規化」、「多様な働き方を効果的に支える雇用のセーフティネットの構築」、「リスキリングによる能力向上支援、日本型の職務給の確立、成長分野への円滑な労働移動の三位一体の労働市場改革」、「106万円、130万円の壁の見直し」に取り組むことを記載している。

　このうち「106万円、130万円の壁の見直し」については、制度の内容を説明しないとわかりにくいため、補足して説明する。

　まず、「130万円の壁」について説明しよう。一定の規模以上の会社については勤務先において健康保険・厚生年金に加入し、勤務先と会社員が保険料を2分の1ずつ負担する仕組みとなっている。この会社員の配偶者については、配偶者の年収が130万円未満の場合、会社員の「扶養」とすることができ、扶養となる配偶者は、配偶者の分の保険料を負

担することなく、健康保険・厚生年金の給付を受けることができるようになっている。配偶者の年収が130万円を超え「扶養」の要件を満たさなくなると、自ら国民健康保険・国民年金に加入し、保険料を負担する必要が生じるため、年収によっては手取り（年収－保険料）が130万円未満となってしまうことから、就業調整を行う方（年収が130万円未満となるよう、働く意欲はあっても働かない方）が多数存在している。このことを「130万円の壁」と称している。

　次に「106万円の壁」について説明しよう。先ほどの説明で省略していたのだが、一定の規模以上の会社の会社員の配偶者であっても、その配偶者が働く会社が一定の規模以上であり、その配偶者の月収が8.8万円以上（年収換算で106万円以上）の場合は、配偶者自らが健康保険・厚生年金に加入する仕組みになっている。一定の規模以上の会社に勤める配偶者については、年収が106万円以上となると、自ら健康保険・厚生年金に加入し、保険料を負担する必要が生じるため、年収によっては

図表24　「年収の壁」を巡る現状

○会社員・公務員の配偶者で扶養され保険料負担がない「第3号被保険者」のうち約4割が就労。
○その中には、一定以上の収入となった場合の社会保険料負担等による手取り収入の減少を理由として、就業調整をしている者が一定程度存在。

第3号被保険者の手取り収入の変化(イメージ)

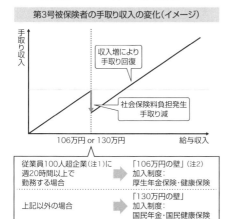

従業員100人超企業(注1)に週20時間以上に勤務する場合 ⇒ 「106万円の壁」(注2) 加入制度：厚生年金保険・健康保険

上記以外の場合 ⇒ 「130万円の壁」 加入制度：国民年金・国民健康保険

注1：令和6年10月には、従業員50人超の企業まで拡大。
注2：所定内賃金が月額8.8万円以上であることが要件。

就業調整の理由

配偶者がいる女性パートタイム労働者のうち、就業調整をしていると回答した者(21.8%)は、その理由として、「106万円の壁」、「130万円の壁」及び配偶者手当を意識していると回答している。(複数回答)

【被扶養者認定基準(130万円)】 一定額(130万円)を超えると配偶者の健康保険、厚生年金保険の被扶養者からはずれ、自分で加入しなければならなくなるから	57.3%
【被用者保険加入(106万円)】 一定の労働時間を超えると雇用保険、健康保険、厚生年金保険の保険料を払わなければならないから	21.4%
【配偶者の会社の配偶者手当】 一定額を超えると配偶者の会社の配偶者手当がもらえなくなるから	15.4%

資料：厚生労働省「令和3年パートタイム・有期雇用労働者総合実態調査」

手取り（年収－保険料）が 106 万円未満となってしまうことから、就業調整を行う方（年収が 106 万円未満となるよう、働く意欲はあっても働かない方）が多数存在している。このことを「106 万円の壁」と称している。

「130 万円の壁」と「106 万円の壁」について、単純に理解すると、配偶者の勤める会社が一定規模以上の場合には「106 万円の壁」が問題となり、一定規模未満の場合には「130 万円の壁」が問題となる。この会社の規模の要件について、2022 年 9 月までは被保険者総数が 501 人以上とされていたが、2022 年 10 月から 2024 年 9 月までは 101 人以上とされ、2024 年 10 月からは 51 人以上となる予定である。このため、今後、「130 万円の壁」ではなく「106 万円の壁」の対象となる方が増えていくことになる。

この問題について、前提として理解していただきたいのが、配偶者が自ら健康保険・厚生年金に加入することで、配偶者が将来受け取る厚生年金の給付額が増額することである。年収によっては短期的な手取りは減少することもあるが、将来の厚生年金の給付額が増加することも勘案する必要がある。この点については、未だ多くの国民に理解されておらず、更に周知していく必要がある。

試案では、「いわゆる 106 万円・130 万円の壁を意識せずに働くことが可能となるよう、短時間労働者への被用者保険の適用拡大、最低賃金の引上げに取り組む」としている。このうち「短時間労働者への被用者保険の適用拡大」については、これまで会社の規模の要件を拡大してきたように、健康保険・厚生年金への加入義務の要件を更に拡大することで、就業調整を考える必要なく働けるようにするというものである。また、「最低賃金の引上げ」については、健康保険・厚生年金に加入したとしても、十分な収入を得られるようにすることで、就業調整を考える必要なく働けるようにするというものである[15]。

更に、基本理念の「若い世代の所得を増やす」では、このような社会経済政策とあわせて、「ライフステージを通じた子育てに係る経済的支

援の強化」を行うこととしており、後述する「こども・子育て支援加速化プラン」の柱の一つとして、この経済的支援の強化に関する施策を詳述している。

　第三のポイントは、基本理念の第二の柱として、「社会全体の構造・意識を変える」ことを位置付けたことである。

　「自国はこどもを生み育てやすい国だと思うか」との問いに対し、スウェーデン、フランス、ドイツでは、いずれも約8割が「そう思う」と回答しているのに対し、日本では約6割が「そう思わない」と回答しており、我が国では社会全体でこどもや子育て世帯を支援するという意識が浸透していない。社会全体の意識改革は全ての少子化対策の土台となるものであることから、基本理念に位置付けた上で、後述する「こども・子育て支援加速化プラン」の柱の一つとして、「こども・子育てにやさしい社会づくりのための意識改革」に関する施策を詳述している。

　また、特に社会全体の構造を変える取組として、「企業における働き

図表25　「年収の壁」への当面の対応策（「年収の壁・支援強化パッケージ」）概要

人手不足への対応が急務となる中で、短時間労働者が「年収の壁」を意識せず働くことができる環境づくりを支援するため、当面の対応として下記施策（支援強化パッケージ）に取り組むこととし、さらに、制度の見直しに取り組む。

106万円の壁への対応

◆キャリアアップ助成金

キャリアアップ助成金の**コースを新設**し、短時間労働者が被用者保険（厚生年金保険・健康保険）の適用による手取り収入の減少を意識せず働くことができるよう、**労働者の収入を増加させる取組を行った事業主に対して、労働者1人当たり最大50万円の支援**を行う。なお、実施に当たり、支給申請の事務を簡素化。

労働者の収入を増加させる取組については、賃上げや所定労働時間の延長のほか、**被用者保険適用に伴う保険料負担軽減のための手当（社会保険適用促進手当）として、支給する場合も対象**とする。

◆社会保険適用促進手当

事業主が支給した**社会保険適用促進手当については、**適用に当たっての労使双方の保険料負担を軽減するため、新たに発生した本人負担分の保険料相当額を上限として**被保険者の標準報酬の算定において考慮しない。**

130万円の壁への対応

◆事業主の証明による被扶養者認定の円滑化

被扶養者認定基準（年収130万円）について、**労働時間延長等に伴う一時的な収入変動**による被扶養者認定の判断に際し、**事業主の証明の添付による迅速な判断**を可能とする。

配偶者手当への対応

◆企業の配偶者手当の見直しの促進

特に中小企業においても、配偶者手当の見直しが進むよう、
(1) **見直しの手順をフローチャートで示す等わかりやすい資料**を作成・公表した。
(2) 中小企業団体等を通じて周知する。

上記のほか、設備投資等により事業場内最低賃金の引上げに取り組む中小企業等に対する助成金（業務改善助成金）の活用も促進。

方改革の推進とそれを支える育児休業制度等の強化」を位置付け、後述する「こども・子育て支援加速化プラン」の柱の一つとして、「共働き・共育ての推進」に関する施策を詳述している。

第四のポイントは、基本理念の第三の柱として、「全ての子育て世帯を切れ目なく支援する」ことを位置付け、「親の就業形態に関わらず」、「どのような家庭状況にあっても分け隔てなく」、「ライフステージに沿って切れ目なく支援」を行い、「多様な支援ニーズにはよりきめ細かい対応をしていくこと」、すなわち「全ての子育て世帯を切れ目なく支援することが必要」としたことである。

ここでいう「親の就業形態に関わらず」という言葉は、幼児教育・保育制度の充実・強化を想定したものである。現在の保育制度は保護者の就労を要件としているが、後述する「こども・子育て支援加速化プラン」において、就労要件を問わず時間単位等で柔軟に利用できる新たな通園給付の創設を検討することとしている。

また、「どのような家庭状況にあっても分け隔てなく」という言葉は、貧困の状況にある家庭、障害のあるこどもや医療的ケアが必要なこどもを育てる家庭、ひとり親家庭などの様々な状況にある家庭への支援の充実・強化を想定したものである。どのような家庭も、貧困に陥る可能性、障害のあるこどもや医療的ケアが必要なこどもをもつ可能性、ひとり親となる可能性がある。そのような状況になっても、安心して子育てができる状況をつくることが、ひいては若い世代の子育てへの不安の払しょくにつながることから、少子化対策の一つとして位置付けている。

「ライフステージに沿って切れ目なく支援」という言葉は、結婚・妊娠・出産・子育て（乳幼児、小学校、中学校、高校、大学）のそれぞれの時期において、切れ目なく必要な支援が受けられるようにしていくという趣旨の言葉である。子育ての長い営みの中で、どこか一つの時期であっても不安が生じるようであれば、結婚や子育てに踏み切れない。子育ての長い営みのいずれの時期においても安心して子育てができるようにし、ライフステージを通じた支援策を整備することとしている。なお、

こども家庭庁においては、「こども政策DX推進プロジェクト」の一環として、一般社団法人こどもDX推進協議会と連携し、「ライフステージを通じた子育て支援情報等の見える化」にも取り組んでいる。これは、これまで個別にしか把握できていなかった子育て支援メニューの情報を、ライフステージを通じてどのような支援メニューがあるか「見える化」し、簡単にわかりやすく情報提供するためのアプリ等を開発するものである。

　少子化対策はとかく大人の視点で語られがちであるが、いずれ大人となるこども自身が将来に希望が持てるような暮らしをこどものときに送れるようにすることが、大人になったときの結婚やこどもをもつことへの希望につながる。こども家庭庁を創設する大きな意義の一つに、こどもの視点に立ってこどもの意見を政策に反映していくことがあるが、試案においても、こどもの視点を重視している。

注

15) 年収の壁（106万円／130万円）への対応については、試案の段階では、基本理念の部分で記載していたが、こども未来戦略方針では、加速化プランの中に改めて位置付け、こども・子育て政策として取り組んでいくことが明確化され、最終的に「年収の壁・支援強化パッケージ」（2023年9月27日）が取りまとめられ、同年10月から施策をスタートさせることとなった。
　　まず「106万円の壁への対応」については、キャリアアップ助成金において、短時間労働者が被用者保険（厚生年金保険・健康保険）の適用による手取り収入の減少を意識せず働くことができるよう、労働者の収入を増加させる取組を行った事業主に対して、労働者1人当たり最大50万円を支援するコースを新設するとともに、事業主は被用者保険非適用の労働者が新たに適用となった場合に、当該労働者の保険料負担を軽減するため、新たに「社会保険適用促進手当」（保険料算定の基礎となる標準報酬月額・標準賞与額の算定に考慮されないため、被用者・事業主双方の保険料負担の軽減につながる）を支給することができることとした。
　　また、「130万円の壁への対応」については、配偶者の被扶養者であることを認定する際の手続きにおいて、一時的に年収が130万円以上となる場合、「人手不足による労働時間延長等に伴う一時的な収入変動である旨の事業主の証明」を添付することで、連続2回まで、年収が130万円以上であっても被扶養者認定が可能となる仕組みを導入した。
　　加えて、企業独自の配偶者を有する労働者に対する手当（配偶者手当）が要因となって就業調整が行われている実態があることから、企業の配偶者手当の見直しが進むよう、見直しの手順をフローチャートで示すなどの取組を推進している。

⑤今後3年間で加速化して取り組むこども・子育て政策（加速化プラン）

「今後3年間で加速化して取り組むこども・子育て政策（加速化プラン）」は、「総論」、「ⅰライフステージを通じた子育てに係る経済的支援の強化」、「ⅱ全てのこども・子育て世帯を対象とするサービスの拡充」、「ⅲ共働き・共育ての推進」、「ⅳこども・子育てにやさしい社会づくりのための意識改革」で構成される。

まずは「総論」のポイントについて解説しよう。

「総論」の第一のポイントは、2030年代に入るまでのこれからの6～7年をラストチャンスと捉えていることである。出生年（10年間）ごとの出生数の減少割合を見ると、1990年を基準として2000～2010年は10.0％の減少であったが、2010～2020年は21.5％の減少となっている。これは2020年代に20代になる若者の数に比べて、2030年代に20代になる若者の数が倍速で急減することを意味する。このように2030年代

図表26　2030年は少子化対策の分水嶺

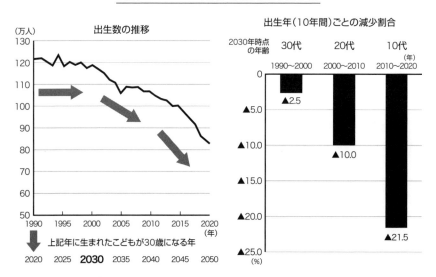

資料：厚生労働省「人口動態統計」を基に作成。

は我が国の人口構造の大きな転換点となることから、2030年代に入るまでのこれからの6～7年をラストチャンスと捉えて、社会の構造・意識の改革に取り組むこととしている。

第二のポイントは、2024年度から2029年度までを半期に分けて、2024年度から2026年度までの3年間を集中取組期間として「こども・子育て支援加速化プラン（加速化プラン）」に取り組むこととしたことである。この期間で、これまでにない思い切った施策のパッケージを加速化プランとして取りまとめ、我が国の少子化対策を一気に前進させるという内容になっている。

第三のポイントは、加速化プランに盛り込む施策の基本的な考え方を示していることである。

まず、国際比較において相対的に割合が低い現金給付政策を強化することとしている。我が国の家族関係社会支出の現金給付と現物給付の割合は、2013年度は約3：2であったが、その後、保育の受け皿の整備が進んだことによって2019年度には約2：3と逆転している。OECDの平均は約1：1であり、これらのことを踏まえ、現金給付を強化する方針を示している。「全てのこどもの育ちを支える経済的支援の基盤を強化する」という言葉は、特定のこどもだけではなく全てのこどもを対象として経済的負担を軽減することができ、かつ、子育てに伴う様々なニーズに柔軟に対応することができる、という特徴を持つ「児童手当」の強化を中心とする考えを示したものである。

次に、子育て支援については量の拡大から質の向上へと政策の重点を移すこととしている。いわゆる保育所の待機児童は、2017年の約2.6万人から2022年には約3千人まで減少している。このような中、保育関係者からは保育所の職員の配置基準の改善を行い、職員を増やすことでより一層きめ細かく児童の保育ができるようにすべきとの強い声があったところである。このような声なども踏まえ、量の拡大にも引き続き取り組みつつ、質の向上に向けた取組を加速させることとしている。

更に、これまで相対的に対応が手薄であった年齢層を含め全年齢層へ

の切れ目ない支援を実現することとしている。加速化プランにおいては、ライフステージを通じた支援の充実という視点をもって、結婚前・結婚後、妊娠前・妊娠後、出産前・出産後、乳児期、幼児期、小学校年代、中学校年代、高校年代、大学年代において切れ目ない支援が行えるよう全般的に施策を充実している。特に0歳から2歳までの間の支援が相対的に手薄であったとの認識に立って、出産・子育て応援交付金（10万円）の制度化を検討することとしている。

　加えて、社会的養護や障害児支援などの多様な支援ニーズについては、全てのこどもへの支援の強化を前提とした上で、それぞれの支援ニーズへの支援基盤の強化を中心に取り組むこととしている。多様な支援ニーズについては、各ニーズに応じた経済的支援の取扱いが大きな論点になっていたが、そもそも各ニーズに対応する支援基盤の強化が必要といった声も多くいただいたところである。これらのことを総合的に勘案し、経済的支援については、まずは、特定のこどもだけではなく全てのこどもを対象として経済的負担を軽減することができ、かつ、子育てに伴う様々なニーズに柔軟に対応することができる、という特徴を持つ「児童手当」の強化などを行い、これに加えて、多様なニーズについては、こども家庭センターの体制強化や児童発達支援センターの機能強化などに取り組むこととしている。

　また、共働き・共育てを推進するため、中小企業への支援を大幅に強化しつつ、特に男性育休の推進の取組を加速化させることとしている。我が国の男性の育休取得率は女性85.1％に対して男性13.97％となっており、家事・育児の負担が女性に著しく偏っている。このため、男性の育休取得率の目標を2025年に50％、2030年に85％に大幅に引上げ、これを実現するための施策として、男女で育休を取得した場合に育休給付を手取りで100％に引き上げるとともに、周囲の社員への応援手当など育休を支える体制整備を行う中小企業に対する助成措置を大幅に強化することとしている。

　このほか、施策の拡充と併せて社会全体でこども・子育てを応援して

いくための意識改革を推進することとしている。先述したとおり、「自国はこどもを生み育てやすい国だと思うか」との問いに対し、スウェーデン、フランス、ドイツでは、いずれも約8割が「そう思う」と回答しているのに対し、日本では約6割が「そう思わない」と回答している。もちろん施策の拡充はスピード感を持ってしっかりと取り組んでいく必要があるが、少子化対策を推進するためには、経済的負担や身体的負担を軽減するだけでは不十分であることから、社会全体の意識改革を並行して進めていくこととしている。

i ライフステージを通じた子育てに係る経済的支援の強化

〈児童手当〉

「ライフステージを通じた子育てに係る経済的支援の強化」の第一のポイントは、児童手当を拡充することとし、所得制限の撤廃、支給期間の高校生年代までの延長、多子世帯の経済的負担を踏まえた手当額の見直しの方針を示したことである。

まず、現行の児童手当の制度のポイントを解説する。現行の児童手当は、原則、年収960万円未満（夫婦と児童2人の世帯の場合）の世帯を支給対象として、中学生年代までの児童を対象に、0～3歳未満は一律1万5千円、3歳から小学生年代までは第1子・第2子1万円、第3子以降1万5千円、中学生年代は一律1万円を月額支給している。ただし、960万円以上1,200万円未満（夫婦と児童2人の世帯の場合）の世帯については特例として、中学生年代までの児童を対象に一律5,000円を月額支給している。

次に、今回の論点を理解する上で重要となる過去の児童手当の制度改正について解説する。児童手当は2009年度までは、年収860万円未満（夫婦と児童2人の世帯の場合）の世帯を支給対象として、小学生年代までの児童を対象に、0～3歳未満は一律1万円、3歳から小学生年代までは第1子・第2子5,000円、第3子以降10,000円を月額支給していた。このような中、民主党がマニフェストに月額2.6万円のこども手当

を支給することを盛り込み、2009年に鳩山内閣が発足することとなった。民主党政権において、まず2010年度に、児童手当がこども手当に切り替えられ、全ての世帯を支給対象（所得制限なし）として、中学生年代までの児童を対象に一律13,000円の月額支給をすることとなった。その後、マニフェストの月額2.6万円の取扱いと財源の確保の在り方について議論が行われ、最終的に2011年8月と2012年3月に民主党・自民党・公明党の3党の間で、原則、年収960万円未満（夫婦と児童2人の世帯の場合）の世帯を支給対象として、中学生年代までの児童を対象に、0～3歳未満は一律15,000円、3歳から小学生年代までは第1子・第2子10,000円、第3子以降15,000円、中学生年代は一律10,000円を月額支給とし、特例として、960万円以上（夫婦と児童2人の世帯の場合）の世帯については、中学生年代までの児童を対象に一律5,000円を月額支給することが合意された。結果として、0～3歳未満や第3子以降への支給額の引上げと併せて、限られた財源の中で支援を重点化する観点から所得制限が設けられることとなったのである。この合意に基づき、2011年10月、2012年4月に順次制度改正が行われた。更に、その後、2021年には、子育て支援政策全般の見直しの中で、年収960万円以上（夫婦と児童2人の世帯の場合）の世帯への月額5,000円の特例給付の制度が見直され、1,200万円以上（夫婦と児童2人の世帯の場合）の世帯は支給対象から外れることとなった。ただし、2021年児童手当法の改正法の附則では、「政府は、…少子化の進展への対処に寄与する観点から、児童手当の支給を受ける者の児童の数等に応じた児童手当の効果的な支給及びその財源の在り方並びに児童手当の支給要件の在り方について検討を加え、その結果に基づき、必要な措置を講ずる」ものとされており、政府が少子化対策のための制度の在り方を検討する方向性が定まった。前置きが長くなってしまったが、今回の児童手当の拡充は、このような経緯を踏まえて検討が進められた。

　ここから、児童手当の拡充のそれぞれのポイントについて見ていこう。

　第一に、「所得制限の撤廃」である。児童手当の所得制限の撤廃につ

いては、「子育てを社会全体で支えるという強いメッセージとして所得制限の撤廃が必要」、「ユニバーサルな支援を全てのこどもに届ける必要」といった肯定的な意見、「メリハリ、プライオリティーをつけ真に必要な層への重点的な支援講じるべき」といった慎重な意見がそれぞれあったが、政府としては、「次代を担う全てのこどもを支える基礎的な経済支援としての位置付けを明確化する」ため、これを撤廃する方針を示した。

　子育て支援はデータに基づいて合理的に判断することと当事者に寄り添い見直すことのバランスが重要だ。児童手当の所得制限がかかっている年収1,000万円前後の世帯を対象に含めることは金持ち優遇やばら撒きとの批判を招きかねなかった。しかし、この年収の線引きは、子育てで大変な中、一生懸命に働いて出世し年収が増えた結果、児童手当が打ち切られる「子育て罰」になっているとの指摘を国会でも受けた。子育て世帯へのネガティブなメッセージは払拭せねばと考えた。

　もちろんデータに基づく議論も不可欠である。児童手当を受給している世帯は全国平均で約90％だが、地方は97〜98％、かたや東京は75％、特に区部は50％程度のところも多い。しかしながら、児童手当をもらえない層が多く住む地域ほど、子育て・教育費は嵩み、出生率が低い。こうした事情も踏まえ、児童手当の所得制限撤廃を決意した。

　なお、「2010年度に一度所得制限を撤廃したにも拘らず、2012年6月から所得制限を設けた判断が妥当ではなかったのではないか」という質問をいただくことがある。

　この点については、ⅰ当時の判断は、児童手当の0〜3歳未満や第3子以降への支給額の引上げと併せて、限られた財源の中で支援を重点化する観点から民主党・公明党・自民党の3党で合意されたものであり、当時の判断としては妥当であったと認識していること、ⅱしかしながら、当時から10年以上経過し、例えば、我が国の家族関係社会支出の現金給付と現物給付の割合は、2013年度の約3：2から2019年度には約2：3と逆転するなど、社会経済情勢等が変化する中で、今回の所得制限の

図表27　児童手当制度の概要

1. 施策の目的

・家庭等の生活の安定に寄与する。
・次代の社会を担う児童の健やかな成長に資する。

2. 施策の内容、実施主体等

支給対象	中学校修了までの国内に住所を有する児童（15歳に到達後の最初の年度末まで） ※対象児童約1,591万人 （令和3年度年報（令和4年2月末））	所得制限 （夫婦と 児童2人）	所得限度額（年収ベース）　960万円未満 ※年収1,200万円以上の者は支給対象外 （令和4年10月支給分以降）
手当月額	・0～3歳未満 … 一律15,000円 ・3歳～小学校修了まで … 　　第1子、第2子：10,000円 　　（第3子以降：15,000円） ・中学生 … 一律10,000円 ・所得制限以上 … 　　一律 5,000円 　　（当分の間の特例給付）	受給 資格者	・監護生計要件を満たす父母等 ・児童が施設に入所している場合は施設の設置者等
		実施主体	市区町村（法定受託事務） ※公務員は所属庁で実施
		支払期月	毎年2月、6月及び10月 （各前月までの分を支払）

図表28　児童手当に関する制度改正の経緯

児童手当 （～21年度）	子ども手当 （22年4月～23年9月）	子ども手当 （23年10月～24年3月）	児童手当 （24年度～）
支給対象となる児童・支給額			
【0～3歳未満】月額10,000円 【3歳～小学校修了】 第1子・第2子：月額5,000円 第3子以降：月額10,000円 【中学生】（支給せず）	【0歳～中学生】 一律：月額13,000円	【0～3歳未満】月額15,000円 【3歳～小学校修了】 第1子・第2子：月額10,000円 第3子以降：月額15,000円 【中学生】月額10,000円	1. 所得制限内 　【0～3歳未満】月額15,000円 　【3歳～小学校修了】 　第1子・第2子：月額10,000円 　第3子以降：月額15,000円 　【中学生】月額10,000円 2. 所得制限超 　※当分の間の特例給付（法附則） 　（24年6月分～）月額5,000円
所得制限			
所得制限　有り 被用者：年収860万円 （被扶養配偶者、 　児童二人世帯） 　※扶養親族数により 　差がある。	所得制限 無し		所得制限　有り（24年6月分～） 年収960万円 （被扶養配偶者、児童二人世帯） 　※扶養親族数により差がある。 　※令和4年6月分～ 　　年収1,200万円以上の者は 　　支給対象外。

注： 年少扶養控除及び16歳から18歳までの特定扶養控除（扶養控除の上乗せ部分）の廃止（所得税：23年分～、住民税：24年度分～）

撤廃は、児童手当の次代を担う全てのこどもを支える基礎的な経済支援としての位置付けを明確化するために行うものであること、をお伝えしている。

第二に「支給期間の高校生年代までの延長」である。これまで児童手当は中学生年代までを支給対象としていたが、子育て当事者や有識者からは、「義務教育の時と比較して高校生年代は家計の経済的負担が大きくなることから、高校生年代まで支給期間を延長すべき」、「出生数を増加させるためには多数の全ての子育て世帯の経済的負担の軽減につながる施策が重要」といった意見をいただいた。これらを踏まえ、支給期間を高校生年代まで延長する方針を示した。

最後に「多子世帯の経済的負担を踏まえた手当額の見直し」である。前述の所得制限の撤廃や支給期間の高校生年代までの延長については、明確に方針を盛り込んでいたが、手当額の見直しについては、試案の段階では、多子世帯の経済的負担という検討の視点や骨太の方針2023までに結論を得るという検討の期限は記載したものの、具体的な対象や金額については記載していない。これは、児童手当の多子加算については制度設計によって所要の財源の規模が大きく異なるため、財源の議論と併せて検討する必要があったからである[16]。

注
16) 児童手当については、こども未来戦略方針、こども未来戦略それぞれで施策の具体化がなされており、詳細は第3章、第4章で解説している。

〈出産等の経済的負担の軽減〉

第二のポイントは、出産等の経済的負担を軽減することとし、出産・子育て応援交付金（10万円）の制度化の検討、出産費用（正常分娩）の保険適用の導入を含めた支援の在り方の検討の方針を示したことである。

まず「出産・子育て応援交付金」について見ていこう。出産・子育て応援交付金は、試案を策定する直前の2022年12月の令和4年度第二次

補正予算において新たに創設した事業である。2019年10月から幼児教育・保育の無償化をスタートし、具体的には、3〜5歳のこどもについては全てのこども、0〜2歳のこどもについては住民税非課税世帯のこどもの保育料等を無償化した。このような中、妊娠・出産期から2歳までの支援が他の年代と比較して相対的に手薄になっているとの指摘がなされており、また、核家族化が進み、地域のつながりも希薄となる中で、孤立感や不安感を抱く子育て家庭も多く、安心して出産・子育てができる環境の整備が求められていた。これらのことを踏まえ、地方自治体の創意工夫により、出産育児関連用品の購入費助成や子育て支援サービスの利用負担軽減を図る経済的支援（10万円）と妊娠期から出産・子育てまで一貫して身近で相談に応じ、様々なニーズに即した必要な支援につなぐ伴走型の相談支援の充実を一体的に実施することとし、出産・子

図表29　出産・子育て応援交付金

事業の概要・スキーム

市町村が創意工夫を凝らしながら、妊娠届出時より妊婦や特に0歳から2歳の低年齢期の子育て家庭に寄り添い、出産・育児等の見通しを立てるための面談や継続的な情報発信等を行うことを通じて必要な支援につなぐ伴走型相談支援の充実を図るとともに、妊娠届出や出生届出を行った妊婦等に対し、出産育児関連用品の購入費助成や子育て支援サービスの利用負担軽減を図る経済的支援（計10万円相当）を一体として実施する事業を支援する。

妊娠時から出産・子育てまで一貫した伴走型相談支援と経済的支援のイメージ　※継続的に実施

妊娠期 (妊娠8〜10週前後)	妊娠期 (妊娠32〜34週前後)	出産・産後	産後の育児期
面談 (※1)	面談 (※2)	面談 (※3)	

随時の子育て関連イベント等の情報発信・相談受付対応の継続実施(※4)

【実施主体】
子育て世代包括支援センター（市町村）
（NPO等の民間法人が実施する地域子育て支援拠点等への委託を推奨）

伴走型相談支援

(※2〜4)SNS・アプリを活用したオンラインの面談・相談、プッシュ型の情報発信、随時相談の実施を推奨

身近で相談に応じ、必要な支援メニューにつなぐ

・妊娠届出時(5万円相当)・出生届出時(5万円相当)の経済的支援
・ニーズに応じた支援(両親学級、地域子育て支援拠点、産前・産後ケア、一時預かり等)

<経済的支援の実施方法>出産育児関連用品の購入・レンタル費用助成、サービス等の利用負担軽減等　※電子クーポンの活用や都道府県による広域連携など効率的な実施方法を検討。

(※1)子育てガイドを一緒に確認。出産までの見通しを寄り添って立てる等
(※2)夫の育休取得の推奨、両親学級等の紹介。産後サービス利用を一緒に検討・提案等
(※3)子育てサークルや父親交流会など、悩みを共有できる仲間作りの場の紹介。産後ケア等サービス、育休給付や保育園入園手続きの紹介等。

育て応援交付金を創設した。例えば、東京都では、電子クーポン方式を採用することで、出産育児関連用品を通常価格よりも安価に提供したり、月齢に合わせた商品が簡単に選べるようにしたり、インターネットサイトから便利な育児関連情報が入手できるようにしている。このように、本事業はDXの取組と組み合わせることで、施策の効果を何倍にも高めることができることから、こども家庭庁のこども政策DXプロジェクトの中核事業にもなっている。本事業は、「補正予算」で創設した「予算事業」であるものの、一時的な事業では効果がなく、継続的な実施が必要な事業である。試案では、「制度化を検討」することとしているが、これは具体的には、「予算に基づく事業」ではなく「法律に基づく事業」とすることを検討するものである。「予算に基づく事業」の場合、事業の実施の是非は毎年度の予算編成次第となってしまうが、「法律に基づく事業」とすることで事業の継続性を担保することができるようになる[17]。

　次に「出産費用（正常分娩）の保険適用の導入を含めた支援の在り方の検討」について見ていこう。出産費用に関する経済的支援については、試案の策定に先だって、令和5年度当初予算において、出産育児一時金の大幅な引上げ（42万円→50万円）、低所得の妊婦に対する初回の産科受診料の費用助成の創設を行うこととしたところである。特に出産育児一時金の大幅な引上げに当たっては、「医療機関が自由に診療料を決められるため、費用を同等額引き上げてしまうと施策の効果がなくなってしまう」、「出産費用は年々上昇しており地域差も大きい」、「医療機関毎の費用とサービス内容を比較して妊婦が自ら選択で環境を整備する必要がある」といった意見があり、これらの意見を踏まえ、2024年度から出産費用の見える化を実施することされていた。このように試案の策定前の政府の方針は、まずは出産費用の見える化を着実に進めるというものであったが、試案の検討過程において、「出産費用については、分娩サービスの内容を標準化し、一律の価格を設定することを可能とするため、保険適用をすべき」との意見があったことを重く受け止め改めて

検討し、次元の異なる少子化対策の一つとして、出産費用の保険適用を含めた在り方の検討に踏み込むこととした[18]。なお、妊婦自身の自由な選択により様々なサービスが利用されている実態等を踏まえると、全国一律の診療報酬で評価することについてどう考えるかといった課題があり、この点については丁寧に検討していく必要がある。

注

17) 出産・子育て応援交付金については、こども未来戦略において、経済的支援を「子ども・子育て支援法に基づく新たな個人給付（妊婦のための支援給付〈仮称〉〈5万円＋妊娠したこどもの人数×5万円の給付金の支給〉〉」、伴走型相談支援を「児童福祉法に基づく新たな相談支援事業」として制度化するため、2024年通常国会に法案を提出することとされた。その後、「子ども・子育て支援法等の一部を改正する法律案」が2024年通常国会に提出されている。

18) 試案を踏まえ、こども未来戦略方針では更に時期を明確化し、「2026年度を目途」に、出産費用（正常分娩）の保険適用の導入を含めた支援の強化について検討することとされた。なお、こども未来戦略方針では、出産に伴う身体的負担の軽減という観点から、「無痛分娩」について、麻酔を実施する医師の確保を進めるなどの環境整備に向けた支援の在り方を検討することを新たに追加している。

〈医療費等の経済的負担の軽減〉

　第三のポイントは、医療費等の経済的負担を軽減することとし、こども医療費助成に関する国民健康保険の減額調整措置の廃止、学校給食費の無償化に向けた課題の整理の方針を示したことである。こども医療費助成と学校給食費の無償化は、地方自治体の独自の事業として行われてきたものであり、これを全国的な制度にすべきという地方自治体からの強い要望が背景にあるという特徴がある。

　まず「こども医療費助成に関する国民健康保険の減額調整措置の廃止」について見ていこう。我が国の公的医療保険は、①自営業者、非正規雇用者等が加入する国民健康保険（地方自治体が保険者）、②中小企業の会社員が加入する協会けんぽ、③大企業の会社員が加入する健康保険組合、④公務員が加入する共済組合がある。いずれの保険に加入したとしても、こども医療費については、全国一律の制度として、小学校入学前のこどもについては自己負担を3割から2割に軽減している。また、

地方自治体では、住民のニーズを踏まえ、こどもの福祉の向上や少子化対策といった様々な目的の下、各自治体独自の上乗せ助成を行っており、自己負担を更に軽減しているという実態がある。このような中、国民健康保険制度では、地方自治体が独自に上乗せ助成を行うことによって受診行動が増加し、ひいては医療保険全体の財政や医療提供体制に影響が生じる恐れがあるとの考えに基づき、上乗せ助成を行った場合は、国からの各自治体の国民健康保険への財政支援の額を減額する仕組みが設けられており、これを「国民健康保険の減額調整措置」と呼んでいる。これまでは、小学校入学前のこどもについては自己負担を2割に軽減していたことや地方自治体の上乗せ助成の実施状況を踏まえて、小学校入学前のこどもについては減額調整措置を廃止していたが、試案では、地方自治体で取り組んでいるこどもの医療費助成については高校生までの人口の約9割が対象となっていることを踏まえ、高校生年代までのこどもを対象にすることを想定しつつ、減額調整措置を廃止する方針を示した。一方、こどもの医療費について、窓口負担を求めずに無償化することは、「不適切な抗生物質の利用などの増加が懸念される」、「比較的健康なこどもの外来受診を増やすことが懸念される」といった実証研究の指摘があり、こうした指摘を踏まえ、こどもにとってより良い医療の在り方について、国と地方の協議の場などにおいて検討することとしている。なお、国の制度として全国一律でこども医療費を無償化すべきではないかとの意見もあったが、この点については、現在の地方自治体によるこども医療費の助成の内容が、一部負担金の徴収の有無、所得制限の有無など自治体により様々であり、また、受診行動や医療提供体制への影響なども見極める必要があるといった課題もあり、まずは「国民健康保険の減額調整措置の廃止」に取り組むこととしている。

次に「学校給食費の無償化に向けた課題の整理」について見ていこう。学校給食の提供は小中学校等において努力義務になっており、2021年5月現在、小学校では99.0％、中学校では91.5％で実施されている。一般的に、学校給食の実施に必要な施設・設備・人件費は地方自治体等が

負担しているが、食材費は保護者が負担しており、この保護者の負担の軽減が検討対象になっている。学校給食費については、近年、物価高騰を背景として、国の新型コロナウイルス感染症対応地方創生臨時交付金を活用して、無償化を行う地方自治体が拡大している。このような地方自治体からは、国の制度として全国一律の学校給食費の無償化の仕組みを設けるべきではないかとの意見をいただいている。学校給食費の無償化によって、子育てに伴う経済的負担を軽減すること、特にこどもの健康や健やかな育ちを支える「食」に係る経済的負担を軽減することには大きな意義がある。しかしながら、例えば、公立中学校における完全給食（パン又は米飯、ミルク、おかず）の実施率は、高い県では 100％だが、低い県では 6 割を切るなど、自治体によってばらつきが大きいといった実情もある。このため、自治体等により実施されている保護者負担軽減支援が異なるなどの負担の在り方の観点や、自治体等により学校給食費の平均月額に乖離があるなどの学校給食費の水準の観点、アレルギー等により学校給食の提供を受けることができない児童生徒がいるなどの児童生徒間の公平性の観点なども踏まえつつ、実態調査を速やかに行い、こども未来戦略方針の決定[19] から 1 年以内にその結果を公表、その上で、小中学校の給食実施状況の違いや法制面等も含め課題の整理を丁寧に行い、具体的方策を検討することとしている。

注
19）2023 年 6 月 13 日。

〈高等教育費の負担の軽減〉
　第四のポイントは、高等教育費の負担を軽減することとし、奨学金制度の充実、授業料後払い制度（いわゆる日本版 HECS〈高等教育費用負担制度〉）の創設の方針を示したことである。子育てに伴う経済的負担の中でも、高等教育費の負担の大きさには多くの指摘があり、特に重要な論点となった。後述するが、こども未来戦略方針、こども未来戦略の検討過程において、この高等教育費の負担の軽減については、試案より

も更に施策の拡充を図ることとされ、最終的には「多子世帯の授業料等の無償化」を行うこととされた。

　まず「奨学金制度の充実」のうち貸与型の奨学金について見ていこう。現在、国は、（独）日本学生支援機構を通じて貸与型の奨学金を給付しており、令和5年度予算では、無利子奨学金50万3千人、有利子奨学金69万3千人の規模となっている。この貸与型奨学金については、経済困難等の理由により奨学金の返還が困難な場合、月々の返還金額を減額できる「減額返還制度」というものが導入されている。なお、この減額返還制度を利用した場合、返還機関が伸びることになるが、利子負担が増加することはない。試案では、この減額返還制度の年収上限を325万円から400万円に引き上げるとともに、出産や多子世帯の配慮など子育て時期の経済的負担に配慮した措置を新たに講じることとした。また、返還割合の選択肢についても、現行の1/2、1/3から、2/3、1/2、1/3、1/4に拡大することとした。この措置によって、これまで以上に奨学金の返還を柔軟に行えるようになり、若者の経済的負担を軽減することができるようになる。

　次に「奨学金制度の充実」のうち授業料等減免、給付型奨学金について見ていこう。授業料等減免は授業料の負担を軽減するものであり、例えば国公立の大学の場合、年間約54万円を上限として、年収約270万円以下（両親・本人・中学生の家族4人世帯の場合の目安。基準を満たす世帯の年収は家族構成により異なる。）の世帯（住民税非課税世帯）は全額、年収約270万円超〜約300万円以下の世帯は3分の2、年収約300万円超〜約380万円以下の世帯は3分の1の支援を受けることができる。また、給付型奨学金は学生生活費を支援するものであり、例えば国公立の大学の場合、自宅外から通学する学生であれば、年間約80万円を上限として、年収約270万円以下（両親・本人・中学生の家族4人世帯の場合の目安。基準を満たす世帯の年収は家族構成により異なる。）の世帯（住民税非課税世帯）は全額、年収約270万円超〜約300万円以下の世帯は3分の2、年収約300万円超〜約380万円以下の世帯は3分

の1の支援を受けることができる。試案では、この授業料等減免、給付型奨学金のそれぞれについて、新たに「多子世帯支援」と「理工農系支援」の区分を設けることとしている。具体的には、「多子世帯支援」は、新たに扶養する子の数が3人以上である世帯を対象として、年収約380万円超〜約600万円以下の世帯についても授業料等減免と給付型奨学金の支援が受けられるようにし、支援額を全額支援の4分の1の額とするものである。また、「理工農系支援」は、新たに理学・工学・農学の学部に在籍する者を対象として、年収約380万円超〜約600万円以下の世帯についても授業料等減免と給付型奨学金の支援が受けられるようにし、支援額を文系との授業料差額とするものである。この新たな支援区分によって、これまで以上に奨学金の負担を軽減することができるようになる。

更に「授業料後払い制度（いわゆる日本版 HECS）の創設」について見ていこう。これまで高等教育への支援については、学部段階については授業料減免等の拡充が図られ、博士段階については、「第6期科学技術・イノベーション基本計画」等に基づき、経済的支援の拡充やキャリアパス整備の支援等の取組が進められてきた。しかしながら、研究者・高度専門職業人の養成などの多面的な人材育成機能を担う修士段階については比較的支援が手薄の状況であった。このような背景の中、学部段階、修士段階、博士段階にかけて切れ目のない経済的支援を実施するため、修士段階については、新たに「授業料後払い制度（いわゆる日本版 HECS）を創設」することとした。具体的には、修士段階の授業料について、卒業後の所得に応じた後払いとする新たな仕組みを2024年度から創設し、年収が300万円を上回った段階から授業料の納付を行うこととしている。更に、子育て期の納付が過大とならないよう、こどもが2人いれば年収400万円を上回った段階から授業料の納付を行うことになるなどの措置を講ずることとしている。この措置によって、修士段階の授業料という当面の家計負担が、中長期的な進路の意志決定に過度に影響しないようにすることができるようになるとともに、子育て期の経済

図表30　安心してこどもを産み育てられるための奨学金制度の改正（令和6年度〜）

1. 学部段階（大学・短大・高専・専門学校）向け｜授業料減免等の中間層への拡大

授業料等減免と給付型奨学金をセットで行う「高等教育の修学支援新制度」について、**子育て支援等の観点から、多子世帯の中間層に支援対象を拡大**。あわせて理工農系の中間層にも拡大。

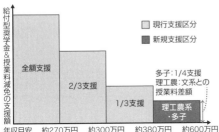

<支援対象>
・新規支援区分の対象は、世帯年収600万円程度（モデルケース）まで
・多子世帯支援：扶養する子の数が3人以上である世帯が対象
・理工農系支援：学問分野をまたがる学部・学科も、授与する学位の分野に理学・工学・農学が含まれれば対象

<支給水準>
・多子世帯支援：全額支援の1/4支援
・理工農系支援：文系との授業料差額
　※人文・社会科学系との授業料に差が生じていることに着目し、私立の学校を対象に支援

2. 大学院生（修士段階）向け｜大学院（修士段階）の授業料後払い制度の創設

授業料について、卒業後の所得に応じた「後払い」とする仕組みを創設。卒業後の納付においては、特に、**子育て期の納付が過大とならないよう配慮**。

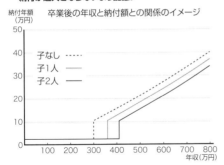

<「後払い」とできる授業料上限>
・国公立については、国立授業料の標準額（約54万円）
・私立については、私立の授業料の平均的な水準までとする予定

<卒業後の納付>
・所得に応じた納付が始まる年収基準：300万円程度
・上記年収を上回る場合：課税対象所得の9％を納付
・ただし、扶養する子について、独自の扶養控除を創設
　➡子供が2人いれば年収400万円程度までは所得に応じた納付は始まらない
※学生本人の年収が約300万円以下の場合に利用可能とする
※①令和6年秋入学者及び②修学支援新制度の対象者であって令和6年度に修士段階へ進学する者を対象として開始予定
　⇐学生等の納付金により償還が見込まれること等を踏まえた資金調達方法も検討

3. 奨学金を返還している方向け｜貸与型奨学金における減額返還制度の見直し

定額返還における月々の返還額を減らす制度（※返還総額は不変）について、**要件等を柔軟化**。また、子育て時期の経済的負担に配慮した更なる対応について引き続き検討を進める。

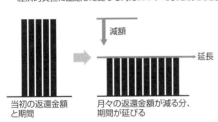

・利用可能な年収上限の引き上げ
　（本人年収325万円以下 ➡ 400万円以下）
・返還割合の選択肢を増加
　（1/2 又は1/3 ➡ 2/3、1/2、1/3、1/4の4種類）

的負担を更に軽減することができるようになる[20]。

　このほか、デジタル田園都市国家構想交付金を活用し、地方自治体による高等教育費の負担軽減に向けた支援を促すこととし、具体的には、デジタル田園都市国家構想交付金において実施している移住支援について、大学卒業後に地方に移住する学生を対象とすることなどによる支援を行うこととした。

　注
　20）高等教育費の負担軽減については、こども未来戦略方針、こども未来戦略それぞれ
　　　で施策の具体化がなされており、詳細は第3章、第4章で解説している。

〈子育て世帯に対する住宅支援〉

　第五のポイントは、子育て世代の居住環境の改善を求める声を踏まえて、子育て世帯に対する住宅支援の強化を行うこととしたことである。具体的には、「公営住宅等の優先入居」、「民間住宅ストックの活用」、「住宅ローン（フラット35）の充実」、「居住支援法人への支援」を盛り込んでいる。

　まず「公営住宅等の優先入居」について見ていこう。公営住宅は、国と地方自治体が協力して、住宅に困窮する低所得者に対し、低廉な家賃で住宅を供給するものであり、2020年度末時点で約214万戸となっている。この公営住宅の入居者の募集・選考に当たっては、地方自治体の判断により特に困窮度が高い者等について優先的に取り扱うことが可能となっている。この優先入居の取扱いについて、今回新たに、子育て環境の優れた地域に立地する公営住宅等について、子育て世帯等が優先的に入居できる取組を進めることとしている。

　次に「民間住宅ストックの活用」について見ていこう。民間住宅ストックとして活用を想定しているのは、「空き家」と「セーフティネット住宅」である。「空き家」については、子育て世帯が入居できるよう空き家の改修を推進することとしている。「セーフティネット住宅」は、民間の賃貸住宅を、子育て世帯等の住宅確保要配慮者の入居を拒まない

住宅として登録し、住宅確保要配慮者のための住宅の供給を推進する仕組みであり、このセーフティネット住宅の仕組みを更に推進することとしている[21]。

　今回、特に大きな制度の充実となるのが「住宅ローン（フラット35）の充実」である。フラット35は、民間金融機関が提供した住宅ローンを住宅金融支援機構が買い取ることで、「全期間固定金利の住宅ローン（フラット35）」の普及を支援するものであり、現在、子育て支援などの地方自治体の施策とした住宅ローン（フラット35地域連携型）については、更に金利の引下げを実施している。試案では、このフラット35について、住宅の広さを必要とする多子世帯に特に配慮しつつ、支援の充実を行うこととしている[22]。

　このほか、「居住支援法人への支援」を行うこととしている。居住支援法人とは、高齢者、低所得者等の住宅確保要配慮者の民間賃貸住宅への円滑な入居に向けた対応や生活相談等の居住支援を行う法人であり、この法人のうち、子育て世帯に対しての支援を行う法人について重点的な支援を行うことで、子育て世帯への居住支援の体制を強化することとしている。

注
21) 住宅の供給量については、こども未来戦略方針において更に検討が進められ、今後10年間で、子育て世帯等が居住する公営住宅については約20万戸、子育て世帯等が居住する民間住宅については約10万戸を確保することとされた。
22) フラット35については、こども未来戦略方針において更に検討が進められ、住宅性能や地方自治体の施策との連携などの項目に応じたポイント制を活用して、2024年度までのできるだけ早い時期に、住宅の広さを必要とする多子世帯に特に配慮した支援の大幅な充実を行うこととされた。
　　その後、こども未来戦略において、更に施策が具体化されており、こどもの人数に応じて金利を引き下げる「フラット35 子育てプラス」を創設するとともに、こどもの人数や住宅性能などの項目に応じた新たなポイント制度を導入（金利引下げ幅を従来の最大年5％から年10％に拡充）することとされ、2024年2月13日以降の資金受取分から新制度がスタートしている。

〈国と地方自治体との関係〉
ここまでライフステージを通じた子育てに係る経済的支援の強化につ

いて解説してきたが、最後に国と地方自治体との関係についての私の考えを述べたい。

こども・子育て政策はほぼ全ての政策を地方自治体を通じて実施している。地方自治体と国が車の両輪とならなければ、こども政策の充実は図れない。私はこども家庭庁の立ち上げの際に国と地方の定期協議を立ち上げた。しかも、大臣と地方団体（全国知事会長、市長会長、町村長会長）のハイレベル協議だけでなく、個別の政策分野に関する実務者協議も随時実施することにした。

国と地方の役割分担は、国がユニバーサルサービスを整備し予算を確保しつつ、地方は独自財源で地域に合った施策や先進的な取り組みを実施する、というものだろう。

しかし、こども・子育て政策に注目が集まるにつれ、給食費無償化、保育の完全無償化、こども医療費の無償化、高校の授業料無償化など「○○の無償化」を実績として、あるいは公約として首長選挙に臨むケースが増えてきた。

無償化を喜ばない保護者はいないだろうが、こうした施策を実施できるのは、財政が豊かな自治体やこども・子育て政策に予算を寄せられる自治体に限られる。しかし、近隣自治体の首長も例えば選挙における対抗馬の公約などにより否応なしに無償化を迫られる。私が大臣として面会した中にはごく少数とはいえ、赤裸々にこうした窮状を訴え、国による無償化を強く要望する首長もいた。ただ、国が全国的に無償化実現するためには膨大な予算と財源を要するのも事実である。

政府も無策であったわけではない。給食無償化は政府の地方創生臨時交付金を活用したケースが多く、保育の完全無償化は政府が消費税財源を活用した幼児教育・保育無償化の政策がベースになっている。また、高校教育等修学支援金制度も段階的に拡充してきた。例えば、東京都は2024年度より高校の無償化を決定したが、東京都の予算は600億円に対し、政府の支援金はラフに計算しても400億円を超える。いわば、国と東京都の共同作業であるが、世論の一部は東京が踏み込んだ政策を実

施したと捉え、国の不十分さに批判が向かう。先ほど述べたようにこども・子育て政策の大半は自治体が実施主体のため、国の制度拡充が国民に見えにくく評価されづらいとのジレンマを抱える。

　子育てサービスの無償化や現金給付は予算さえあれば全国どこでもできる。一方、こどもの貧困対策、児童虐待対策、障がい児支援、いじめ・不登校対策などについては、支援を要する児童・家庭、支援する場や人材・団体を把握しアプローチできるのは間違いなく国ではできず当該地方自治体しかない。

　したがって、理想的な役割分担としては、国は国民が全国どこに住んでいても変わらない給付を受けられるよう、地方と協議の上で給付の水準を決め底上げをしていき、地方自治体は当該自治体にしかできないこども・子育て家庭に対するきめ細かい施策を実施するということではないかと考える。

ⅱ 全てのこども・子育て世帯を対象とするサービスの拡充
〈妊産婦等への伴走型支援と産前・産後ケアの拡充〉

「全てのこども・子育て世帯を対象とするサービスの拡充」の第一のポイントは、妊産婦の心身の負担の軽減やこどもの虐待による死亡事例の6割が0歳児である実態を踏まえ、「妊産婦等への伴走型支援と産前・産後ケアの拡充」の方針を示したことである。

　ここでいう妊産婦等への伴走型支援は、先述の「出産・子育て応援交付金（地方自治体の創意工夫により、出産育児関連用品の購入費助成や子育て支援サービスの利用負担軽減を図る経済的支援（10万円）と妊娠期から出産・子育てまで一貫して身近で相談に応じ、様々なニーズに即した必要な支援につなぐ伴走型の相談支援の充実を一体的に実施）」のうち、「妊娠期から出産・子育てまで一貫して身近で相談に応じ、様々なニーズに即した必要な支援につなぐ伴走型の相談支援の充実」のことを指す。本事業は、「補正予算」で創設した「予算事業」であるものの、一時的な事業では効果がなく、継続的な実施が必要な事業である。

試案では、「制度化を検討」することとしているが、これは具体的には、「予算に基づく事業」ではなく「法律に基づく事業」とすることを検討するものである[23]。

　また、産後ケア事業は、出産後の心身の負担を軽減するため、助産師や保健師等による心身のケアや育児のサポート等を行うものであり、病院、診療所、助産所、保健センター等において、ショートステイ、デイサービス、居宅訪問などの様々な形態で実施されている。令和5年度当初予算において、これまで、「産後に心身の不調又は育児不安等がある者」「その他、特に支援が必要と認められる者」を対象としていたものについて、「産後ケアを必要とする者」に見直し、本事業が「支援を必要とする全ての方が利用できる」事業であることを明確化するとともに、利用者負担の軽減措置について、これまでの非課税世帯を対象とする軽減措置（5,000円／回）に加え、非課税世帯以外の全ての利用者を対象とする利用者負担の軽減措置（2,500円／回（上限5回））を導入するなどの充実を図っている。試案では、この産後ケア事業の実施体制の強化等を更に推進することとしている[24]。

　このほか、女性が妊娠前から妊娠・出産後まで、健康で活躍できるよう、国立成育医療研究センターに、全国の先進的な機関とのネットワークを形成し、あらゆるライフステージの女性の健康について情報収集・研究、相談支援等を推進できる「女性の健康に関するナショナルセンター機能」を持たせることとしている。

注
23) 伴走型相談支援については、こども未来戦略において、「児童福祉法に基づく新たな相談支援事業」として制度化するため、2024年通常国会に法案を提出することとされた。その後、「子ども・子育て支援法等の一部を改正する法律案」が2024年通常国会に提出されている。
24) 産後ケア事業については、こども未来戦略において、「子ども・子育て支援法の地域子ども・子育て支援事業」として制度化するとともに、産後うつリスクの高い方など支援の必要性の高い妊婦などを受け入れる施設に対する補助金の加算の仕組みを創設することとされた。その後、「子ども・子育て支援法等の一部を改正する法律案」が2024年通常国会に提出されている。

〈幼児教育・保育の配置基準改善と更なる処遇改善〉

　第二のポイントは、「幼児教育・保育の配置基準改善と更なる処遇改善」の方針を示したことである。少子化対策において、共働き・共育てを実現するための幼児教育・保育の体制を確保することは極めて重要である。近年は待機児童対策を強力に推進することで、保育所の待機児童は、2017 年の約 2.6 万人から 2022 年には約 3 千人まで減少した。このような中、待機児童対策を引き続き推進するとともに、幼児教育・保育の質の向上のための施策を強化していくことが求められている。

　まず「配置基準改善」について見ていこう。保育所等の運営が適正に行えるよう、保育所等の運営費については国と地方自治体の補助金が交付されており、この補助金の算定ルールを公定価格と呼んでいる。この公定価格の算定では、標準的な運営費の範囲で補助金を交付するため、保育士等の職員の実際の配置数に応じた算定ではなく、児童数に応じて必要となる職員の想定配置数に応じた算定を行っている。しかしながら、各保育所等では保育士の負担軽減や保育の質の向上などの観点から、独自に公定価格の想定配置数以上に職員を配置している場合も多く、公定価格上の配置と実際の配置の差が長年の課題となっていた。この点については、政府も重要な課題と認識しており、2014 年の社会保障と税の一体改革等の際に「子ども・子育てに必要な財源 1 兆円」を整理し、消費税財源を活用して実現する施策として位置付けた 0.7 兆円の施策メニューにおいて、3 歳児に対する職員の配置改善（20：1 → 15：1）を盛り込み、2015 年度からこれを実現している。なお、このとき、消費税財源以外の財源を確保して実現を目指す施策として位置付けた 0.3 兆円の施策メニューにおいて、1 歳児に対する職員の配置改善（6：1 → 5：1）、4・5 歳児に対する職員の配置改善（30：1 → 25：1）を盛り込んでいたところである。その後、2023 年度には大規模な保育所における職員の配置改善の措置を講じるとともに、園児の事故等を防止するための支援員の配置の支援を新たに行うこととするなど、累次の改善を重ねてきている。このような中、今回の試案では、長年の課題を解決するため、

0.3兆円の施策メニューに位置付けていた1歳児に対する職員の配置改善（6：1→5：1）、4・5歳児に対する職員の配置改善（30：1→25：1）を実現することとしている。1歳児に対する職員の配置基準は約55年前（1967年）から、4・5歳児に対する職員の配置基準は約75年前（1984年）から変わっておらず、今回、改めて抜本的な配置改善が図られることとなる。

　次に「処遇改善」について見ていこう。保育士の有効求人倍率は高い水準となっており、その要因の一つとして、保育士の給与水準が業務内容と比較して不十分との指摘がなされている。政府としては、職員の配置改善と同様に処遇改善についても重要な課題と認識しており、先述の0.7兆円の施策メニューの中で3％、0.3兆円の施策メニューの中で2％の処遇改善を位置付けており、3％分については2013年度から、2％分については2017年度から、これを実現している。現在は、このほか、

図表31　保育士等の処遇改善の推移

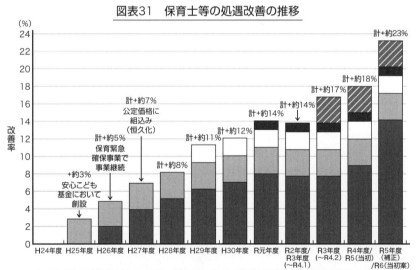

注1：処遇改善等加算（賃金改善要件分）は、平成25、26年度においては「保育士等処遇改善臨時特例事業」により実施。
注2：各年度の月額給与改善額は、予算上の保育士の給与改善額。
注3：上記の改善率は、各年度の予算における改善率を単純に足し上げたものであり、24年度と比較した実際の改善率とは異なる。
注4：「コロナ克服・新時代開拓のための経済対策」による処遇改善は、令和4年2〜9月は「保育士・幼稚園教諭等処遇改善臨時特例事業」により実施。令和4年10月以降は公定価格により実施（恒久化）。

累次の処遇改善に取り組むことによって、累計18%の処遇改善を実現し、更に、技能・経験に応じた月額最大4万円の処遇改善も2017年度から実施している。しかしながら、未だ保育士不足の解消が保育現場では課題になっており、保育士等の処遇改善は引き続き大きな課題となっている。このような中、今回の試案では、保育所等における費用の使途の見える化を進めつつ、処遇改善の取組を進めることとしている[25]。

注
25) 幼児教育・保育の配置基準改善と更なる処遇改善については、こども未来戦略において、施策の具体化がなされている。
　まず「配置基準改善」について、4・5歳児については、30対1から25対1となるよう、2024年度から新たに「4・5歳児配置改善加算」を創設するとともに、法令に基づく最低基準についても、30対1から25対1に改正することとされた。なお、法令に基づく最低基準については、保育士の確保が困難な場合であっても、保育園の運営が継続できるよう、当分の間は従前の基準により運営することも妨げないとする経過措置を設けることとされている。残る1歳児については、こども未来戦略方針において、6対1から5対1に改善する方針を示していたが、2025年度以降、加速化プラン期間中（2024年度から2026年度まで）の早期に実施することとされた。
　このほか、「処遇改善」については、令和5年人事院勧告における国家公務員の給与改定を踏まえ、5.2%の引上げが行われ、引き続き、民間給与動向等を踏まえた更なる改善を行うこととされた。また、これと併せて、保育士の処遇が適切に確保されるようにするため、事業者による経営情報等の報告、都道府県による分析結果等の公表の仕組みを法律に位置付けることとされた。その後、「子ども・子育て支援法等の一部を改正する法律案」が2024年通常国会に提出されている。

〈こども誰でも通園制度（仮称）の創設〉
　第三のポイントは、「こども誰でも通園制度（仮称）の創設」の方針を示したことである。試案の公表後、多くの関心を集めており、今回の試案の施策の中でもとりわけ国民の関心の高い施策となっている。
　現行の保育制度は、利用できる者が就労等の保育の必要性がある者に限定されており、この結果、0から2歳児の約6割は未就園児となっている。このような中、専業主婦（夫）家庭等も含めた未就園児のいるすべての家庭に対して、こどもを預かり、こどもの育ちを支援する新たな給付を創設するのが本制度である。本制度の目的は、①在宅で子

育てをする世帯のこどもにとって、専門職がいる場で、同世代と関わりながら成長できる機会をつくること、②保護者にとっても、理由を問わず、誰でも簡単に利用でき、育児負担や孤立感を解消できるための環境をつくること、などである。具体的には、現行の仕組みとは別に、就労要件を問わず、こども一人につき月一定時間までの利用可能枠の中で、時間単位で柔軟に保育所、認定こども園、地域型保育事業所、幼稚園、地域子育て支援拠点等に通園が可能となる新たな給付を創設することとしている。また、本制度を導入するに当たっては、保育士等の担い手をこれまで以上に確保していく必要がある。先述の処遇改善とともに、保育士等の確保のための施策（修学資金の貸付、潜在保育士のマッチングの推進、保育補助者の配置やICT化などによる負担軽減）についても並行して推進していく必要がある。更に、本制度を全国で導入する場合、待機児童が生じている地域と生じていない地域、保育所等の空き定員が一定程度ある地域とない地域、保育士の確保が

図表32 「こども誰でも通園制度」の概要

検討の方向性

○現行の幼児教育・保育給付とは別に、月一定時間までの利用可能枠の中で、就労要件を問わず時間単位等で柔軟に利用できる新たな給付として「乳児等のための支援給付」（「こども誰でも通園制度」）を創設する。
○2025年度に子ども・子育て支援法に基づく地域子ども・子育て支援事業として制度化し、2026年度から子ども・子育て支援法に基づく新たな給付として全国の自治体においてこども誰でも通園制度を実施できるよう、所要の法案を次期通常国会に提出する。

制度の意義

○こどもが家庭とは異なる経験や家族以外の人と関わる機会
○ものや人への興味が広がるとともに、成長発達に資する豊かな経験をもたらす
○保育者からこどもの良いところや成長等を伝えられることで、こどもと保護者の関係性にも良い効果
○孤立感や不安感を抱える保護者の負担感の軽減
○育児方法の模範を見ることにより、親としての成長につながる
○保育士にとっては、その専門性をより地域に広く発揮できる
○給付制度とすることで制度利用のアクセスが向上
○利用状況を自治体が把握でき支援が必要な家庭の把握などにつながる

【本格実施に向けたスケジュール】

令和5年度～	→ 令和7年度	→ 令和8年度
○制度の本格実施を見据えた試行的事業(注1) ・108自治体に内示(令和6年1月17日現在) ・補助基準上一人当たり「月10時間」を上限	○法律上制度化し、実施自治体数を拡充 ・法律の地域子ども ・子育て支援事業の一つとして位置づけ	○法律に基づく新たな給付制度 ・全自治体で実施(注2) ・内閣府令で定める月一定時間までの利用枠

注1：補正予算で前倒しし、今年度中の開始も可能となるよう支援。
注2：令和8年度から内閣府令で定める月一定時間の利用可能枠での実施が難しい自治体においては、3時間以上であって内閣府令で定める月一定時間の利用可能枠の範囲内で利用可能枠を設定することを可能とする経過措置を設ける。（令和8・9年度の2年間の経過措置）。

可能な地域と困難な地域など、それぞれの地域の実情を踏まえながら丁寧に制度設計を行う必要がある [26]。

　このほか、病児保育についてはその充実を図ることとしている。病児保育の運営をするに当たっての大きな課題として、突発的なニーズに対応するものである一方、職員の機動的な配置が困難であり、当日キャンセルが生じても職員の人件費は生じるといった赤字構造の課題が指摘されている。このような課題に対して、2023年度から、試行的に当日キャンセルに対する受け入れ体制を維持していることについても財政支援で配慮する仕組みを設けており、今後、この仕組みの恒久化を検討することとしている [27]。また、病児保育については、複数の施設に電話をして空き状況を確認し予約をしなければならないなど、予約のしにくさが利用の障害となっているとの指摘もある。このため、2025年度から、管内の複数の施設の空き状況を一元体に把握し、予約が行えるようなシステム構築した自治体への補助率の嵩上げをするなどの充実を図ることとしている。

注
26）「こども誰でも通園制度（仮称）」については、こども未来戦略方針において更に検討が進められ、具体的な制度の創設に向けて、速やかに全国的な制度とすべく、2023年度中にモデル事業を更に拡充させ、2024年度からは制度の本格実施を見据えた形でモデル事業を実施することとされた。
　　更にこども未来戦略では、本格実施に向けたスケジュールが明確化され、
　・2023年度については、150自治体程度において、利用者一人当たり「月10時間」を上限に制度の本格実施を見据えた試行的事業を実施するとともに、2026年度から「子ども・子育て支援法に基づく地域子ども・子育て支援事業」に位置付けることや2027年度から「子ども・子育て支援法に基づく新たな給付制度」を創設することを内容とする法案を2024年通常国会に提出
　・2024年度については、試行的事業を継続
　・2025年度については、「子ども・子育て支援法に基づく地域子ども・子育て支援事業」として、実施自治体数を拡大
　・2026年度については、「子ども・子育て支援法に基づく新たな給付制度」として、全自治体で実施
というスケジュールが示された。
　　この「月10時間」という利用時間については、「もっと増やして欲しい」という意見も多数いただいている。それだけ利用者にとってニーズの高いサービスだと言

え、私としてもできるだけ増やしていくべきと考えている。一方で全国の自治体において サービス提供体制を確保するため、保育士等の保育人材を十分に確保していく必要があることにも留意しなければならない。この「月 10 時間」はあくまで試行的事業の補助基準上の上限を定めたものであり、本格実施に当たっての上限を定めたものではない。本格実施の際の利用時間の在り方については、今後、全国の自治体のサービス提供体制とのバランスを踏まえて検討していくこととなる。

27）病児保育の運営に関する財政措置については、こども未来戦略において、病児保育事業所に従事する保育士は、小児医学（感染症）の知識や家族への専門的サポート等の専門性を有する必要があること等を踏まえ、2024 年度から病児保育の運営費の単価の引上げを行うこととされた。

〈放課後児童クラブの職員配置の改善〉

　第四のポイントは、「放課後児童クラブの職員配置の改善」の方針を示したことである。少子化対策において、共働き・共育てを実現するため、保育所の待機児童対策と同様、「小 1 の壁」を打破することも重要な課題となっている。ここでいう「小 1 の壁」とは、保育園の時はこどもを保育園に預けることで共働き・共育てができていたが、小学校に入学したとたん、放課後児童クラブ等のこどもの預け先が不足することによって、共働き・共育ての継続が難しくなる問題のことをいう。この問題に対して、政府は、2019 年度から 2023 年度にかけて「新・放課後子ども総合プラン」に基づき受け皿の拡大に取り組み 2023 年 5 月 1 日現在で、放課後児童クラブを利用している児童数は約 145 万人と、2019 年の約 130 万人に比べ約 15 万人の増加となっている。しかしながら、放課後児童クラブの利用ニーズの増加によって待機児童数は、2023 年 5 月 1 日現在で約 1 万 6 千人となっており、2019 年の約 1 万 8 千人から若干の減少にとどまっている。放課後児童クラブの受け皿の拡大のためには、担い手の確保と場所の確保が大きな課題となっている。前者については、担い手を確保するために重要な要素となる処遇の改善が図れるよう、今回の試案において、職員配置の改善を図ることとし、具体的には、放課後児童クラブの運営費の補助金の算定において、常勤職員の想定配置数を増やすこととしている。後者については、小学校の空き教室の活用など地方自治体における福祉部局と教育部局の連携が重要であり、

図表33　放課後児童対策パッケージの概要

1. 放課後児童対策の具体的な内容について

放課後児童クラブの実施状況
（R5.5.1）登録児童145.7万人　待機児童1.6万人
（R5.10.1）登録児童139.9万人　待機児童0.8万人

（1）放課後児童クラブの受け皿整備等の推進

放課後児童クラブを開設する場の確保

①放課後児童クラブ施設整備の補助率の嵩上げ【R5補正】
②学校校舎、敷地内における放課後児童クラブの整備推進
③学校外における放課後児童クラブの整備推進（補助引き上げ）【R5から実施】
④賃貸物件等を活用した放課後児童クラブの受け皿整備の推進（補助引き上げ）【R6拡充】
⑤学校施設や保育所等の積極的な活用

放課後児童クラブを運営する人材の確保

①放課後児童クラブにおける常勤職員配置の改善【R6拡充】
②放課後児童クラブに従事する職に対する処遇改善
③ICT化の推進による職員の業務負担軽減【R5補正】
④育成支援の周辺業務を行う職員の配置による業務負担軽減

適切な利用調整（マッチング）

①正確な待機児童数把握の推進
②放課後児童クラブ利用調整支援事業や送迎支援の拡充による待機児童と空き定員のマッチングの推進等（補助引き上げ）【R6拡充】

その他

①待機児童が多数発生している自治体へ両省庁から助言
②コミュニティ・スクールの仕組みを活用した放課後児童対策の推進
③更なる待機児童対策（夏季休業の支援等）に係る調査・検討

（2）全てのこどもが放課後を安全・安心に過ごすための強化策

放課後児童対策に従事する職員やコーディネートする人材の確保

①放課後児童クラブにおける常勤職員配置の改善（再掲）
②地域学校協働活動推進員の配置促進等による地域学校協働活動の充実

多様な居場所づくりの推進

①放課後児童クラブと放課後子供教室の「校内交流型」「連携型」の推進
②こどもの居場所づくりの推進（モデル事業、コーディネーター配置）【R5補正】
③コミュニティ・スクールの仕組みを活用した放課後児童対策の推進（一部再掲）
④特別な配慮を必要とする児童への対応
⑤朝のこどもの居場所づくりの推進（好事例周知等）

質の向上に資する研修の充実等

①放課後児童対策に関する研修の充実
②性被害防止、不適切な育成支援防止等への取組
③事故防止への取組
④幼児期から学童期に渡っての切れ目のない育ちの支援

2. 放課後児童対策の推進体制について

（1）市町村、都道府県における役割・推進体制

①市町村の運営委員会、都道府県の推進委員会の継続実施
②総合教育会議の活用による総合的な放課後児童対策の検討

（2）国における役割・推進体制

①放課後児童対策に関する二省庁会議の継続実施
②放課後児童対策の施策等の周知

3. その他留意事項について

（1）放課後児童対策に係る取組のフォローアップについて

①放課後児童クラブの整備＜152万人の受け皿整備を進め、できる限り早期に待機児童解消へ＞
②放課後児童クラブと放課後子供教室の連携＜同一小学校区内でできる限り早期に全てを連携型へ＞
③学校施設を活用した放課後児童クラブの整備＜新規開設にあたり所管部局が求める場合、できる限り早期に全て学校施設を活用できるように＞

（2）子ども・子育て支援事業計画との連動について

（3）こども・子育て当事者の意見反映について

こども家庭庁と文部科学省が一体となって、更なる対策の強化に向けた検討を進めることとしている。これらについては、最終的に「放課後児童対策パッケージ」（令和5年12月25日）として施策のパッケージが取りまとめられることとなった[28]。

注
28) 「放課後児童対策パッケージ」では、新・放課後子ども総合プラン（2019年度〜2023年度）による受け皿拡大の目標達成が困難な状況を踏まえ、2024年度から2025年度までに取り組む施策として、これまでの待機児童が発生している自治体に対する施設整備費の補助率嵩上げ等に加えて、
　　・常勤の放課後児童支援員を複数配置する放課後児童クラブに対する補助の拡充（放課後児童クラブを運営する人材の確保）
　　・学校敷地外で地域のこどもと共に過ごし交流する場を一体的に整備する場合の補助基準額や民家・アパート等を使用する際の賃借料補助水準の引上げ（放課後児童クラブを開設する場の確保）
　　・待機児童が100人以上発生している市町村が定員に余裕のある放課後児童クラブへの送迎支援事業を行う場合の補助基準額の引上げ（適切な利用調整〈マッチング〉）
　　等に取り組むこととされた。

〈多様な支援ニーズへの対応〉

　第五のポイントは、「多様な支援ニーズへの対応」として、「社会的養護、ヤングケアラー等支援（こども家庭センターの体制強化等）」、「障害児支援、医療的ケア児支援等（児童発達支援センターの機能強化等）」、「ひとり親家庭の自立促進（高等職業訓練促進給付金制度の拡充等）」の方針を示したことである。

　まず「社会的養護、ヤングケアラー等支援（こども家庭センターの体制強化等）」について見ていこう。2022年に成立した改正児童福祉法では、児童虐待の未然防止やヤングケアラーなどの家庭支援を強化するため、児童福祉と母子保健の一体的な対応を行う「こども家庭センター」の設置を市町村の努力義務としている。試案では、この「こども家庭センター」の体制強化として、本センターの設置を推進するための支援の充実を行うこととしている。また、改正児童福祉法では、家事・育児等に対して不安・負担を抱えた子育て家庭に訪問支援員を派

遣し、家事・育児等の支援を行う「子育て世帯訪問支援事業」を制度化している。試案では、この「子育て世帯訪問支援事業」を拡充することとしている[29]。更に、社会的養護の下で育ったこどもの自立支援に向けた取組についても強化することとしている[30]。

　次に「障害児支援、医療的ケア児支援等（児童発達支援センターの機能強化等）」について見ていこう。2022年に成立した改正児童福祉法では、障害児支援に関して地域の中核的な役割を担う「児童発達支援センター」の機能について、幅広い高度な専門性に基づく発達支援・家族支援機能、地域の事業所へのスーパーバイズ・コンサルテーション機能、地域のインクルージョン推進の中核機能等が新たに位置付けられている。このような中、試案では、この「児童発達支援センター」の機能強化と巡回支援の充実を盛り込んでいる。また、医療的ケア児等への対応のための地域における連携体制を強化することとしており、具体的には、医療的ケア児への支援について医療機関や福祉施設等との総合調整を担う「医療的ケア児等コーディネーター」の配置数の拡大や医療的ケア児に対応する看護職員を確保するための体制構築に取り組む地方自治体の拡大を行うこととしている[31]。

　最後に「ひとり親家庭の自立促進（高等職業訓練促進給付金制度の拡充等）」について見ていこう。ひとり親家庭への支援については、「自立促進」の観点から支援策の拡充を行う方針を示している。まず「特定求職者雇用開発助成金」において、ひとり親を雇い入れ、人材育成・賃上げに向けた取組を行う企業に対して、通常の1.5倍、最大90万円の高額の助成を行い、ひとり親等の雇用機会の増大、雇用の安定化を図ることとしている。更に、看護師・介護福祉士等の資格取得を目指すひとり親家庭に対する「高等職業訓練促進給付金制度」については、新型コロナウイルス感染症を踏まえて、現在暫定措置として、これまで1月以上の資格を対象としていた資格取得期間を6月以上とするとともに、看護師・介護福祉士等を対象としていた対象資格にICT関係の資格を追加しているが、これらの恒久化を予定している。加えて、養育費に関する

相談支援や取り決めの促進策について、現在、「離婚前後親支援モデル事業」において、公証書作成支援等を行う地方自治体への支援を行っているが、この実施自治体数を倍増させるとともに、弁護士に対する成功報酬への助成についても支援対象に追加することとしている。

　第3章、第4章において詳細に解説するが、この貧困、虐待防止、障害児や医療的ケア児などの多様な支援ニーズへの対応については、こども未来戦略方針、こども未来戦略の検討過程において、試案よりも更に大幅に施策の拡充が図られている[32]。

注
29)「子育て世帯訪問支援事業」については、こども未来戦略方針において更に検討が進められ、現行制度では生活保護世帯について利用者負担なしで利用を可能としているものについて、利用者負担軽減の対象者の拡大や利用回数の拡充に取り組むこととされた。

30)「社会的養護の下で育ったこどもの自立支援に向けた取組」については、こども未来戦略方針において更に検討が進められ、学習環境整備等の支援強化を図ることとされた。現行制度では、児童養護施設に対する支援において、こどものスマホの利用について、高校生は対象としているものの、中学生以下は対象になっていない。加えて、学校外での学習体験について、学習塾は対象としているものの、学習塾以外の習い事は対象となっていない。これらを踏まえ、児童養護施設におけるこどものスマホの利用や習い事への支援を充実することとされた。

31)「障害児支援、医療的ケア児支援等」については、こども未来戦略方針において更に検討が進められ、児童発達支援センターの機能強化のための人材配置や保育所等に巡回支援を行う巡回支援専門員の配置の対象施設数の拡大や、障害児・医療的ケア児の支援体制の強化が全国各地で進むよう、国や都道府県等による状況把握や助言等の広域的支援を進め、地域の支援体制の整備を促進することととされた。

32) これらの施策のほか、こども未来戦略では、全てのこども・若者が安全で安心して過ごせる多くの居場所を持ちながら、将来にわたって幸せな状態で成長していけるよう、「こどもの居場所づくりに関する指針」（2023年12月22日閣議決定）を取りまとめ、同指針に基づき、
・こどもの居場所づくりのコーディネーターの配置等への支援
・こどもの居場所に係る実態調査や広報活動への支援
・こどもの居場所づくりに係るモデル事業の実施
等に取り組むこととされた。

iii 共働き・共育ての推進
〈男性育休取得促進のための対策の抜本強化〉
「共働き・共育ての推進」の第一のポイントは、「男性育休取得促進の

ための対策の抜本強化」の方針を示したことである。2022年度の男性の育休取得率は約17%となっており、4年前の約3倍に増加したものの、女性の約80%と大幅な差がある。

男性の育休取得を利用しなかった理由を見ると、「会社で育児休業制度が整備されていなかったから（23.4%）」、「収入を減らしたくなかったから（22.6%）」、「職場が育児休業制度を取得しづらい雰囲気だったから（21.8%）」、「会社や職場の理解がなかったから（15.1%）」といった理由がある。

このため、まず「制度面の対応」として、男性の育休取得率の政府目標について、2025年までに30%としていたものを2030年までに85%（2021年度の女性の育休取得率約85%と同水準）に大幅に引き上げている。また、企業に労働者の仕事と子育てに関する事業主行動計画の策定を求める「次世代育成支援対策推進法」の事業主行動計画について、男性の育休取得を含めた育児参加や育休からの円滑な職場復帰支援、育児のための時間帯や勤務地への配慮等に関する目標・行動を義務付けることを検討することとしている。更に、「育児・介護休業法」では、2023年4月から従業員1,000人超の事業主に対して男性の育児休業取得率の開示を義務づけているが、この対象事業の範囲を拡大することを検討することとしている。

加えて、「給付面の対応」として、両親ともに育児休業を取得することを推進するため、男性が一定期間以上の産後パパ育休（最大28日）を取得した場合には、その期間の育休給付の給付率を現行の67%（育休期間は年金保険料等が免除されるため手取りで8割相当）から80%（手取りで10割相当）に引き上げている。

また、周囲の社員への応援手当など育休を支える体制整備を行う中小企業に対する助成措置を大幅に強化することとしている。一例を紹介すると、三井住友海上火災保険株式会社では、2023年7月から「育休職場応援手当（祝い金）」として、育休取得社員の職場の社員に3,000円～100,000円の一時金を給付する制度をスタートしている。これは、育

休取得のための課題を社員からヒアリングしたところ、育休を取得する社員は「育休取得すると周りの同僚に負担をかけてしまうのが気になる」という思いを持っている一方、周りの同僚の社員は「育休取得は良いことだが、仕事上の影響（周りの同僚の負担の増加）がないとは言えない」といった思いを抱えていることがわかり、出産・育児を職場全体で心から祝い、快く受け入れて支える企業風土を醸成するために導入しているものである。私も実際に三井住友海上火災保険株式会社に伺い、社員の方々から話を聞くことができたが、職場全体で育休取得をしやすい環境をつくっていくことは極めて重要な取組である[33]。

注
33) 男性育休取得促進のための対策については、こども未来戦略方針において更に施策の具体化がなされており、詳細は第3章で解説している。

〈育児期を通じた柔軟な働き方の推進〉

　第二のポイントは、「育児期を通じた柔軟な働き方の推進」の方針を示したことである。まず「育児・介護休業法」において、こどもが3歳以降小学校就学前までの場合において、短時間勤務、テレワーク、出社・退社時刻の調整、休暇など柔軟な働き方を職場に導入するための制度を検討することとしている。

　また、こどもが2歳未満の期間に時短勤務を選択した場合の給付制度を創設することとしている。この新たな給付制度については、女性のみが時短勤務を選択することにならないよう、男女で育児・家事を分担するとの観点も踏まえて、給付水準等の具体的な検討を進めることとしている。

　更に、男性育休促進と同様、時短勤務をした社員の周囲の社員への応援手当など時短勤務を支える体制整備を行う中小企業に対する助成措置を大幅に強化し、その際には企業における育休の支援状況を勘案した制度とすることを検討することとしている。

　加えて、こどもが就学前の場合に年5日間取得が認められる「子の看

護休暇」について、対象となるこどもの年齢や休暇取得事由の範囲の拡大を検討することとしている[34]。

注
34）育児期を通じた柔軟な働き方の推進については、こども未来戦略方針において更に施策の具体化がなされており、詳細は第3章で解説している。

〈働き方に中立的な制度の見直し〉

第三のポイントは、「働き方に中立的な制度の見直し」の方針を示したことである。

まず「雇用保険」について、現在、雇用保険の適用の対象外となっている週所定労働時間20時間未満の労働者についても失業手当や育休給付等を受給できるよう、対象の拡大を検討することとしている[35]。

更に、自営業者やフリーランスの方々については雇用保険の育休給付の対象外となっていることから、育児期間中の経済的な給付に相当する支援措置として、自営業者やフリーランスの方々が加入する国民年金の保険料免除措置の創設の検討をすることとしている[36]。

注
35）雇用保険の対象者は、こども未来戦略において、週所定労働時間10時間以上の者まで拡大することとされた。これにより、約500万人（2022年度末の被保険者数約4,457万人）が新たに雇用保険の対象となり、育児休業給付等の支給が受けられるようになる。
36）国民年金の保険料免除措置については、こども未来戦略において、「2026年度に施行するため法案を2024年通常国会に提出する」こととされた。その後、国民年金法の一部改正を含む「子ども・子育て支援法等の一部を改正する法律案」が2024年通常国会に提出されている。

iv こども・子育てにやさしい社会づくりのための意識改革

「こども・子育てにやさしい社会づくりのための意識改革」のポイントは、こども家庭庁の下で2023年夏からこども・子育てにやさしい社会づくりのための国民運動を実施することとしたことである。

「こども政策対話」の一環として、出生率が2.95となり「奇跡のま

ち」と呼ばれた岡山県奈義町を岸田総理とともに訪れた。移住してきた
ご夫婦が「もともとこどもが好きではなかった私達も、子沢山家庭に囲
まれているうちに、気づいたら3人の子宝に恵まれた」と言っていたの
が印象に残った。この背景には、奥町長の下で同町が子育て施策を充実
させてきたことに加えて、地域のご年配の方達がこども達に歌や遊びな
どを教えるなど、町全体が子育て家庭を応援する雰囲気があるように感
じた。

　少子化対策は先述した通り、年金・医療などの社会保障制度や経済規
模を維持する上で重要であり、こどものいない人や子育てを終えた人に
とっても意味のある政策であることは論を俟たないが、こどもの存在自
体が周りの大人に元気を与えることもまた事実であろう。実際にこども
と接している地域の方々はとても楽しそうであったし、こどもが減り活
気をなくした街も多く見てきた。岸田総理と視察した鳥取県や福井県な
ども地域ぐるみで子育てに暖かい街づくりを目指していた。

　他方で、都市部では、地縁を頼りに子育てをバックアップしてもらう
こと自体が難しくなってきている地域もある。こうした場合も子育て当
事者が不安に感じることのないよう世田谷区や鎌倉市など私が訪問した
区市では、行政がNPOや子育て支援団体と連携しながら子育てネット
ワークを形成していた。

　「子育て」が「孤育て」[37]にならないよう、社会全体でこどもや子育
て当事者を支えていく環境をつくっていかなければならない。こども
政策については、個々の政策の内容や規模面はもちろんのこと、社会全
体の意識改革を進めていくことが重要なのである。

注
37）親族の協力が得られず、また、近所との 付き合いもなく孤立した中でこどもを育て
　　ている状態。

⑥こども・子育て政策が目指す将来像と PDCA の推進

　「こども・子育て政策が目指す将来像とPDCAの推進」では、こ
ども・子育て政策が目指す将来像を明確にし、その将来像に向けた

PDCA の考え方をまとめている。

　こども・子育て政策は短期的な取組ではなく中長期的に継続した取組となる。試案で示した「加速化プラン」は、「今後 3 年間を集中取組期間」として定めた 3 年間で実現する施策であるが、3 年間が経過した後もこども・子育て政策の更なる充実・強化に向けた取組を続けていく必要がある。このような中、中長期的なこども・子育て政策の目指す将来像を明確に国民に示し、その将来像に向けて、今後もこども・子育て政策を充実・強化していくことを約束することで政策の継続性を確保することとしている。

　また、試案では、四つの将来像を示しているが、これらは若者や子育て当事者への度重なるヒアリングを踏まえて、若者や子育て当事者が安心して子育てができるようになるために何を実現すべきか、という観点で取りまとめたものである。こども・子育てについては、ややもすれば「経済的負担」「精神的負担」などネガティブなメッセージが伝えられがちだが、本来、こどもと向き合い、その成長を見守る子育ては、大変クリエイティブな営みであり、そうした「喜び」を最大限に感じることができるようにするための 4 つの原則をメッセージとしてまとめている。

　第一の将来像である「こどもを産み、育てることを経済的理由であきらめない」では、若者や子育て当事者がこどもを生み、育てることを経済的な理由であきらめることがない社会を目指して、「ライフステージを通じた子育てに係る経済定期支援の強化」を進めていくこととしている。他の将来像の PDCA に関する記述と異なり、ここでは、「奨学金制度の更なる充実や授業料負担の軽減など、高等教育費の負担軽減を中心に、ライフステージを通じた経済的支援の更なる強化について、適切な見直しを行う」ことを明示している。これは、試案の段階においても、高等教育費の負担軽減は今後の特に大きな検討課題として認識しており、加速化プランの実施状況や効果等を検証した上で、加速化プランの 3 年間が経過した後に特に留意をして見直しをしていく必要があるという認識を示したものである。

第二の将来像である「身近な場所でサポートを受けながらこどもを育てることができる」では、身近な場所でサポートを受けながらこどもを育てることができるようにすることで、子育て当事者が心身の負担が少なく、安心して子育てができるような社会を目指して、「全てのこども・子育て世帯を対象とするサービスの拡充」（「妊産婦等への伴走型支援と産前・産後ケアの拡充」、「幼児教育・保育の配置基準改善と更なる処遇改善」、「こども誰でも通園制度（仮称）の創設」、「放課後児童クラブの職員配置の改善」）を進めていくこととしている。

　第三の将来像である「どのような状況でもこどもが健やかに育つという安心感を持てる」では、社会的養護・ヤングケアラー、障害児・医療的ケア児、ひとり親家庭など様々状況がある中で、どのような状況でもこどもが健やかに育つという安心感を持てる社会を目指して、「全てのこども・子育て世帯を対象とするサービスの拡充」（「多様な支援ニーズへの対応」）を進めていくこととしている。

（3）まとめ

　試案では、「次元の異なる少子化対策」の基本理念、集中的に取り組む施策の実施期間、施策の方向性、こども・子育て政策が目指す将来像などを取りまとめている。その後の「こども未来戦略方針」、「こども未来戦略」では、更に施策の具体化、追加が行われるとともに、財源についての考え方が整理されたが、施策パッケージ全体の基本的な内容は変わっていない。試案は、まさに「次元の異なる少子化対策」の骨格を作り上げたものといえよう。

　試案のポイントを簡潔にまとめると以下のとおりである。

〈2030年は少子化対策の分水嶺〉
　我が国の出生数は2000年代に入って急速に減少している。このままでは、2030年代に入ると、若年人口は、現在の倍のスピードで急速に

減ることになる。2030年代に入るまでのこれからの6〜7年が、少子化傾向を反転できるかどうかのラストチャンスであり、そのような認識の下、まずは、今後3年間を集中取組期間として、「こども・子育て支援加速化プラン」に取り組む。

〈少子化対策の基本スタンス〉
　結婚や妊娠・出産、子育ては、個人が選択するものであるということが大前提であり、結婚やこどもを産み、育てることに対する多様な価値観・考え方を尊重した上で、若い世代が希望通り結婚し、希望する誰もがこどもを持ち、ストレスを感じることなく子育てできるようにすることが、少子化対策の目指すべき基本的方向である。
　同時に、少子化・人口減少のトレンドを反転させることは、我が国の経済社会全体にも寄与するものである。「未来への投資」としてこども・子育て政策を強化するとともに、社会全体でこども・子育てを支えていくという意識を醸成していく必要がある。

〈こども・子育て政策の基本理念〉
　こども・子育て政策の基本理念として、①若い世代の所得を増やす、②社会全体の構造・意識を変える、③全ての子育て世帯を切れ目なく支援する、という3つの理念を掲げている。
　第一の「若い世代の所得を増やす」ことについては、こども・子育て政策の範疇を超えた大きな社会経済政策として、「賃上げ」をはじめ、雇用のセーフティネットの構築や、労働市場改革、いわゆる年収の壁の見直しなどの取組を進めることとしている。
　第二の「社会全体の構造・意識を変える」ことについては、これまで関与が薄いとされてきた企業や男性、更には地域社会、高齢者や独身の方を含めて、皆が参加して、社会全体の構造や意識を変えていくことを目指し、働き方改革などの「共働き・共育て」を推進するとともに、「こども・子育てにやさしい社会づくりのための意識改革」を進めるこ

ととしている。

　第三の「全ての子育て世帯を切れ目なく支援する」ことについては、子育てに係る経済的負担を軽減するため、「ライフステージを通じた子育てに係る経済的支援の強化」を行うこととしている。また、子育て支援制度全体を見直し、全てのこども・子育て世帯について、親の働き方やライフスタイル、こどもの年齢に応じて、切れ目なく必要な支援が包括的に提供される「総合的な制度体系」を構築していくこととしている。

〈こども・子育て支援加速化プラン〉

　今回の「こども・子育て支援加速化プラン」が、従来のこども・子育て政策と次元が異なる点は、「制度のかつてない大幅な拡充」、「長年の課題の解決」、「時代に合わせた発想の転換」、「新しい取組に着手」、「地域・社会全体で「こどもまんなか」を実現」という視点にある。

　第一の「制度のかつてない大幅な拡充」については、例えば、児童手当について、全てのこどもの育ちを支える基礎的経済支援として、所得制限を撤廃し、対象を高校卒業まで延長するとともに、手当額の拡充も行うという方向を示している。また、出生後の一定期間内に両親ともに育児休業を取得することを促進するため、給付率を現行の67％（手取りで8割相当）から8割程度（手取りで10割相当）へ引き上げることとしている。

　第二の「長年の課題の解決」については、例えば、75年ぶりとなる保育士の配置基準の改善を行うほか、地方自治体におけるこども医療費助成の取組の普及を踏まえ、国による国民健康保険の減額調整措置を廃止することとしている。

　第三の「時代に合わせた発想の転換」については、例えば、これまでの仕事と育児の両立支援から、「共働き・共育て」の推進へと進化させ、固定的な性別役割分担意識からの脱却を目指すこととしている。また、就労要件を問わず全ての子育て家庭が保育所などを利用できるようにする「こども誰でも通園制度（仮称）」を創設することとしている。

第四の「新しい取組に着手」については、例えば、伴走型支援について、出産・子育て応援交付金とともに、これまで手薄だった0-2歳児への対応として制度化を検討するとともに、出産に関しても、2023年4月からの出産育児一時金の50万円への大幅な引上げにとどまらず、2024年4月からの出産費用の見える化、そして、それらを踏まえ、出産費用の保険適用も含めた在り方の検討を進めることとしている。また、学校給食費の無償化に向けて、給食実施率や保護者負担軽減策等の実態を把握しつつ、課題の整理を行うこととしている。更に、教育費について、奨学金制度の拡充に加え、「授業料後払い制度」、いわゆる「日本版HECS」の創設を打ち出している。

　第五の「地域・社会全体で「こどもまんなか」を実現」については、こども家庭庁の下で「国民運動」を2023年夏を目途にスタートさせ、こども・子育てにやさしい社会づくり、育休や柔軟な働き方推進のための職場環境づくりなど、制度や施策にとどまらない、意識改革に取り組むこととしている。

〈こども・子育て政策が目指す将来像とPDCA〉
　加速化プランに基づく施策は、まずは3年間で集中的に取り組むが、それで終わりではなく、その実施状況や効果等を検証しつつ、適切な見直しを行うこととしている。

　また、その際によりどころとなる、こども・子育て政策が目指す将来像として、「こどもと向き合う喜びを最大限に感じるための4原則」を掲げている。これは、こども・子育てについては、ややもすれば「経済的負担」「精神的負担」などネガティブなメッセージが伝えられがちだが、本来、こどもと向き合い、その成長を見守る子育ては、大変クリエイティブな営みであり、そうした「喜び」を最大限に感じることができるようにするための4つの原則（「①こどもを産み、育てることを経済的理由であきらめない」、「②身近な場所でサポートを受けながらこどもを育てることができる」、「③どのような状況でもこどもが健やかに育つ

という安心がある」、「④こどもを育てながら、キャリアや趣味など人生の幅を狭めることなく、夢を追いかけられる」)をメッセージとして発信するものである。

第3章　第2フェーズ こども未来戦略方針 （2023年6月）

（1）こども未来戦略方針の経緯

①岸田総理から全世代型社会保障改革担当大臣、少子化大臣への指示（2023年3月31日）

2023年3月31日に総理官邸において、私（少子化大臣）が岸田総理に試案を手交した後、岸田総理から後藤全世代型社会保障改革担当大臣と私（少子化大臣）に対して、

・今後、試案を踏まえて、必要な政策強化の内容、予算、財源について、岸田総理の下で、更に具体的な検討を深めるとともに、国民的な理解を得ながら政策を前に進めていくため、全世代型社会保障構築本部の下に、岸田総理を議長とし、関係閣僚、有識者、子育ての当事者・関係者、更には関係団体からの参画を求め、「こども未来戦略会議」を立ち上げること

・全世代型社会保障改革担当大臣と少子化大臣が副議長として、協力して会議の円滑な運営に当たり、6月の骨太方針までに、将来的な予算倍増に向けた大枠を示せるよう対応すること

という指示が下った。私が取りまとめた試案をベースとして、岸田総理をトップとした会議を立ち上げ、政策強化の内容の更なる具体化を図るとともに、その裏付けとなる財源についての議論をスタートさせることとなったのである。新たに財源の取扱いが論点に加わったことから、全世代型社会保障改革担当の後藤大臣とともに会議の運営に当たることとなった。

②こども未来戦略会議（2023 年 4 ～ 6 月）

こども未来戦略会議の初会合は、2023 年 4 月 7 日に開催された。

岸田総理を議長として、副議長は後藤全世代型社会保障改革担当大臣、私（少子化大臣）が担い、関係閣僚[38]が構成員となった。また、有識者構成員は、経済団体地方団体学識経験者等の錚々たるメンバー[39]に参加いただいた。

こども未来戦略会議では、試案をベースに、基本理念、加速化プランの内容、加速化プランを支える安定的な財源の在り方などについて、構成員から忌憚のない御意見をいただき、こども未来戦略方針を取りまとめていった。

注

38) 松野官房長官、松本総務大臣、鈴木財務大臣、永岡文部科学大臣、加藤厚生労働大臣、西村経済産業大臣、斉藤国土交通大臣。

39) 経済団体から十倉日本経済団体連合会会長、小林日本商工会議所会頭、労働団体から芳野日本労働組合総連合会会長、地方団体から平井全国知事会会長、立谷全国市長会会長、荒木全国町村会会長、学識経験者等から秋田喜代美氏、遠藤久夫氏、奥山千鶴子氏、権丈善一氏、櫻井彩乃氏、清家篤氏、高橋祥子氏、武田洋子氏、冨山

写真 4　こども未来戦略会議

和彦氏、中野美奈子氏、新浪剛史氏、新居日南恵氏、水島郁子氏に参加いただいた。

（2）こども未来戦略方針のポイント

2023 年 6 月 13 日、こども未来戦略会議において、「こども未来戦略方針」を決定し、公表した。

こども未来戦略方針は、「Ⅰこども・子育て政策の基本的考え方」、「Ⅱこども・子育て政策の強化：3 つの基本理念」、「Ⅲ「加速化プラン」～今後 3 年間の集中的な取組～」、「Ⅲ－1「加速化プラン」において実施する具体的な施策」、「Ⅲ－2「加速化プラン」を支える安定的な財源の確保」、「Ⅲ－3こども・子育て予算倍増に向けた大枠」、「Ⅳこども・子育て政策が目指す将来像と PDCA の推進」で構成される。

試案との主な違いは、「Ⅲ－1「加速化プラン」において実施する具体的な施策」において更に施策を具体化・追加していること、「Ⅲ－2「加速化プラン」を支える安定的な財源の確保」において財源の考え方を明確化したこと、「Ⅲ－3こども・子育て予算倍増に向けた大枠」において将来的なこども・子育て予算倍増の考え方を明確化したこと、にある。

本章では、こども未来戦略方針の内容について、試案から追加した内容を中心に解説を行う。

①こども未来戦略方針の位置付け

こども未来戦略方針は、ⅰこれまでとは次元の異なる少子化対策の実現に向けて取り組むべき政策強化の基本的方向を取りまとめたもの、ⅱ今後 3 年間の集中取組期間において実施すべき「加速化プラン」の内容を明らかにしたもの、ⅲ将来的なこども・子育て予算の倍増に向けた大枠を示したもの、と位置付けられている。

このこども未来戦略方針に沿って、こども・子育て政策のための具体的な内容、予算、財源について、更に具体化が図られ、最終的に「こども未来戦略」が取りまとめられている。

②こども・子育て政策の基本的考え方

こども未来戦略方針では、「こども・子育て政策の基本的考え方」の章が全面的に書き下ろされている。

第一のポイントは、「少子化を我が国が直面する最大の危機と明示したこと」である。こどもの数がピーク時の3分の1以下まで低下していること、少子化のスピードが加速していること、少子化によって今後も100万人の大都市が毎年1つ消滅するようなスピードで人口減少が進むこと、今後50年で人口の3分の1を失うおそれがあること、少子化・人口減少に歯止めをかけなければ我が国の経済・社会システムを維持することは難しいことなどを記述し、少子化を「最大の危機」と位置付けている。

第二のポイントは、「経済成長実現と少子化対策を「車の両輪」とした大きなパッケージを示し、実行すること」である。子育て政策の範疇を超えて、経済政策と一体的に少子化対策に取り組む姿勢を強く示している。岸田政権の「新しい資本主義」の下、賃上げを含む人への投資と新たな官民連携による投資の促進を加速化することで、安定的な経済成長の実現に先行して取り組むとともに、経済成長の果実が若者・子育て世代にもしっかり分配されるよう、最低賃金の引上げや三位一体の労働市場改革を通じて、物価高に打ち勝つ持続的で構造的な賃上げを実現することとしている。

第三のポイントは、「少子化対策の財源についての考え方を明示したこと」である。試案の段階においては、財源の議論は後の議論に委ねることとされていたが、ここで財源についての考え方が明示されている。すなわち、

・少子化対策の財源は、まずは徹底した歳出改革等によって確保することを原則とすること

・歳出改革等は国民の理解を得ながら複数年をかけて進めていくこと

・経済成長の実現に先行して取り組みながら、歳出改革の積上げ等を

待つことなく、前倒しで速やかに少子化対策を実施することとし、その間の財源は必要に応じてこども特例公債を発行すること

・経済を成長させ、国民の所得が向上することで、経済基盤及び財源基盤を確固たるものとするとともに、歳出改革等による公費と社会保険負担軽減等の効果を活用することによって、国民に実質的な追加負担を求めることなく、少子化対策を進めること。少子化対策の財源確保のための消費税を含めて新たな税負担は考えないこと

である。

③こども・子育て政策の課題

「こども・子育て政策の課題」については、基本には試案と同様の課題認識が盛り込まれているが、一部、試案から内容が追加されている。

第一の追加のポイントは、「結婚支援に関する課題認識を追加していること」である。試案の段階でも、結婚支援については十分意識していたつもりであったが、試案公表後、各方面から「結婚支援が重要」、「結婚支援に関する記載が少ない」との意見をいただいた。このような意見を踏まえ、こども未来戦略方針では結婚支援についての記載を充実している。具体的には、若者の間には「結婚、子育てにメリットを感じない」、「子育て世帯の大変な状況を目の当たりにして、結婚・出産に希望を感じない」といった声があることや、25～34歳の男女が独身でいる理由の第1位が「適当な相手に巡り会わない」であること、赤ちゃんや幼いこどもと触れ合う機会がよくあった方については、「いずれ結婚する」ことを希望する人が男女約90％（赤ちゃんや幼いこどもと触れ合う機会があまりなかった方の場合は、男女約80％であり、10ポイントの差が生じている）であることを踏まえ、結婚支援を強化していく方向性を示している。

具体的な施策として、こども家庭庁においては、出会いの機会・場の提供、結婚資金や住居に関する支援などの地方自治体が行う取組を、「地域少子化対策重点推進交付金」により支援している。この交付金に

ついては、2022年度補正予算及び2023年度当初予算において、予算規模をこれまでの約3倍の100億円に増額し、結婚に伴う家賃・引越し等の経費を支援する結婚新生活支援事業における対象世帯の所得要件の緩和や、出会いの機会の創出等に関するメニューの補助率引上げなどの充実を図っている。このため、2024年度においては、こども未来戦略方針を踏まえ、予算規模を確保するとともに、地方自治体が子育て家庭やこどもとの触れ合い体験などを推進するための事業を行う場合の補助率を引き上げることとしている。私自身、NPO法人manmaが主催する「家族留学」⁴⁰⁾の実際の受入家庭を訪問するとともに、受入家庭や参加者との意見交換を行ったことがあるが、その際、結婚、妊娠、出産、子育ては個人の自由な意思決定に基づくものであり、特定の価値観を押しつけたりプレッシャーを与えたりしてはならないという前提の下に、「家族留学」のような体験プログラムによって、「家族やこども」と暮らすことはどのようなことなのかを知ってもらい、自らの将来を考える機会をつくることは極めて重要であると実感することとなった。

なお、こども未来戦略会議では、複数の有識者委員が、「若者の結婚や家族に関する考え方は多様になっている。結婚を前提とした支援だけではなくて、多様な家族の在り方や子育ての在り方を前提とした制度を検討して欲しい」という意見を述べた。私もたくさんの若者から話を聞いてきたが、その際も、こうした意見を多く耳にした。このような観点からは、フランスのPACS（連帯市民協約）⁴¹⁾のようなパートナーシップ制度、選択的夫婦別姓制度、同性婚などの導入をどのように考えるかといったことが論点となる。ただし、これらの論点は、国民生活の基本に関わる問題であり、また、国民一人一人の家族観とも密接に関わるものである。そのため、少子化対策の観点のみならず、国民各層の意見、国会における議論の状況等を踏まえながら丁寧に議論を重ねていくことも重要である。

第二の追加のポイントは、「「こどもまんなかまちづくり」に関する課題認識を追加したこと」である。試案の段階では、住宅支援を特に意識

していたが、「子育て世帯が住まいを選ぶ際には居住環境に加え、公園や病院、子育て支援施設といった住宅の周辺環境も重視しており、住宅支援に加えて、周辺環境の充実も不可欠である」との指摘をいただいた。このため、子育てに優しい住まいの拡充や近隣地域の生活空間の形成に取り組む「こどもまんなかまちづくり」の取組をこども未来戦略方針に追加している。

　第三の追加のポイントは、「公教育の再生の重要性に関する認識を充実させたこと」である。試案の段階でも、公教育の再生の重要性については十分意識していたつもりであったが、試案公表後、各方面から「公教育の再生が重要」、「公教育の再生に関する記載が少ない」との意見をいただいた。このため、未来戦略方針では、公教育の再生は少子化対策と経済成長実現にとっても重要であり、次代にふさわしい教育の保障、優れた教師の確保・教育環境の整備、GIGA スクール構想の次なる展開など、公教育の再生に向けた取組を着実に進めることの重要性に関する認識を追加している。

注
40）子育て中の家庭を学生や若手社会人が訪問し、こどもとの触れ合い体験や多様なロールモデルとの出会いを通して、自分自身のライフキャリアを考える体験型のプログラム。
41）性別に関係なく、成年に達した二人の個人の間で、安定した持続的共同生活を営むために交わされる契約の仕組み。

④基本理念

　基本理念については、「若い世代の所得を増やす」、「社会全体の構造・意識を変える」、「全てのこども・子育て世帯を切れ目なく支援する」の３つの基本理念は、試案の段階から変わっていないが、それぞれの考え方の説明については試案の内容を更に充実したものとなっている。

　第一の充実のポイントは、「公教育の再生は少子化対策の基本理念とも密接に関連することを明示したこと」である。公教育の再生について、課題認識の記載の充実と併せて、基本理念との密接な関連性についても

ここで記載し、公教育の再生も含めた視点で少子化対策に取り組むことを明らかにしている。

　第二の充実のポイントは、「経済政策に関する記載を充実していること」である。①でも解説したように、試案の段階と比較して、こども未来戦略方針では、こども・子育て政策の範疇を超えて、経済政策と一体的に少子化対策に取り組む姿勢を強く示している。具体的には、新しい資本主義の下で「成長と分配の好循環」と「賃金と物価の好循環」という「2つの好循環」の実現を目指すこと、労働者の主体的な選択による職業選択・労働移動が企業と経済の更なる成長につながり構造的賃上げに資するものとなるよう三位一体の労働市場改革を加速することなどの記載を充実している。

　第三の充実のポイントは、「施策の実施時期を明確化したこと」である。週所定労働時間20時間未満の労働者に対する雇用保険の適用拡大については「2028年度まで」、被用者が新たに106万円の壁を超えても手取りの逆転を生じさせないための当面の対応については「2023年中」に実施することを明確化している。

　第四の充実のポイントは、「地方の視点を追加したこと」である。「若い世代の所得を増やす」の項目では、全国どの地域に暮らす若者・子育て世代でも経済的な不安なく良質な雇用環境の下で将来展望をもって生活できるよう地方創生に向けた取組を促進すること、「社会全体の構造・意識を変える」の項目では、出生率の比較的高い地方から東京圏への女性の流出が続いている現状を踏まえ、全国の中小企業を含めて女性が活躍できる環境整備を強力に進めていくこと、「全てのこども・子育て世帯を切れ目なく支援する」の項目では、全国それぞれの地域社会において地域の実情に応じた包括的な支援が提供されるよう国と地方自治体が連携してこども・子育て支援の強化を図っていく、といった記載を追加している。

　第五の充実のポイントは、「働き方改革についての記載を充実したこと」である。働き方改革の意義について、長時間労働の是正は夫婦双方

の帰宅時間を早め育児・家事に充てる時間を十分に確保すること等につながること、事業主にとっても企業の生産性向上や労働環境の改善を通じた優秀な人材の確保といった効果があること、延長保育等の保育ニーズの減少を通じて社会的コストの抑制効果が期待されること、子育てに限らず家庭生活における様々なニーズや地域社会での活動等との両立が可能となることは全ての働く人にとってメリットが大きいことといったことを強調している。

　第六の充実のポイントは、「こども政策DXについての記載を追加したこと」である。試案の段階では、こども政策DXについては明示的に記載をしていなかったが、子育て当事者と意見交換をしていく中では、「何を、どのタイミングで、どこで手続きすれば良いかわからない」、「手続きで役所に行かなければいけないのが大変」、「何度も同じ内容を紙に書かないといけないことがある」などの意見をいただいていた。このような意見に対応するため、こども家庭庁においては、「DXで「こどもまんなか」プロジェクト」を立ち上げて、将来的なイメージとして、

- ・子育てに必要な行政手続き、予防接種、健診などの情報、子育てセミナーの開催案内がプッシュ型で届き、申請がオンラインで完結すること
- ・保育サービス等を利用する場合も、居住地の保育サービス等の種類・事業所情報がいつでも簡単に検索でき、申請がオンラインで完結すること
- ・妊娠・出産の不安、子育てに悩んでも、正確な情報が子育てアプリを通じていつでも入手できたり、不安や悩みをいつでもSNSで相談できたりすること
- ・「こども・子育て応援交付金」について、子育て関連の品物・サービスが電子カタログに掲載され、申請はオンラインで完結すること更に、子育ての役に立つ情報や商品の活用方法などをプッシュ型で届けること

を目指して、デジタル化の取組を進めている。このような動きを踏まえ、

図表34　「DXで「こどもまんなか」プロジェクト」の将来的に目指していくイメージ

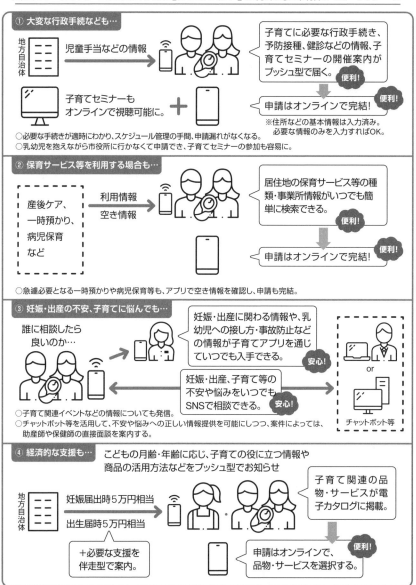

① 大変な行政手続なども…

地方自治体　児童手当などの情報 →

子育てセミナーも
オンラインで視聴可能に。

＋

子育てに必要な行政手続き、
予防接種、健診などの情報、子
育てセミナーの開催案内が
プッシュ型で届く。　便利！

申請はオンラインで完結！　便利！

※住所などの基本情報は入力済み。
　必要な情報のみを入力すればOK。

○必要な手続きが適時にわかり、スケジュール管理の手間、申請漏れがなくなる。
○乳幼児を抱えながら市役所に行かなくて申請でき、子育てセミナーの参加も容易に。

② 保育サービス等を利用する場合も…

産後ケア、
一時預かり、
病児保育
など

利用情報
空き情報 →

居住地の保育サービス等の種
類・事業所情報がいつでも簡
単に検索できる。　便利！

申請はオンラインで完結！　便利！

○急遽必要となる一時預かりや病児保育等も、アプリで空き情報を確認し、申請も完結。

③ 妊娠・出産の不安、子育てに悩んでも…

誰に相談したら
良いのか…

妊娠・出産に関わる情報や、乳
幼児への接し方・事故防止など
の情報が子育てアプリを通じ
ていつでも入手できる。　安心！

妊娠・出産、子育て等の
不安や悩みをいつでも
SNSで相談できる。　安心！

or

チャットボット等

○子育て関連イベントなどの情報についても発信。
○チャットボット等を活用して、不安や悩みへの正しい情報提供を可能にしつつ、案件によっては、
　助産師や保健師の直接面談を案内する。

④ 経済的な支援も…　こどもの月齢・年齢に応じ、子育ての役に立つ情報や
　　　　　　　　　商品の活用方法などをプッシュ型でお知らせ

地方自治体　妊娠届出時5万円相当

出生届時5万円相当

＋必要な支援を
伴走型で案内。

子育て関連の品
物・サービスが電
子カタログに掲載。

申請はオンラインで、
品物・サービスを選択する。　便利！

注1：子育て関連イベントなどの情報についても発信。
注2：チャットボット等を活用して、不安や悩みへの正しい情報提供を可能にしつつ、案件によっては、助産師や保健師の直接面談を
　　　案内する。

こども未来戦略方針では、こども政策 DX の取組を追加している。

⑤「加速化プラン」において実施する具体的な施策
i ライフステージを通じた子育てに係る経済的支援の強化や若い世代の所得向上に向けた取組

「ライフステージを通じた子育てに係る経済的支援の強化や若い世代の所得向上に向けた取組」については、こども未来戦略方針では、試案の段階と比較して、主に以下の施策の具体化、追加がなされている。

〈児童手当〉

第一のポイントは、「児童手当の拡充の内容の具体化」である。

まず「所得制限の撤廃」について、「全員を本則給付とする」ことを明確化している。現行制度では、年収 960 万円未満（夫婦と児童 2 人の世帯の場合。以下同じ。）を本則給付（月額 10,000 ～ 15,000 円）の対象、年収 960 万円以上 1,200 万円未満を特例給付（月額 5,000 円）の対象、年収 1,200 万円以上を給付の対象外としている。試案の段階では、所得制限の撤廃の方向性は明らかであったものの、年収 960 万円以上の全ての世帯が本則給付の対象に追加されるのか、年収 1,200 万円以上の世帯が特例給付の対象に追加されるのかが必ずしも明らかではなかった。この点について、こども未来戦略方針では、年収 960 万円以上の全ての世帯が本則給付の対象に追加されることを明らかにしている。

更に、試案の段階では、手当額については、多子世帯が減少傾向にあることや経済的負担感が多子になるほど強いこと等を踏まえ見直しを行うという方向性までを示していたが、こども未来戦略方針では具体的な手当額を明らかにしている。具体的には、第 1 子・第 2 子について、0 歳から 3 歳未満については月額 15,000 円（現行制度と同様）、3 歳から高校生については月額 10,000 円（現行制度と同様の金額を高校生年代まで延長）とし、第 3 子以降については 0 歳から高校生年代まで全て月額 30,000 円（現行制度の 15,000 円から倍増）とすることとしている。

これによって、3人のこどもがいる家庭では総額で最大 400 万円増の 1,100 万円の支給となり、子育て家庭の大幅な経済的負担の軽減が実現することとなる。

なお、こども未来戦略方針では、注釈において、「児童手当の支給期間を高校生年代まで延長する際、中学生までの取扱いとのバランス等を踏まえ、高校生の扶養控除との関係をどう考えるか整理する」との記載がある。扶養控除とは、所得税や住民税を計算する際、税金を計算する場合のベースとなる課税所得額から、こども等の扶養親族がいる場合は一定額を控除して計算することができる仕組みのことである。2010 年に児童手当（当時はこども手当）を小学生年代から中学生年代まで延長した際に、0 歳から 15 歳までのこどもを対象とする年少扶養控除が廃止されている。一方、16 歳から 18 歳までは現在も扶養控除の対象となっている。ここでは、この過去の取扱いとのバランス等を踏まえ、高校生の扶養控除との関係を整理する必要があるという論点が示されている [42]。

注
42) 児童手当については、こども未来戦略で更に施策の具体化がなされており、詳細は第 4 章で解説している。

〈高等教育費の負担軽減〉

第二のポイントは、「高等教育費の負担軽減について施策の内容を具体化したこと」である。

まず「貸与型奨学金」について見ていこう。試案の段階では、「子育て時期の経済的負担に配慮した対応を行う」としていたが、これについて、減額返還制度の利用可能な年収上限を、こども 2 人世帯については 500 万円以下まで、こども 3 人以上世帯については 600 万円以下まで引き上げることとしている。更に、卒業後の所得に応じて返還額と返還期間が変動する「所得連動方式」を利用している者については、返還額の所得計算においてこども 1 人につき 33 万円の所得控除を上乗せするこ

ととしている。

　次に「授業料等減免、給付型奨学金」について見ていこう。試案の段階では、多子世帯や理工農系の学生等の中間層（世帯年収約600万円）への拡大のみを盛り込んでいたが、多子世帯の学生等に対する授業料等減免について更なる支援拡充（対象年収の拡大、年収区分ごとの支援割合の引上げ等）を検討し、必要な措置を講ずることとしている。これは、試案の公表後、各方面から「高等教育費の負担軽減について更なる支援の充実が必要」との意見があったことを踏まえたものであり、後ほど「こども・子育て予算倍増に向けた大枠」の項目で詳述するが、今後、こども未来戦略方針における加速化プランの予算規模約3兆円に、この高等教育費の更なる支援拡充策等を加えて、全体として3兆円半ばの更なる予算の充実を図ることとしている。

　最後に「授業料後払い制度」については、その財源基盤を強化するため、後ほど「「加速化プラン」を支える安定的な財源の確保」の項目で詳述するが、新たに「HECS債（仮称)」による資金調達手法を導入することを明らかにしている[43]。

注
43) 高等教育費の負担軽減については、こども未来戦略で更に施策の具体化がなされており、詳細は第4章で解説している。

〈リスキリング〉
　第三のポイントは、「個人の主体的なリスキリングへの直接支援を新たに追加したこと」である。

　具体的には、企業経由が中心となっている国の在職者への学び直し支援策について、5年以内を目途に、過半が個人経由での給付が可能となるよう見直すこととし、その際、教育訓練給付について、補助率等を含めた拡充を検討するとともに、個々の労働者が教育訓練中に生ずる生活費等への不安なくリスキリングに取り組むことができるよう、訓練期間中の生活を支えるための新たな給付や融資制度の創設等について検討す

ることとしている[44]。

注
44) リスキリングについては、こども未来戦略において、施策の具体化がなされている。
　　　まず「教育訓練給付」について、厚生労働大臣が指定する教育訓練を受講・修了した場合の給付金（教育訓練給付）のうち、専門実践教育訓練給付金（中長期的キャリア形成に資する専門的・実践的な教育訓練講座を対象）については、教育訓練の受講後に賃金が上昇した場合は受講費用の10%の追加支給（合計80%）、特定一般教育訓練給付金（速やかな再就職及び早期のキャリア形成に資する教育訓練講座を対象）については、資格取得し、再就職等した場合は受講費用の10%の追加支給（合計50%）を行うこととされた。
　　　次に「教育訓練中の生活を支えるための給付と融資制度」について、個々の労働者が教育訓練中に生ずる生活費等への不安なくリスキリングに取り組むことができるよう、雇用保険被保険者については、教育訓練を受けるための休暇を取得した場合に賃金の一定割合を支給する新たな給付金（教育訓練休暇給付金）を、雇用保険の被保険者ではない者については、教育訓練費用や生活費を対象とする新たな融資制度を創設することとされた。

ⅱ 全てのこども・子育て世帯を対象とする支援の拡充

「全てのこども・子育て世帯を対象とする支援の拡充」については、こども未来戦略方針では、試案の段階と比較して、主に「乳幼児健診等の推進と不妊治療の推進に向けた課題の整理・検討」の追加が行われている。

まず「乳幼児健診等の推進」については、地方自治体が行う1～2か月児・4～5歳児健診、新生児聴覚検査、マススクリーニング検査[45]の実施率の向上に向けて、マニュアルの作成による技術的支援を行うとともに、検査の実施に要する費用に関する財政措置の充実を行うこととしている[46]。

次に「不妊治療の推進に向けた課題の整理・検討」について、不妊治療については2022年度から保険適用を開始しているが、保険適用の対象となる術式等の範囲の見直しについて、課題を整理・検討することとしている。

なお、こども未来戦略会議においては、有識者委員から、「女性が社会進出をしようとした場合にどうしても避けて通れない出産年齢の上昇

126

傾向の問題がある。この関連で、妊孕性[47]の向上支援に関する科学的・体系的・包摂的な取組の強化について検討しなければならない。カップル数×持ちたいこどもの数×妊孕性＝出生数であり、最後の妊孕性のところでつまずくと、残念ながらいろいろな政策が効果をもたらさない」との指摘もあったところである。東京都では、こどもを産み育てたいと望んでいるものの、様々な事情によりすぐには難しい方にとって、卵子凍結が将来の妊娠に備える選択肢の一つになることから、加齢等による妊娠機能の低下を懸念する場合に行う卵子凍結に係る費用の助成をスタートさせている。晩婚化が進む中、このような対策にも取り組んでいく必要がある。

注
45) 生後すぐに診断し治療を始めることによって、症状の出現・進行を予防できる病気を見つけるための検査。
46) 乳幼児健診等については、こども未来戦略において、施策の具体化がなされている。
　　まず、1か月児（多くの先天性疾患が顕在化する時期であるとともに養育者が不安を感じやすい時期）、5歳児（社会性が高まり、発達障害が認知されやすい時期）の健康診査について、自治体の実施率を向上させるため、新たに国庫補助事業を創設することとされた。
　　また、新生児マススクリーニング検査について、対象疾患の追加に向けた検証事業をモデル的に実施することとされた。
　　更に、新生児聴覚検査について、自治体実施率の向上に向けた取組を推進していくこととされた。
47) 男女の妊娠するために必要な生殖機能のことであり、加齢によってその機能は低下することがわかっている。

ⅲ 共働き・共育ての推進

「共働き・共育ての推進」については、こども未来戦略方針では、試案の段階と比較して、施策の具体化が大幅に行われている。

〈男性育休取得促進のための対策〉

第一のポイントは、「男性育休取得促進のための対策を具体化していること」である。

まず「制度面の対応」として、次世代育成支援対策推進法の期限を延

長した上で、一般事業主行動計画について、数値目標の設定やPDCAサイクルの確立を法律上の仕組みとして位置付けるとともに、男性の育休取得を含めた育児参加や育児休業からの円滑な職場復帰支援、育児のための時間帯や勤務地への配慮等に関する行動が盛り込まれるようにすることとしている。

　次に「給付面の対応」として、両親ともに育児休業を取得した場合の育休給付の給付率の引上げについて、実施時期を明確化し、「2025年度からの実施を目指して検討」することとしている。

　更に、育児休業を支える体制整備を行う中小企業に対する助成措置の内容を具体化し、「両立支援等助成金」について、業務を代替する周囲の社員への応援手当の支給に関する助成の拡充や代替期間の長さに応じた支給額の増額、子育てサポート企業として厚生労働大臣が認定を行う「くるみん認定」の取得といった企業の育休取得への支援状況や育休取得の状況に応じた加算等を検討することとしている[48]。

注
48) 男性育休取得促進のための対策については、こども未来戦略において、更に、
　　・育児・介護休業法に基づく育児休業取得率の開示制度の対象企業を常時雇用する労働者が1,000人を超える企業から300人を超える企業に拡大することを決定
　　・育児休業給付の給付率引上げの要件を子の出生直後の一定期間内（男性は子の出生後8週間以内、女性は産後休業後8週間以内）に両親が共に14日以上の育児休業を取得した場合に決定
　　・育児休業給付を支える財政基盤の強化について、育児休業給付の国庫負担割合を2024年度に1/80から1/8に引上げるとともに、保険料率を2025年度に0.4%から0.5%に引上げた上で実際の料率は弾力的に調整することができるようにすることを決定
　　等が盛り込まれた。

〈育児期を通じた柔軟な働き方の推進〉
　第二のポイントは、「育児期を通じた柔軟な働き方の推進に関する施策を具体化していること」である。

　まず「育児・介護休業法」について、子が3歳になるまでの事業主の努力義務に、出社・退社時間の調整措置に加えて、テレワークの取組を

追加することや、現在措置の対象となっていない子が3歳以降小学校就学前までの期間についても柔軟な働き方の導入を求め、事業主が労働者のニーズを把握しつつ、短時間勤務、テレワーク、フレックスタイム制を含む出社・退社時刻の調整、休暇などの柔軟な働き方について2つ以上の措置を選択して取り組む「親と子のための選べる働き方制度（仮称）」を創設すること等に取り組むこととしている。

また、「育児時短就業給付（仮称）」については、「2025年度からの実施を目指す」として、実施時期を明確化している。

更に、「子の看護休暇」について、適用年齢を就学前から引き上げるとともに、取得目的にこどもの行事（入園式、卒業式等）参加や感染症に伴う学級閉鎖等を追加し、取得促進に向けた支援を強化することなどの具体化を図っている。

これらに加えて、試案の段階では記載していなかった、「働き方改

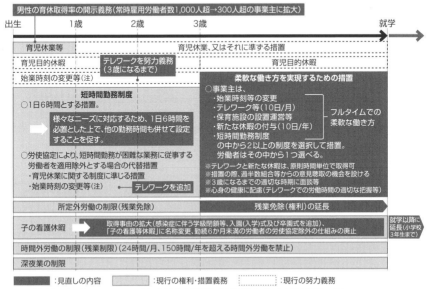

図表35　育児休業の取得促進について、育児期の柔軟な働き方の推進

革」全般についての記載を充実している。具体的には、仕事と育児の両立のためにテレワークやフレックスタイム制などを活用する場合に、夜間の勤務等を理由に心身の健康の不調が生じないよう、「事業主の配慮として、勤務間の休息時間（いわゆる勤務間インターバル）や勤務時間外の業務へのアクセス状況の確認、面談による労働者の健康状況への配慮等や労働者のセルフケアを促すことについて両立支援に係る指針等において具体化すること」、「勤務間インターバル制度の導入促進やストレスチェック制度の適切な実施と周知を図ること」、「選択的週休3日制度を普及促進すること」、「2024年度からの時間外労働の上限規制の全面施行に向け、大規模な広報を実施し、生産制を高めながら労働時間の短縮等に取り組む中小企業等への支援を充実すること」などに取り組むこととしている[49]。

注
49) 育児期を通じた柔軟な働き方の推進については、こども未来戦略では、更に、
・残業免除（所定外労働の制限）の対象となるこどもの年齢を現行の3歳から小学校就学前まで引上げることを決定
・事業主に対して労働者の仕事と育児の両立に関する個別の意向への配慮の義務化を新たに追加
・「育児時短就業給付（仮称）」の支給額を時短勤務時の賃金の10％に決定
・「子の看護休暇」の対象となるこどもの年齢を現行の小学校就学前から小学校3年生修了時まで引上げるとともに、取得事由に感染症に伴う学級閉鎖等、入園（入学）式、卒園式を追加することを決定
等が盛り込まれた。

iv こども・子育てにやさしい社会づくりのための意識改革

「こども・子育てにやさしい社会づくりのための意識改革」については、こども未来戦略方針では、試案の段階と比較して、以下の施策の具体化が行われている。

まず、鉄道やバスなどにおけるベビーカー使用者のためのフリースペース等の設置やわかりやすい案内の促進、公共交通機関等における妊産婦や乳幼児連れなどの配慮が必要な方に対する利用者の理解・協力の啓発を推進することとしている。

また、こども・子育てにやさしい社会づくりのための意識改革に向けた国民運動について、こどもまんなか応援サポーター（こどもたちのために何がもっともよいことかを常に考え、こどもたちが健やかで幸せに成長できる社会を実現するという「こどもまんなか宣言」の趣旨に賛同し、自らもアクションに取り組む個人、団体・企業、自治体等がSNSで「＃こどもまんなかやってみた」をつけて発信）の活動推進、こども・子育てを応援する地域や企業の好事例の共有・横展開を進めることとしている。

　その後、2023年7月に、この国民運動は「こどもまんなかアクション」としてスタートすることとなった。具体的な取組として、①こどもまんなか応援サポーターの活動推進、②こどもまんなかアワード（仮称）」（「こどもまんなか」の優れた取組を表彰）の発表、③こどもファスト・トラック（公共施設や商業施設などの受付において、妊婦やこども連れの方を優先する取組）の取組推進、④各地域でのリレーシンポジウムの開催、⑤LINEを活用したプッシュ型での情報発信などの取組を進めることとしている。

⑥「加速化プラン」を支える安定的な財源の確保

　「「加速化プラン」を支える安定的な財源の確保」は、こども未来戦略方針において全面的に書き下ろされた章であり、「こども・子育て予算倍増に向けた大枠」とともに、こども未来戦略方針の最大のポイントとなる章である。

　第一のポイントは、「こども金庫の創設」である。こども・子育て政策の全体像と費用負担の見える化に向けて、給付と負担の関係を含め、その全体像を国民にわかりやすいものとしていくため、既存の年金特別会計子ども・子育て支援勘定（子ども・子育て拠出金事業）と労働保険特別会計雇用勘定（育児休業給付）を統合しつつ、新たな特別会計（いわゆる「こども金庫」）を創設することとしている。現在、特別会計に関する財政状況の透明化の取組として、各省庁別に経費を示す所管別区

分、社会保障費などの施策ごとに経費を示す主要経費別区分、一般会計と特別会計の重複を排除した純計額などの記載を行っているが、このこども金庫についても同様の措置を講じ、透明化を図ることとしている。

第二のポイントは、「財源について、2028年度までに徹底した歳出改革等を行い、それらによって得られる公費の節減等の効果及び社会保険負担軽減の効果を活用しながら、実質的に追加負担を生じさせないことを目指す」ことである。ここで、「2028年度までに歳出改革等を行う」こととしているのは、加速化プランの実施を支える安定財源確保については、将来世代に負担のつけを回さないよう、加速化プランの実現が完了する2028年度までに確保するという考え方に基づくものである。また、「歳出改革等」については、年齢に関わりなく、全ての国民が、その能力に応じて負担し、支えあうことによって、それぞれの人生のステージに応じて、必要な保障がバランスよく提供されるよう全世代型社会保障を構築するという観点に立って、歳出改革の取組を徹底するとともに、国・地方の既存予算やこども・子育て拠出金、子育て関連の雇用保険料などの既定予算を最大限活用することとしており、地方財源の確保についてもこの中で併せて検討することとしている。ここでいう「実質的に追加負担を生じさせないことを目指す」とは、通常であれば、高齢化等に伴い医療介護の保険料は上昇するところではあるが、徹底した歳出改革によって公費を節減するとともに保険料の上昇を抑制し、後述の支援金制度による負担が全体として相殺され、追加負担とならないようにすることを目指すということを意味している。

第三のポイントは、「消費税などこども・子育て関連予算充実のための財源確保を目的とした増税は行わない」ことである。加速化プランを支える財源については税も含めて幅広く検討を行ったが、国民的な理解を重視する観点から、歳出改革等によって対応することとしている。

第四のポイントは、「経済活性化、経済成長への取組を先行させる」ことである。こども未来戦略方針では、子育て政策の範疇を超えて、経済政策と一体的に少子化対策に取り組む姿勢を強く示し、岸田政権の

「新しい資本主義」の下、賃上げを含む人への投資と新たな官民連携による投資の促進を加速化することで、安定的な経済成長の実現に先行して取り組むとともに、経済成長の果実が若者・子育て世代にもしっかり分配されるよう、最低賃金の引上げや三位一体の労働市場改革を通じて、物価高に打ち勝つ持続的で構造的な賃上げを実現することとしている。財源の確保の観点からも、まずは経済活性化、経済成長への取組を進めていくことが重要という認識に立っている。

　第五のポイントは、「企業を含め社会・経済の参加者全員が連帯し、公平な立場で、広く負担していく新たな枠組み（「支援金制度」）を構築する」ことである。支援金制度の規模については、現行制度において育児休業給付や児童手当等は社会保険料や子ども・子育て拠出金を財源の一部としていることを踏まえ、公費と併せ、加速化プランの施策の実施を可能とする水準とする規模を確保することとしている。また、その負担については、労使を含めた国民各層及び公費で負担することとし、その賦課・徴収方法については、賦課上限の在り方や賦課対象、低所得者に対する配慮措置を含め、負担能力に応じた公平な負担とすることを検討し、全世代型で子育て世帯を支える観点から、賦課対象者の広さを考慮しつつ社会保険の賦課・徴収ルートを活用することとしている。これらの支援金制度の詳細については、2023 年末までに結論を出すこととしている。

　第六のポイントは、「加速化プランの実施が完了する 2028 年度までに安定財源を確保し、それまでの間は、つなぎとして、こども特例公債（こども金庫が発行する特会債）を発行する」としていることである。加速化プランについては、その大宗を 3 年間（2026 年度まで）で実現する一方で、それを支える財源については、加速化プランの実現が完了する 2028 年度までに確保することとしている。このため、安定財源が確保されるまでの間については、歳出のタイミングと歳入のタイミングのずれにより一時的な財源不足が生じないよう、こども金庫において、あくまでつなぎとして、こども特例公債を発行するという考えを示

したものである。このほか、高等教育の支援における「授業料後払い制度（仮称）の導入」については、学生等の納付金により償還が見込まれるなど確実な償還財源を有することから、財政融資資金の下で、授業料後払い制度（仮称）を他の奨学金制度と区分した上で、日本学生支援機構がHECS債（仮称）により資金調達を行うこととしている。なお、このHECS債は確実な償還財源を有する点で、一般的に議論されている「教育国債」とは性格を異にするものである。

　第七のポイントは、「こども金庫の創設など必要な制度改正のための所要の法案を2024年通常国会に提出する」ことである。新たな特別会計であるこども金庫や新たな財源である支援金制度の創設のめには法律の改正を要することから、この法案の提出の時期を2024年通常国会とし、速やかな制度の実現に取り組む方針であることを明確化している。

⑦こども・子育て予算倍増に向けた大枠

　「こども・子育て予算倍増に向けた大枠」は、こども未来戦略方針において全面的に書き下ろされた章であり、「「加速化プラン」を支える安定的な財源の確保」とともに、こども未来戦略方針の最大のポイントとなる章である。

　第一のポイントは、「加速化プランの予算規模は、全体として3兆円半ばの充実を図る」ことである。当初、こども未来戦略方針の加速化プランの予算規模は、ライフステージを通じた子育てに係る経済的支援の強化や若い世代の所得向上に向けた取組で1.5〜1.6兆円程度、すべてのこども・子育て世帯を対象としたサービスの拡充で0.7〜0.8兆円程度、共働き・共育ての推進で0.7〜0.8兆円程度の合計3兆円程度を見込んでいたところであったが、岸田総理のリーダーシップにより、2024年度予算の編成過程において、更に高等教育費の更なる支援拡充策、「こども大綱」の中で具体化する貧困、虐待防止、障害児・医療的ケア児に関する支援策の拡充を前倒しで行い、全体として3兆円半ばの充実を図ることとされた。

この３兆円半ばの充実を実現した場合の予算規模をわかりやすく説明すると、
　　・こども一人当たりの家族関係支出で見て OECD トップ水準のスウェーデンに達する水準
　　・国のこども家庭庁予算（2022 年度 4.7 兆円）は約 5 割増加
　　・育児休業についての関連予算は倍増
という規模感になる。
　第二のポイントは、「こども・子育て予算の倍増について、こども家庭庁予算で見て、2030 年代初頭までに、国の予算又はこども一人当たりで見た国の予算の倍増を目指す」こととしたことである。次元の異なる少子化対策に関する国会審議においても、こども・子育て予算の倍増の基準と時期についは多くの議論があったところである。この点、まず「倍増の基準」については、こども家庭庁を司令塔としてこども・子育て政策を強化していくこと、2023 年 4 月に発足したこども家庭庁の創設前との比較を行うこと、という観点から、「2022 年度のこども家庭庁の予算」としている。更に「倍増の時期」については、まず加速化プランにより、2024 年度から 2026 年度までの 3 年間でこども家庭庁の予算を 5 割程度増加させた上で、加速化プランの効果を検証しながら、2030 年代初頭までに倍増させることを目指すこととしている。そして、加速化プラン実施後の更なるこども・子育て予算の充実のための財源については、社会全体でどう支えるか更に検討することとしている。
　本章によって、岸田総理が掲げる「こども・子育て予算倍増に向けた大枠」が明確化されることとなった。

⑧こども・子育て政策が目指す将来像と PDCA の推進

　「こども・子育て政策が目指す将来像と PDCA の推進」は、試案がベースとなっているが、一部、試案から内容が追加されている。
　具体的には、「現行の関連制度を一つの制度に統合していくことも視野に置き、その全体像が国民にとってわかりやすい制度としていく」と

いう基本的な考え方が新たに示されている。

　これは、現行のこども・子育て政策は、医療保険や雇用保険をはじめとして、必ずしも個々の制度がこども・子育て政策としての目的のみで形作られたものではなく、医療政策や労働政策など様々な制度と関連して形作られてきた結果、制度間の縦割りや不整合、申請手続・窓口が異なることによる利用しづらさ、費用負担や財政構造が異なることによる制度間の不均衡などの課題が生じていることを踏まえたものである。先述した、こども金庫の創設や支援金制度の創設は、それぞれこども・子育て政策の全体像をわかりやすいものとしていくというこの方向性に沿った取組の一つであるといえよう。

（3）まとめ

　こども未来戦略方針の特徴は、試案の段階と比べて、

①子育て政策の範疇を超えて、経済政策と一体的に少子化対策に取り組む姿勢を強く示していること

②今後3年間で加速化して取り組む「加速化プラン」の施策の内容を具体化していること

③「加速化プラン」を支える安定的な財源の確保についての考え方を初めて明確に示したこと

④こども・子育て予算倍増に向けた大枠についての考え方を初めて明確に示したこと

という点にある。その後、「こども未来戦略」において、こども・子育て政策のための具体的な内容、予算、財源について、更に具体化を図っているが、次元の異なる少子化対策の基本的な内容はこのこども未来戦略方針で固まったといえよう。

　こども未来戦略方針のポイントを簡潔にまとめると以下のとおりである。

〈次元の異なる少子化対策のポイント〉

　次元の異なる少子化対策を実現するにあたって、三つのポイントを重視している。

　第一のポイントは、「経済成長実現と少子化対策を「車の両輪」とした大きなパッケージを示し、実行すること」である。新しい資本主義のもと、持続的で構造的な賃上げと人への投資、民間投資増加の流れを加速化することで、安定的な経済成長の実現に先行して取り組み、あわせて、少子化対策の強化に当たっても、経済的支援の充実を第一の柱に据え、児童手当の大幅な拡充、高等教育費の負担軽減、出産費用の保険適用、106万円・130万円の壁の見直しなど、これまで長年、指摘されながら実現できなかった経済的な支援策の拡充を思い切って実現することを通じて、若者・子育て世代の所得を伸ばすことに全力で取り組むこととしている。また、財源確保に当たっても、経済成長を阻害し、若者・子育て世代の所得を減らすことがないよう、言わば、アクセルとブレーキを同時に踏むことがないよう、まずは徹底した歳出改革等によって確保することを原則とし、全世代型社会保障を構築する観点から、歳出改革の取組を徹底するほか、既存予算を最大限活用することで、国民の実質的な追加負担を求めることなく、新たな支援金の枠組みを構築することとしている。

　第二のポイントは、「2030年代までがラストチャンスであることを踏まえて、「加速化プラン」の予算規模を3兆円半ばとしていること」である。これにより、我が国のこども・子育て予算は、こども一人当たりの家族関係支出で見て、OECDトップのスウェーデンに達する水準となり、画期的に前進するものとなっている。また、こども家庭庁予算は5割以上増加することとなり、こども予算倍増が現実のものとして視野に入ってくる規模となっている。更に、加速化プラン後については、「加速化プラン」の効果も見極めながら、更に検討を進め、2030年代初頭までに、こども家庭庁予算の倍増を目指すこととしている。

第三のポイントは、「2030年代がラストチャンスであることを踏まえ、スピード感を重視して施策の前倒しを進めていること」である。財源は徹底した歳出改革等を複数年にわたって積み上げて確保する一方、2030年の節目に遅れることがないよう、「加速化プラン」の大宗は、2024年度から2026年度にかけて着実に実施に移すこととし、例えば、出産育児一時金の引き上げや、0～2歳の伴走型支援は、2023年度から、児童手当の拡充やこども誰でも通園制度（仮称）の本格実施を見据えた形でのモデル事業の実施など必要な政策は2024年度から速やかに実施することとしている。また、スピード感を重視する観点から、試案の段階では盛り込まれておらず、加速化プラン後に向けて検討することとされていた高等教育の更なる支援拡充と、貧困・虐待防止・障害児・医療的ケア児に関する支援策については、岸田総理のリーダーシップの下、前倒しで実施することとなり、これに併せて「加速化プラン」の予算規模が3兆円から3兆円半ばに引上げられている。なお、支援策をスピード感をもって実施する一方で、歳出改革等の完了には複数年を要することから、その間に生じる財源不足については、こども特例公債を活用することとしている。

〈充実する少子化対策「加速化プラン」の内容〉
「加速化プラン」は3つの基本理念
①第一に、若い世代の所得を増やすこと
②第二に、社会全体の構造や意識を変えるということ
③第三に、全てのこども・子育て世帯をライフステージに応じて切れ目なく支援すること
を柱として、抜本的に政策内容を強化するものである。
　第一の「若い世代の所得を増やす」については、構造的な賃上げや労働市場改革とセットで、少子化対策の中においても、経済的支援に重点を置いて、抜本的に施策を強化することとしている。
　具体的には、まず、児童手当について、所得制限を撤廃するととも

に、高校生の年代まで支給期間を 3 年間延長し、そして、第 3 子以降は 3 万円に倍増することとし、2024 年 10 月分から実施することとしている。これによって、3 人のこどもがいる家庭では、こどもが高校を卒業するまでの児童手当の総額は、最大で約 400 万円増の 1,100 万円となる。

　また、大学に進んだ場合の高等教育について、授業料減免の対象を年収 600 万円までの多子世帯等に拡大するとともに、更なる支援拡充を「加速化プラン」に前倒して実施することとし、2024 年度予算の編成過程において具体化することとしている。このほか、子育て期の家庭の経済的負担に配慮した貸与型奨学金の返済負担の緩和、授業料後払い制度の抜本拡充などに取り組むこととしている。

　更に、出産費用については、先行して、2023 年度から、42 万円の出産育児一時金を 50 万円に大幅に引き上げ、費用の見える化を進めるとともに、第 2 ステップとして、2026 年度から出産費用の保険適用に取り組むこととしている。

　加えて、共働きの世帯を支援するため、106 万円の壁を越えても手取り収入が逆転しないよう、必要な費用を補助するなどの支援強化パッケージを、2023 年中に決定し実行に移すとともに、週 20 時間未満のパートの方々に、雇用保険の適用を拡大し、育児休業給付が受け取れるようにすることや、育児中の自営業やフリーランスの方々に対する国民年金保険料免除措置の創設に取り組むこととしている。

　このほか、子育て世帯が優先的に入居できる住戸を今後、10 年間で計 30 万戸確保するとともに、フラット 35 の金利をこどもの数に応じて優遇する仕組みを 2024 年度までのできるだけ早い時期に導入することとしている。

　第二の「社会全体の構造や意識を変える」については、少子化には、我が国のこれまでの社会構造や人々の意識に根差した要因が関わっていることから、個々の政策の強化に加えて、個々の政策を活かすための社会の構造・意識改革に取り組むこととしている。

　具体的には、まず、育休取得率目標を大幅に引き上げ、2030 年には

85％の男性が育休を取得することを目標とし、各企業の取組を有価証券報告書などを通じて見える化するとともに、中小企業への支援について、育休をとった職員に代わる応援手当などの支援措置を大幅に拡充することとしている。更に、このような職場文化の変革とセットで、育児休業制度を抜本的に拡充することとしており、産後の一定期間に男女で育休を取得した場合の給付率を、手取り10割相当に引き上げるとともに、育児期間中に完全に休業した場合だけでなく、時短勤務を選んだ場合にも給付をもらえるようにすることとしている。これらの拡充策によって、育児休業給付に関連する予算額は2倍に増加し、支援策の内容は世界トップレベルとなる。

　また、社会の意識を改革し、社会全体で子育て世帯を応援する社会をつくるため、そのさきがけとして、新宿御苑や科学博物館などの国の施設における専用レーン、公共交通機関等におけるベビーカー使用者のためのフリースペースといった取組など、こども・子育てにやさしい社会づくりのための意識改革を拡げる国民運動を展開することとしている。

　第三の「全てのこども・子育て世帯をライフステージに応じて切れ目なく支援」については、これまで保育所の整備、幼児教育・保育の無償化などに取り組んできたものについて、更に親の就業形態等に拘らず、どのような家庭状況にあっても分け隔てなく、ライフステージに沿って切れ目なく支援を行うことができるよう施策を充実することとしている。

　具体的には、まず、これまで支援が比較的手薄だった、妊娠・出産時から0～2歳の支援を強化するという考えの下、妊娠・出産の時期の子育て家庭に対して、10万円の経済的支援とあわせて、様々な困難・悩みに応えられる伴走型支援を強化することとしている。

　また、これまでの保育所のコンセプトを変え、働いているかどうかを問わず、時間単位等で柔軟に利用できる、「こども誰でも通園制度」を創設することとし、速やかに全国的な制度とすべく、2024年度から制度の本格実施を見据えた形でのモデル事業を行うこととしている。

　更に、保育所については、長年の保育基盤拡大の努力により、待機児

図表36 こども未来戦略方針

Point 1 経済成長実現と少子化対策を「車の両輪」に

経済成長の実現
持続的で構造的な賃上げと
人への投資・民間投資

少子化対策
経済的支援の充実

若者・子育て世代の
所得を伸ばす

Point 2 「3兆円半ば」の規模

2030年代
初頭までに **倍増**

5割以上
増

↑
こども家庭庁
予算

+3兆円
半ば
大宗を
3年で実施

こども一人当たりの
家族関係支出で

OECDトップの
スウェーデンに
達する水準

Point 3 スピード感

🚗 **今年度から**
出産育児一時金の引上げ
0〜2歳の伴走型支援など

🚗 **来年度から**
児童手当の拡充
「こども誰でも通園制度」の取組など

🚗 **さらに**
先送り（段階実施）になっていた
「高等教育の更なる支援拡充」
「貧困、虐待防止、障害児・医療的ケア児支援」を前倒し

少子化対策「加速化プラン」

❶若い世代の所得を増やす

児童手当
- ☑ 所得制限撤廃
- ☑ 支給期間3年延長（高校卒業まで）
- ☑ 第三子以降は3万円に倍増

高等教育（大学等）
- ☑ 授業料減免（高等教育の無償化）の拡大
- ☑ 子育て期の貸与型奨学金の返還負担
  の緩和
- ☑ 授業料後払い制度の抜本拡充

出産
- ☑ 出産育児一時金を42万円から50万円に
  大幅に引上げ
- ☑ 2026年度から、出産費用の保険適用などを
  進める

働く子育て世帯の収入増
- ☑ 106万円の壁を超えても手取り収入が逆転
  しない
- ☑ 週20時間未満のパートの方々→
  　　　　　雇用保険の適用を拡大
  自営業やフリーランスの方々→
  　　　　　育児中の国民年金保険料を免除

住宅
- ☑ 子育て世帯が優先的に入居できる住宅
  今後、10年間で計30万戸
- ☑ フラット35の金利を子どもの数に応じて優遇

❷社会全体の構造や意識を変える

育休をとりやすい職場に
- ☑ 育休取得率目標を大幅に引上げ
- ☑ 中小企業の負担には十分に配慮／助成措置
  を大幅に拡充

育休制度の抜本的拡充
- ☑ 3才〜小学校就学までの
  「親と子のための選べる働き方制度」を創設
- ☑ 時短勤務時の新たな給付
- ☑ 産後の一定期間に男女で育休を取得した
  場合の給付率を手取り10割に

❸全てのこども・子育て世帯を
ライフステージに応じて
切れ目なく支援

切れ目なく全ての子育て世帯を支援
- ☑ 妊娠・出産時から0〜2歳の支援を強化
  伴走型支援：10万円＋相談支援
- ☑「こども誰でも通園制度」を創設
- ☑ 保育所：量の拡大から質の向上へ
- ☑ 貧困、虐待防止、障害児・医療的ケア児

童問題については、一定の成果が得られたことから、量の拡大から質の向上へと政策の重点を移し、75年振りに保育士の配置基準を改善するとともに、保育士の処遇改善に取り組むこととしている。

　加えて、貧困、虐待防止、障害児や医療的ケア児など、特に支援強化が必要な課題については、前倒しで支援強化を進めることとし、2024年度予算の編成過程において施策の具体化を行うこととしている。

第4章　第3フェーズ こども未来戦略 （2023年12月）

（1）こども未来戦略の検討の経緯

　私自身は、2023年9月の内閣改造によって、少子化大臣の任を離れることになったが、自民党「こども・若者」輝く未来創造本部の事務局長として、引き続き、こども未来戦略の策定に関わることとなった。政府のこども未来戦略会議では、こども未来戦略方針に盛り込まれた施策の具体化や安定財源の確保の枠組みについて継続して検討が進められた。
　具体的には、予算編成プロセスを経て施策や財源の内容を具体化することが議論の中心となっていたため、概算要求（8月）から予算案の決定（12月）の中間地点である10月に一度議論を行った上で、12月に取りまとめの議論を行っている。

（2）こども未来戦略のポイント

　2023年12月22日、こども未来戦略会議において、「こども未来戦略」を決定し、公表した。更に、その後、こども未来戦略を実現するため、「子ども・子育て支援法等の一部を改正する法律案」が2024年通常国会に提出されている。
　こども未来戦略のこども未来戦略方針との主な違いは、予算編成プロセスを経て、「Ⅲ－1「加速化プラン」において実施する具体的な施策」において更に施策を具体化・追加していること、「Ⅲ－2「加速化プラン」を支える安定的な財源の確保」において予算規模のフレームや「こ

ども・子育て支援金制度」、「こども・子育て支援特別会計（こども金庫）」の詳細を具体化していることにある。

本章では、こども未来戦略の内容について、こども未来戦略方針から追加した内容を中心に解説を行う。

①「加速化プラン」において実施する具体的な施策の充実
〈児童手当〉

第一のポイントは、「児童手当の拡充の内容の更なる具体化」である。

こども未来戦略方針の段階から新たに、「多子加算のカウント方法の見直し」、「児童手当の支払月の拡大」、「中学生までの取扱いとのバランス等を踏まえた高校生の扶養控除との関係の整理」が行われている。

まず「多子加算のカウント方法の見直し」について、現行制度は「18歳年度末までの子で親等の経済的負担がある子が3人以上いる場合」を対象としているが、これを「22歳年度末までの子で親等の経済的負担がある子が3人以上いる場合」に拡大することとしている。

現行制度の場合、子が3人いたとしても、第1子が19歳年度になった段階で多子加算のカウントから外れてしまい、それまで第3子として30,000円の支給を受けていたものが第2子として10,000円の支給に変わることとなる。これでは、せっかく第3子以降の支給額を30,000円に拡大しても対象者が限定されてしまい政策効果が十分に発揮されないことになってしまう。このため、多子世帯のカウント方法について22歳年度末までに拡大し、政策効果を高めることとしている。

更に「児童手当の支払月の拡大」について、現行制度は「年3回（2月、6月、10月）」となっているが、これを「年6回（2月、4月、6月、8月、10月、12月）」に拡大することとしている。これによって、子育て世帯の資金需要にきめ細かに対応することができるようになる。児童手当の拡充は2024年10月から実施することとしているため、拡充後の初回の支給は同年12月となる。

これらを含め、「所得制限の撤廃」、「支給期間の高校生年代までの延

図表37　児童手当制度の概要

1 事業の目的等　　<児童手当等交付金>　令和6年度予算案:1兆5,246億円(1兆2,199億円)
　　　　　　　　　　　　　　　　　　　　　　　　　　　　　　　　　　　　　　※()内は前年度当初予算額

○家庭等における生活の安定に寄与するとともに、次代の社会を担う児童の健やかな成長に資することを目的とする。
○「こども未来戦略」(令和5年12月22日閣議決定)に基づき、①所得制限の撤廃、②高校生年代までの支給期間の延長、③多子加算について第3子以降3万円(※)、とする抜本的拡充を行う。これら、抜本的拡充のための所要の法案を次期通常国会に提出し、令和6年10月分から実施する。その際、支給月を年3回から隔月(偶数月)の年6回とし、拡充後の初回支給を令和6年12月とする。
　※多子加算のカウント方法については、現在の高校生年代までの扱いを見直し、大学生に限らず、22歳年度末までの上の子について、親等の経済的負担がある場合をカウント対象とする。

2 事業の概要・スキーム

	拡充前(令和6年9月分まで)	拡充後(令和6年10月分以降)※法案(検討中)の内容
支給対象	中学校修了までの国内に住所を有する児童 (15歳到達後の最初の年度末まで)	**高校生年代までの国内に住所を有する児童** **(18歳到達後の最初の年度末まで)**
所得制限	所得限度額:960万円未満(年収ベース、夫婦とこども2人) ※年収1,200万円以上の者は支給対象外	**所得制限なし**
手当月額	・3歳未満　一律:15,000円 ・3歳〜小学校修了まで 　第1子、第2子:10,000円　第3子以降:15,000円 ・中学生　一律:10,000円 ・所得制限以上　一律:5,000円(当分の間の特例給付)	・3歳未満 　第1子、第2子:15,000円　第3子以降:30,000円 ・3歳〜**高校生年代** 　第1子、第2子:10,000円　第3子以降:30,000円
受給資格者	・監護生計要件を満たす父母等 ・児童が施設に入所している場合は施設の設置者等	同　左
実施主体	市区町村(法定受託事務)　※公務員は所属庁で実施	同　左
支払期月	3回(2月、6月、10月)(各前月までの4カ月分を支払)	**6回(偶数月)**(各前月までの2カ月分を支払)

長」、「第3子以降の支給額の拡大」を内容とする児童手当の拡充のための法案を2024年通常国会に提出することを明記している[50]。

　このほか、「中学生までの取扱いとのバランス等を踏まえた高校生の扶養控除との関係の整理」については、児童手当の拡充と同じタイミングで決定するのは子育て世帯に誤ったメッセージを与えかねないとの懸念が与党に広がったこともあり、令和6年度税制改正大綱において、

・16歳から18歳までの扶養控除について、15歳以下の取扱いとのバランスを踏まえつつ、高校生年代は子育て世帯において教育費等の支出がかさむ時期であることに鑑み、現行の一般部分(国税38万円、地方税33万円)に代えて、かつて高校実質無償化に伴い廃止された特定扶養親族に対する控除の上乗せ部分(国税25万円、地方税12万円)を復元し、高校生年代に支給される児童手当と合わせ、全ての子育て世帯に対する実質的な支援を拡充しつつ、所得階

層間の支援の平準化を図ることを目指す
・更に、扶養控除の見直しにより、課税総所得金額や税額等が変化することで、所得税又は個人住民税におけるこれらの金額等を活用している社会保障制度や教育等の給付や負担の水準に関して不利益が生じないよう、当該制度等の所管府省において適切な措置を講じるとともに、独自に事業を実施している地方公共団体においても適切な措置が講じられるようにする必要がある。具体的には、各府省庁において、今回の扶養控除の見直しにより影響を受ける所管制度等を網羅的に把握し、課税総所得金額や税額等が変化することによる各制度上の不利益が生じないよう適切な対応を行うとともに、各地方公共団体において独自に実施している事業についても同様に適切な対応を行うよう周知するなど所要の対応を行う必要がある
・扶養控除の見直しについては、令和7年度税制改正において、これらの状況等を確認することを前提に、令和6年10月からの児童手当の支給期間の延長が満年度化した後の令和8年分以降の所得税と令和9年度分以降の個人住民税の適用について結論を得る

とされている。

　これを簡単に説明すると、2010年に児童手当（当時は子ども手当）を小学生年代から中学生年代まで延長した際、0歳から15歳までのこどもを対象とする年少扶養控除が廃止されたこととのバランスを踏まえつつも、高校生年代は教育費等の支出がかさむ時期であることに考慮し、現行の国税38万円、地方税33万円の控除額について国税25万円、地方税12万円の控除額を引き続き確保することによって、児童手当の拡充と扶養控除の見直しの影響額を合算して見ても、全ての子育て世帯に対する支援額が拡充されるようにすることを目指すということである（16歳から18歳までの扶養控除を廃止した場合、所得階層によっては児童手当の拡充と扶養控除の見直しの影響額を合算して見ると支援額が縮小するケースがあったが、この措置によって全ての子育て世帯の支援額が拡大することになる）。

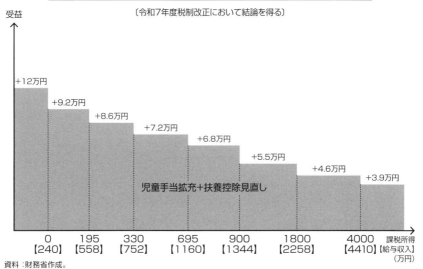

図表38　児童手当の拡充と扶養控除見直しによる受益のイメージ

〔令和7年度税制改正において結論を得る〕

受益

+12万円
+9.2万円
+8.6万円
+7.2万円
+6.8万円
+5.5万円
+4.6万円
+3.9万円

児童手当拡充＋扶養控除見直し

| 0 | 195 | 330 | 695 | 900 | 1800 | 4000 |
| 【240】 | 【558】 | 【752】 | 【1160】 | 【1344】 | 【2258】 | 【4410】 |

課税所得
【給与収入】
（万円）

資料：財務省作成。
注　：税制面での受益の金額は所得税・復興特別所得税・個人住民税の税額ベース。給与収入は夫婦片働き・子1人（高校生）の場合。

　更に、今回の扶養控除の見直しによって所得が増加することによって、社会保障制度や教育等の給付の支援を受ける際の所得要件の計算において支援の対象から外れたり、支援額が縮小するようなケースが生じないよう対策を講じることとし、これらについて、令和8年分以降の所得税と令和9年度分以降の個人住民税から適用することについて、令和7年度の税制改正において結論を得ることとしている。

　このほか、令和6年度の税制改正では、子育て支援税制を拡充し、住宅ローン減税の子育て世帯等の借入限度額の引上げや、住宅リフォーム減税の「子育て対応改修」の創設、生命保険料控除の控除上限額の引上げ等が行われることとなった。

注
50）その後、「子ども・子育て支援法等の一部を改正する法律案」が2024年通常国会に提出されている。

〈多子世帯の大学授業料等の無償化〉

第二のポイントは、「多子世帯の大学授業料等の無償化を追加したこと」である。

こども未来戦略方針では、「高等教育費の更なる支援拡充策、今後「こども大綱」の中で具体化する貧困、虐待防止、障害児・医療的ケア児に関する支援策について、今後の予算編成過程において施策の拡充を検討し、全体として3兆円半ばの充実を図る」こととされていたが、高等教育費の更なる支援拡充策として、多子世帯の大学授業料等の無償化を行うこととしている。

具体的には、親等の経済的負担がある子が3人以上の場合（親等の経済的負担がある子が3人以上いる間、第1子から支援の対象）、2025年度から大学等の高等教育の授業料・入学金を所得制限を設けず無償（大学の場合、授業料は国公立約54万円、私立約70万円、入学金は国公立約28万円、私立約26万円）とすることとしている。これによって、子が3人以上であっても、その家庭が負担する高等教育の授業料負担を少なくとも2人分以下に抑えることができることとなる。

一方、親等の経済的負担がある子が3人以上の場合のみを対象にしたことや大学授業料等の無償化の対象となる子のカウントの方法のわかりにくさについては、与党内でも批判の意見が多数あった。高等教育の負担軽減は、加速化プラン後のさらなる施策の充実の大きな論点であり、このような意見を踏まえ、今後速やかに、さらなる大学授業料等の無償化のあり方を検討していくこととなった。

〈こどもの貧困対策・ひとり親家庭の自立支援〉

第三のポイントは、「こどもの貧困対策・ひとり親家庭の自立支援について、こども大綱の内容を踏まえて充実していること」である。

具体的には、まず「こどもの学習・生活支援」については、地域で学習をサポートする場を拡大させるとともに、新たに大学受験料等の補助をスタートさせることとしている。また、こども食堂や学び体験などの

図表39　多子世帯の大学等授業料・入学金の無償化の概要

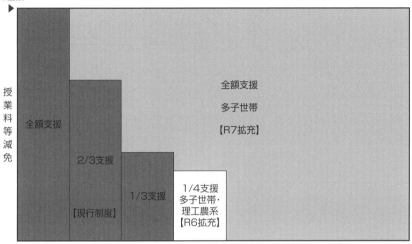

授業料支援
の上限
▶

現行制度と同様、国公立大学：約54万円　私立大学：70万円
（入学金は国公立約28万円、私立26万円）（大学以外も校種・設置者ごとに設定）

授業料等減免

全額支援

全額支援

多子世帯

【R7拡充】

2/3支援

【現行制度】

1/3支援

1/4支援
多子世帯・
理工農系
【R6拡充】

年収目安　　約270万円　　約300万円　　約380万円　　約600万円　　　　　　　　　　　所得制限なし

図表40　多子世帯の大学等授業料・入学金の無償化の子のカウント方法

多子世帯の授業料無償

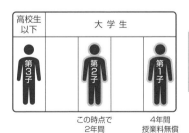

高校生以下	大 学 生	
第3子	第2子	第1子
	この時点で2年間授業料無償	4年間授業料無償

第1子が
大学卒業
第3子が
大学入学

【第1子が扶養から外れる場合】

大 学 生		社会人
第3子	第2子	第1子

無償化の
対象外となる

【第1子が扶養の場合】

大 学 生		大学院生（扶養）
第3子	第2子	第1子

授業料無償　　引き続き授業料無償

資料：文部科学省資料を基に作成。

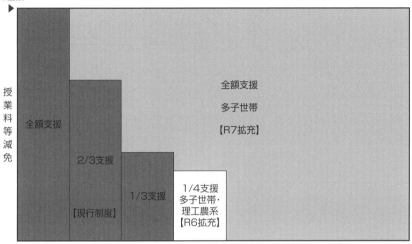
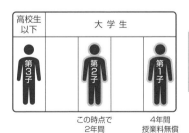

場やアウトリーチ型の訪問支援（宅食・おむつ）を拡大させることとしている。

　次に「ひとり親家庭への支援」については、

- ・こども未来戦略方針に盛り込んでいた高等職業訓練促進給付金制度の拡充、ひとり親を雇い入れ、人材育成・賃上げに向けた取組を行う企業に対する支援の強化、養育費の受け取りに係る弁護士への成功報酬への助成の創設の実施
- ・ひとり親家庭の教育訓練講座の受講費用の助成を行う自立支援教育訓練給付金について、資格取得し、再就職等した場合は受講費用の25％を追加支給（最大85％）
- ・ひとり親に対する就労支援事業等の要件について、収入増加により児童扶養手当の所得制限水準を超過した場合であっても、自立のタイミングまで支援を継続できるよう対象者要件を拡大
- ・児童扶養手当について、ひとり親の就労収入の上昇等を踏まえ、全部支給又は一部支給の対象となる所得限度額を引上げるとともに、第3子以降の加算額（現行制度は第2子の加算額より低い額に設定）を第2子の加算額と同額まで引上げることとし、これらを2024年11月分から適用できるよう、法案を2024年通常国会に提出 [51]

を盛り込んでいる。特に児童扶養手当の拡大については、こども未来戦略方針の策定に当たって、多くの方から支援の拡大への要望があったところである。

　こどもの貧困対策・ひとり親家庭の自立支援については、こども大綱の策定に当たって、こども家庭審議会等において丁寧な議論を行い、有識者等の様々な意見を踏まえて、きめ細かな施策の充実が行われているといえよう。

注
51）その後、児童扶養手当法の一部改正を含む「子ども・子育て支援法等の一部を改正する法律案」が2024年通常国会に提出されている。

150

図表41　ひとり親の経済的支援（児童扶養手当）の拡充等概要

・ひとり親の就労収入の上昇等を踏まえ、働き控えに対応し自立を下支えする観点から所得限度額を引き上げるとともに、生活の安定のため特に支援を必要とする多子家庭に対し、第3子以降の加算額を拡充する。

①所得限度額の引き上げ

（対象見込み者数：約44万人　制度改正影響額（令和6年度分）：国費29億円）

・全部支給の所得限度額（全部支給が一部支給になる額）

160万円　→　190万円（年収ベース・こどもが1人の場合）

・一部支給の所得限度額（支給がすべて停止となる額）

365万円　→　385万円（年収ベース・こどもが1人の場合）

②多子加算の拡充

（対象見込み者数：約11万人　制度改正影響額（令和6年度分）：国費5億円）

・第3子以降の加算額（6,450円）（注1）を第2子の加算（10,750円）と同額まで引き上げる。

※①②とも、令和6年11月分（令和7年1月支給）からの実施を想定

・児童扶養手当の受給に連動した就労支援等について、自立への後押しが途切れないよう、所得が上がって児童扶養手当を受給しなくなっても支援策の利用を継続できるようにする。

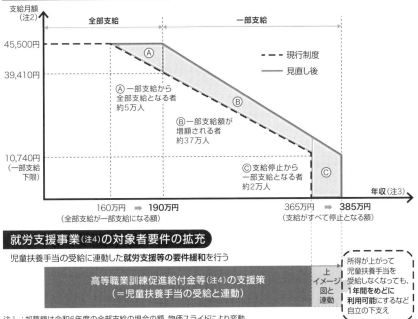

注1：加算額は令和6年度の全部支給の場合の額。物価スライドにより変動。
注2：支給月額は、令和6年度の額。物価スライドにより変動。
注3：年収額は、給与収入でこどもが1人の場合。
注4：対象となる就労支援事業：「自立支援プログラム」「高等職業訓練促進給付金」「自立支援教育訓練給付金」「ひとり親家庭住宅支援資金貸付事業」。

第4章　第3フェーズ　こども未来戦略（2023年12月）　　151

〈児童虐待防止・社会的養護・ヤングケアラー等支援〉

　第四のポイントは、「児童虐待防止・社会的養護・ヤングケアラー等支援について、こども大綱の内容を踏まえて充実していること」である。

　具体的には、

・こども未来戦略方針に盛り込んでいたこども家庭センターの人員体制の強化（統括支援員の配置の推進）、子育て世帯訪問支援事業の利用者負担軽減の対象者の拡大や利用回数の拡充、児童養護施設におけるこどものスマホの利用や習い事への支援の充実の実施

・虐待等で家庭等に居場所がないこども・若者が必要な支援を受けられ宿泊もできる安全な居場所（こども若者シェルター）への補助事業の創設

・2024年度に創設される新たな資格である「こども家庭ソーシャルワーカー」の資格取得を推進するための研修受講費用等や有資格者に対する手当への補助事業の創設

・児童養護施設における大学受験費用への支援の充実

・一時保護施設等のこどもの権利擁護の取組を支援するこどもの権利擁護環境整備事業について、活動回数に応じた加算の仕組みを導入

・児童相談所等の虐待等により傷ついた親子関係の再構築の取組を支援する親子再統合支援事業について、指導員の配置への支援等を充実

・里親支援センターの里親リクルーター・里親トレーナーの配置や要支援縁組に関する相談支援を充実

・社会的養護を経験した若者が自立した社会生活を送ることができるよう支援する児童自立生活援助事業について、実施場所や一律の年齢制限を弾力化

等を盛り込んでいる。

　ヤングケアラーについては、その後、法案化作業の過程で、ヤングケアラーを「子ども・若者育成支援推進法」で国・地方公共団体等が支援に努めるべき対象であることを明記し、子ども若者支援地域協議会と要保護児童対策地域協議会が協働して効果的に支援を行うよう両協議会の

写真5　トー横視察

連携を図るよう努めることとする改正を行うこととされた。

　児童虐待防止・社会的養護・ヤングケアラー等支援についても、こども大綱の策定に当たって、こども家庭審議会等において丁寧な議論を行い、有識者等の様々な意見を踏まえて、きめ細かな施策の充実が行われているといえよう。

　なお、このうち、「こども若者シェルター」については、私（少子化大臣）が、こども未来戦略方針策定後の2023年7月4日に、青少年の非行や犯罪被害を防ぐための対策強化月間が始まったことを受けて、東京都新宿区歌舞伎町の通称「トー横」を視察した際に、強くその必要性を感じ、こども家庭庁の職員に検討を指示したものである。虐待等で家庭等に居場所がないこども・若者が繁華街等に居場所を求め、犯罪の被害に遭うケースが後を絶たない。こどもの安全・安心を守るため、様々な対策を講じていく必要がある。

〈障害児支援、医療的ケア児支援等〉
　第五のポイントは、「障害児支援、医療的ケア児支援等について、こ

ども大綱の内容を踏まえて充実していること」である。

具体的には、

・こども未来戦略方針に盛り込んでいた「児童発達支援センターの機能強化のための人材配置や保育所等に巡回支援を行う巡回支援専門員の配置の対象施設数の拡大」、「国や都道府県等による状況把握や助言等の広域的支援」の実施

・乳幼児健診、親子教室、保育所などの身近な機会・場所での発達相談の充実や支援人材の育成促進による障害児支援事業所の支援技術向上による「早期から切れ目なくこどもの育ちと家族を支える体制の構築」

・医療的ケア児を一時的に預かる環境の整備や保育所等における受入れ体制の整備

・障害児に関する補装具支給制度の所得制限の撤廃

・ICT（情報通信技術）を活用した支援の実証・環境整備

等を盛り込んでいる。

特に障害児に関する補装具支給制度の所得制限の撤廃については、こども未来戦略方針の策定に当たって、多くの方から支援の拡大への要望があったところである。

障害児支援、医療的ケア児支援等についても、こども大綱の策定に当たって、こども家庭審議会等において丁寧な議論を行い、有識者等の様々な意見を踏まえて、きめ細かな施策の充実が行われているといえよう。

②「加速化プラン」を支える安定的な財源の確保

「「加速化プラン」を支える安定的な財源の確保」では、こども未来戦略方針において定めた方針を踏まえ、予算規模のフレームや「こども・子育て支援金制度」、「こども・子育て支援特別会計（こども金庫）」の詳細が具体化されている。

〈予算規模のフレーム〉

第一のポイントは、「予算規模のフレームが具体化されていること」

である。

「加速化プラン」の予算規模は、こども未来戦略方針の時点では「3兆円半ば」としていたが、こども未来戦略では「3.6兆円程度」と明確化された。その内訳は、

　　・ライフステージを通じた子育てに係る経済的支援の強化や若い世代の所得向上に向けた取組 1.7兆円程度
　　・全てのこども・子育て世帯を対象とする支援の拡充 1.3兆円程度
　　・共働き・共育ての推進 0.6兆円程度

となっており、2026年度までの3年間でその大宗を実施することとしている。

　また、この3.6兆円の財源については、

　　・既定予算の最大限の活用等　　1.5兆円
　　・歳出改革の徹底等による公費節減効果　　1.1兆円
　　・歳出改革の徹底等による社会保険負担軽減効果　　1.0兆円

図表42　こども未来戦略（イメージ）

こども・子育て政策の強化（加速化プラン）の財源の基本骨格（イメージ）

○既定予算の最大限の活用等を行うほか、2028年度までに徹底した歳出改革等を行い、それによって得られる公費節減の効果及び社会保険負担軽減の効果を活用する。
○歳出改革と賃上げによって実質的な社会保険負担軽減の効果を生じさせ、その範囲内で支援金制度を構築することにより、実質的な負担が生じないこととする。

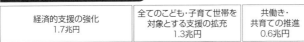

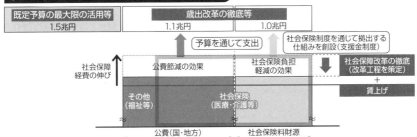

によって、2028 年度までの 5 年間で確保することとしている。

　具体的に、「既定予算の最大限の活用等」については、子ども・子育て拠出金や育児休業給付のための雇用保険料などの既定の財源について予算の執行状況を踏まえて最大限活用することをはじめとして国・地方の社会保障関係の既定予算の執行の精査等を行うとともに、社会保障と税の一体改革の中で確保した財源について執行状況を踏まえた使途の見直しやインボイス制度導入に伴う消費税収相当分の活用を行うこととしている。

　また、「歳出改革の徹底等による公費節減効果」については、「全世代型社会保障構築を目指す改革の道筋（改革行程）」（令和 5 年 12 月 22 日閣議決定）に基づく医療・介護改革を中心に取り組むこととしている。この医療・介護改革には、「2024 年度に実施する取組」として、被用者保険（健保組合（主に大企業の従業員等が対象）、協会けんぽ（主に中小企業の従業員等が対象）、共済組合（主に公務員が対象）等）の保険料率格差是正のための負担調整の仕組みの導入や後期高齢者（75 歳以上）の保険料負担率の見直しなど、「加速化プランの実施が完了する2028 年度までに実施について検討する取組」として、医療・介護保険における金融所得の反映の在り方の検討や高齢者の医療・介護の 3 割負担（現役並み所得）の判断基準等の見直しなどが盛り込まれている。なお、2013 年度から 2022 年度までの 9 年間でこども・子育て関連予算を歳出改革によって年平均 0.18 兆円程度増加させてきている（単純に同程度のペースの場合、2024 年度から 2028 年度までの 5 年間で 0.9 兆円となる）ことを踏まえると、1.1 兆円程度の規模は、これまでの取組を若干上回る規模といえる。

　最後の「歳出改革の徹底等による社会保険負担軽減効果」については、少しわかりにくいため、順を追って解説したい。まず医療・介護の財源は、「国・地方の公費」と「国民からの保険料」で賄われているため、医療・介護の歳出改革を行うと「国・地方の公費」と「国民からの保険料」のそれぞれに節減効果が生じることとなる。前述の「歳出改革の徹

底等による公費節減効果」はこのうち「国・地方の公費」の節減効果を表したものであり、「歳出改革の徹底等による社会保険負担軽減効果」はこのうち「国民からの保険料」の節減効果を表したものになる。この社会保険負担軽減効果は、歳出改革による社会保険負担軽減額から医療・介護の制度改正による追加的な社会保険負担額[52]を差し引いて計算しており、具体的には2023年度・2024年度分を0.33兆円程度と見込んでいる。歳出改革と賃上げによって実質的な社会保険負担軽減効果を生じさせることによって、その効果の範囲内で後述する「支援金制度」を構築し、1.0兆円程度の確保を図ることとしている。

〈こども・子育て支援金制度〉第二のポイントは、「こども・子育て支援金制度の内容が具体化されていること」である。

少子化対策に要する費用を企業を含めて社会・経済の参加者全員が連帯し、公平な立場で広く拠出する仕組みとして、「こども・子育て支援金制度」（支援金制度）を創設することとしている。

この支援金制度の特徴は、

・医療保険者が被保険者等から保険料と合わせてこども・子育て支援金（支援金）を徴収し、国が医療保険者からこども・子育て支援金相当額をこども・子育て支援納付金（支援納付金）[53]として徴収する仕組みとしていること

・支援納付金の総額が適正な範囲となるよう、毎年末の予算編成過程において、支援納付金を充当する事業の所要額と実質的な社会保険負担軽減効果を算定した上で、実質的な社会保険負担軽減効果の範囲内で総額を決定する仕組みとしていること

・被保険者の支援金の負担軽減のため、国民健康保険及び後期高齢者医療保険について、低所得者に対する応益分支援金の軽減措置（所得の多寡によらず一律に徴収する応益分支援金について低所得者に配慮して金額を軽減）等を設けるとともに、国民健康保険について、こどもがいる世帯の金額が増えないよう、18歳年度末まではこどもに係る支援金の均等割額の10割軽減措置を講じることとしてい

ること

・支援納付金の納付事務を担う医療保険者に対して、事務費の国庫負担等の措置を講じることとしていること

・実施時期については、医療保険者等において相当程度の準備作業が必要であることから、2026年度から開始して2028年度までに段階的に構築することとしていること

という点にある。

注

52) 追加的な社会保険負担額からは医療・介護の現場従事者の賃上げに確実に充当される加算措置及び能力に応じた全世代の支え合いの観点から実施する制度改革等による影響額（0.34兆円程度）は控除して計算している。これは、国全体で賃金が上昇する中で医療・介護分野でも当然に必要となる現場従事者の賃上げ分や、負担能力が低い方の負担を軽減し、一方で負担能力が高い方に一定の負担をお願いするといった、能力に応じた全世代の支え合いの観点から実施する制度改革分は控除するという考え方に基づいている。

53) 医療保険者が被保険者から保険料と合わせて「支援金」を徴収し、国は医療保険者から「支援納付金」を徴収することとしているため、「支援金」と「支援納付金」の用語を使い分けている。

〈こども・子育て支援特別会計（こども金庫）〉

　第三のポイントは、「こども・子育て支援特別会計（こども金庫）の内容を具体化していること」である。

　具体的には、2025年度から、「こども・子育て支援特別会計（こども金庫）」を創設することとしている。同特別会計の特徴は、

・こども・子育て支援法に基づく事業を経理する「こども・子育て勘定」、雇用保険法に基づく育児休業等給付を経理する「育児休業等給付勘定」を区分して設けることとしていること

・同特別会計の歳出については、主に、「子ども・子育て支援法に基づく子どものための教育・保育給付」、「子ども・子育て支援法に基づく地域子ども・子育て支援事業等」、「雇用保険法に基づく育児休業給付」、「出産・子育て応援給付金の制度化（※）」、「共働き・共育てを推進するための経済支援（両親が共に一定期間以上の育児休

業を取得した場合の育児休業給付率の引上げに相当する部分、育児時短就業給付の創設、自営業者・フリーランス等の育児期間中の経済的な給付に相当する支援措置としての国民年金第1号被保険者についての育児期間に係る保険料免除措置の創設）（※）」、「こども誰でも通園制度（仮称）（※）」、「児童手当（※）」を計上することとしていること。このうち、※の事業は、「加速化プラン」に基づく制度化等により新設・拡充する制度であって、対象者に一定の広がりのある制度であり、これらの事業について支援納付金を充当することとしていること

・支援納付金の収納が満年度化するまでの間は、支援納金を充当する事業に要する経費については、つなぎとしてこども・子育て支援特例公債を発行することとしていること

・支援納付金やこども・子育て支援特例公債の収入にかかる決算剰余金については、支援納付金を充当する事業以外に使われることのないよう、こども・子育て支援資金に積み立てて管理することとしていること

という点にある。

これらの「こども・子育て支援金制度」、「こども・子育て支援特別会計」の創設に向けて、2024年通常国会に法案を提出することとしている[54]。

注
54）その後、医療保険各法、特別会計に関する法律等の一部改正を含む「子ども・子育て支援法等の一部を改正する法律案」が2024年通常国会に提出されている。

（3）まとめ

こども未来戦略の特徴は、こども未来戦略方針の段階と比べて、予算編成プロセスを経て、

①今後3年間で加速化して取り組む「加速化プラン」の施策の内容を

更に具体化したこと（特に高等教育費の更なる支援拡充策、「こども大綱」の中で具体化した貧困、虐待防止、障害児・医療的ケア児に関する支援策を追加）

②総額 3.6 兆円程度の予算規模のフレームを定めたこと

③「こども・子育て支援金制度」の内容を具体化したこと

④「こども・子育て支援特別会計（こども金庫）」の内容を具体化したこと

という点にある。

こども未来戦略のポイントを簡潔にまとめると以下のとおりである。

〈「加速化プラン」の充実〉

今後 3 年間で加速化して取り組む「加速化プラン」については、予算編成プロセスを経て、それぞれの施策の詳細を定めているが、特にこども未来戦略方針において、「高等教育費の更なる支援拡充策、今後「こども大綱」の中で具体化する貧困、虐待防止、障害児・医療的ケア児に関する支援策について、今後の予算編成過程において施策の拡充を検討し、全体として 3 兆円半ばの充実を図る」とされたことを踏まえ、施策を大幅に追加している。

まず「高等教育費の更なる支援拡充策」については、多子世帯の大学授業料等の無償化を行うこととしており、具体的には、親等の経済的負担がある子が 3 人以上の場合（親等の経済的負担がある子が 3 人以上いる間、第 1 子から支援の対象）、2025 年度から大学等の高等教育の授業料・入学金を所得制限を設けず無償（大学の場合、授業料は国公立約 54 万円、私立約 70 万円、入学金は国公立約 28 万円、私立約 26 万円）とすることとしている。これによって、子が 3 人以上であっても、その家庭が負担する高等教育の授業料負担を少なくとも 2 人分以下に抑えることができることとなる。

また、「こどもの貧困対策・ひとり親家庭の自立支援」については、大学受験料等の補助の開始、児童扶養手当の拡充（所得制限の見直し、

多子加算の増額）などの施策を追加している。

　更に、「児童虐待防止・社会的養護・ヤングケアラー等支援について
は、こども大綱の内容を踏まえて充実していること」である。具体的に
は、虐待等で家庭等に居場所がないこども・若者が必要な支援を受けら
れ宿泊もできる安全な居場所（こども若者シェルター）への補助事業の
創設などの施策を追加している。

　加えて、「障害児支援、医療的ケア児支援等については、障害児に関
する補装具支給制度の所得制限の撤廃などの施策を追加している。

〈予算の規模〉
「加速化プラン」の充実の結果、予算の規模は、
　・ライフステージを通じた子育てに係る経済的支援の強化や若い世代
　　の所得向上に向けた取組　1.7 兆円程度
　・全てのこども・子育て世帯を対象とする支援の拡充　1.3 兆円程度
　・共働き・共育ての推進 0.6 兆円程度
の総額 3.6 兆円程度の充実を図り、2026 年度までの 3 年間でその大宗を
実施することとしている。

　また、この 3.6 兆円の財源については、
　・既定予算の最大限の活用等　1.5 兆円
　・歳出改革の徹底等による公費節減効果　1.1 兆円
　・歳出改革の徹底等による社会保険負担軽減効果　1.0 兆円
によって、2028 年度までの 5 年間で確保することとし、その間のつな
ぎの財源については、こども・子育て支援特例公債の発行により対応す
ることとしている。

〈こども・子育て支援金制度〉
　少子化対策に要する費用を企業を含めて社会・経済の参加者全員が連
帯し、公平な立場で広く拠出する仕組みとして、「こども・子育て支援
金制度」を創設することとしている。

このこども・子育て支援金制度は、医療保険者が被保険者等から保険料と合わせてこども・子育て支援金を徴収し、国が医療保険者からこども・子育て支援金相当額をこども・子育て支援納付金として徴収する仕組みとなっている。

　また、こども家庭庁は、こども・子育て支援納付金の総額が適正な範囲となるよう、毎年末の予算編成過程において、支援納付金を充当する事業の所要額と実質的な社会保険負担軽減効果を算定した上で、実質的な社会保険負担軽減効果の範囲内で総額を決定する仕組みとしている。

　なお、実施に当たっては、低所得者やこどもがいる世帯への負担軽減

図表43　支援金制度の創設によるこども一人当たりの給付改善額（高校生年代までの合計）

〇子ども・子育て支援金制度の創設による**こども一人当たりの給付改善額（高校生年代までの合計）は約146万円**。なお、現行の平均的な児童手当額約206万円とあわせると、合計約352万円となる。
　※子ども・子育て支援納付金の充当事業（児童手当（今般の拡充分に限る）、妊婦のための支援給付（出産・子育て応援給付金の制度化）、こども誰でも通園制度、共働き・共育てを推進するための経済支援）について、実際の給付状況はこどもや世帯の状況により様々であるが、各給付の事業費を対象となるこどもの数で割って合計。
　※「加速化プラン」（総額3.6兆円）の支援強化には、これら以外にも様々なものがある。

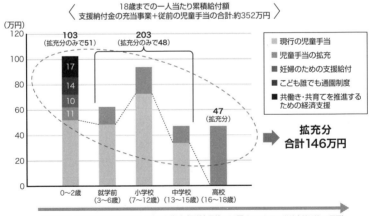

現行の児童手当と支援金充当事業における給付改善額（こども1人当たり）

〈 18歳までの一人当たり累積給付額
支援納付金の充当事業＋従前の児童手当の合計：約352万円 〉

支援金による医療保険加入者1人当たり拠出（平均）月約450円（※19年間の単純合計は約10万円）

注1：年齢別にそれぞれの制度における1人当たり給付の平均額（令和10年度所要額（見込）を基とした対象年齢ごとの単純平均額）を算出し、各期間について合計したもの。現行の児童手当額は、令和2年度児童手当事業年報の実績値に基づく平均単価を計上。
注2：共働き・共育てを推進するための経済支援は、出生後休業支援給付、育児時短就業給付、国民年金第1号被保険者の育児期間中の保険料免除を指す。
注3：児童手当については拡充分（所得制限撤廃、高校生年代への延長、多子加算の増額）を含む全体に支援納付金が充当されるほか、子ども・子育て拠出金・公費も充当。こども誰でも通園制度については、支援納付金・公費を充当。また、支援金の総額1.0兆円（令和10年度）をベースに、低所得者軽減等のために投入される公費や各給付に充当される公費等も加えた給付額（総額約1.5兆円）をベースに試算。

措置を講じることとしている。

　実施時期については、医療保険者等において相当程度の準備作業が必要であることから、2026年度から開始して2028年度までに段階的に構築することとしている。

〈こども・子育て支援特別会計〉

　2025年度から、「こども・子育て支援特別会計（こども金庫）」を創設し、財源バランスが図られるまでのつなぎとしてこども・子育て支援

図表44　子ども・子育て支援金に関する試算（医療保険加入者一人当たり平均月額）

（月額、支援金額は50円丸め、保険料額は100円丸め）

	加入者一人当たり支援金額			（参考）加入者一人当たり医療保険料額（令和3年度実績）（②）	（参考）①／②
	令和8年度見込み額	令和9年度見込み額	令和10年度見込み額（①）		
全制度平均	250円	350円	450円	9,500円	4.7%
被用者保険	300円 (参考)被保険者一人当たり450円	400円 (参考)被保険者一人当たり600円	500円 (参考)被保険者一人当たり800円	10,800円 (参考)被保険者一人当たり17,900円	4.5%
協会けんぽ	250円 (参考)被保険者一人当たり400円	350円 (参考)被保険者一人当たり550円	450円 (参考)被保険者一人当たり700円	10,200円 (参考)被保険者一人当たり16,300円	4.3%
健保組合	300円 (参考)被保険者一人当たり500円	400円 (参考)被保険者一人当たり700円	500円 (参考)被保険者一人当たり850円	11,300円 (参考)被保険者一人当たり19,300円	4.6%
共済組合	350円 (参考)被保険者一人当たり550円	450円 (参考)被保険者一人当たり750円	600円 (参考)被保険者一人当たり950円	11,800円 (参考)被保険者一人当たり21,600円	4.9%
国民健康保険（市町村国保）	250円 (参考)一世帯当たり350円	300円 (参考)一世帯当たり450円	400円 (参考)一世帯当たり600円	7,400円 (参考)一世帯当たり11,300円	5.3%
後期高齢者医療制度	200円	250円	350円	6,300円	5.3%

注1：本推計は、一定の仮定をおいて行ったものであり、結果は相当程度の幅をもってみる必要がある。金額は事業主負担分を除いた本人拠出分であり、被用者保険においては別途事業主が労使折半の考えの下で拠出。なお、被用者保険間の按分は総報酬割であることを踏まえ、実務上、国が一律の支援率を示すこととする。
注2：国民健康保険の1世帯当たりの金額は令和3年度における実態を基に計算している。
注3：国民健康保険の支援金については、医療分と同様に低所得者軽減を行い、例えば夫婦子1人の3人世帯（夫の給与収入のみ）における一人当たり支援金額（50円丸め、月額、令和10年度）でみると、年収80万円の場合50円（応益分7割軽減）、同160万円の場合200円（同5割軽減）、同200万円の場合250円（同2割軽減）、同300万円の場合400円（同2割軽減）。なお、支援金制度が少子化対策にかかるものであることに鑑み、こどもがいる世帯の拠出額が増えないよう、こども（18歳に達する日以後の最初の3月31日以前である者）についての均等割額は全額軽減。
注4：後期高齢者医療制度の支援金についても、医療分と同様に低所得者軽減を行い、例えば単身世帯（年金収入のみ）における一人当たり支援金額（50円丸め、月額、令和10年度）でみると、年収80万円の場合50円（均等割7割軽減）、同160万円の場合100円（同7割軽減）、同180万円の場合200円（同5割軽減）、同200万円の場合350円（同2割軽減）。
注5：介護分の保険料額は、第1号保険者（65歳〜）の1人当たり月額（基準額の全国加重平均）で6,014円（令和5年度）、第2号被保険者（40〜64歳）の1人当たり月額（事業主負担分、公費分を含む）で6,276円（令和6年度見込み）。

特例公債を発行することとしている。

　こども・子育て支援納付金を充当する事業として、「出産・子育て応援給付金の制度化」、「共働き・共育てを推進するための経済支援（両親が共に一定期間以上の育児休業を取得した場合の育児休業給付率の引上げに相当する部分、育児時短就業給付の創設、自営業者・フリーランス等の育児期間中の経済的な給付に相当する支援措置としての国民年金第1号被保険者についての育児期間に係る保険料免除措置の創設）」、「こども誰でも通園制度（仮称）」、「児童手当」を計上することとしている。

〈子ども・子育て支援法等の一部を改正する法律〉
　こども未来戦略の策定後、こども未来戦略を実現するための「子ども・子育て支援法等の一部を改正する法律案」が2024年通常国会に提出されている。

図表45　こども未来戦略　「加速化プラン」施策のポイント

1. 若い世代の所得向上に向けた取組

賃上げ：「成長と分配の好循環」と「賃金と物価の好循環」の2つの好循環
三位一体の労働市場改革：リスキリングによる能力向上支援、個々の企業の実態に応じた職務給の導入、成長分野への労働移動の円滑化
非正規雇用労働者の雇用の安定と質の向上：同一労働同一賃金の徹底、希望する非正規雇用労働者の正規化

児童手当の拡充

拡充後の初回の支給は2024年12月(2024年10月分から拡充)

- **所得制限を撤廃**
- **高校生年代まで延長**
  すべてのこどもの育ちを支える
  基礎的な経済支援としての位置づけを明確化
- **第3子以降は3万円**

支給金額	3歳未満	3歳〜高校生年代
第1子・第2子	月額1万5千円	月額1万円
第3子以降	月額3万円 ※多子加算のカウント方法を見直し	

➡ 3人の子がいる家庭では、
総額で最大400万円増の1100万円

妊娠・出産時からの支援強化

2022年度から実施中(2025年度から制度化)

- **出産・子育て応援交付金**
  10万円相当の経済的支援
  ①妊娠届出時(5万円相当)
  ②出生届出時(5万円相当×こどもの数)
- **伴走型相談支援**
  様々な不安・悩みに応え、ニーズに応じた支援につなげる

➡ 妊娠時から出産・子育てまで一貫支援

出産等の経済的負担の軽減

2023年度から実施中

STEP 1 出産育児一時金の引き上げ

42万円 ➡ 50万円に大幅引き上げ

「費用の見える化」・「環境整備」

STEP 2 出産費用の保険適用の検討
(2026年度を目途に検討)

高等教育(大学等)

大学等の高等教育費の負担軽減を拡充

- **給付型奨学金等**を世帯年収約600万円までの多子世帯、理工農系に拡充 (2024年度から実施)
- 多子世帯の学生等については**授業料等を無償化**
  (2025年度から実施)
- 貸与型奨学金の**月々の返還額を減額**できる制度の収入要件等を緩和 (2024年度から実施)
- 修士段階の授業料後払い制度の導入
  (2024年度から実施)

子育て世帯への住宅支援

- **公営住宅等への優先入居等**(実施中)
  今後10年間で計30万戸
- **フラット35の金利引下げ**(2024年2月から実施)
  こどもの人数に応じて最大1%(5年間)の引下げ

2. 全てのこども・子育て世帯を対象とする支援の拡充

切れ目なくすべての子育て世帯を支援

- **「こども誰でも通園制度」を創設**
  ○月一定時間までの利用可能枠の中で、**時間単位等で柔軟に通園が可能な仕組み**
  ※2024年度から本格実施を見据えた試行的事業を実施(2023年度からの実施も可能)※2025年度から制度化・2026年度から給付化し全国の自治体で実施
- **保育所：量の拡大から質の向上へ**
  4・5歳児は2024年度から実施、1歳児は2025年度以降加速化プラン期間中の早期に実施
  ○**76年ぶりの配置改善**：
  (4・5歳児)30対1→25対1(1歳児)6対1→5対1
  ○民間給与動向等を踏まえた**保育士等の更なる処遇改善**
  (2023年度から実施)
  ○**「小1の壁」打破**に向けた放課後児童クラブの質・量の拡充
  (2024年度から常勤職員配置の改善を実施)
- **多様な支援ニーズへの対応**
  ○**貧困・虐待防止、障害児・医療的ケア児**等への支援強化
  (2023年度から順次実施)
  ○**児童扶養手当の拡充**(拡充後の初回の支給は2025年1月(2024年11月分から拡充)
  ○補装具費支援の所得制限の撤廃(2024年度から実施)

3. 共働き・共育ての推進

育休を取りやすい職場に

男性の育休取得率目標**85%**へ大幅引き上げ(2030年)
➡ **男性育休を当たり前に**　※2022年度：17.13%

- **育児休業取得率の開示制度の拡充**(2025年度から実施)
- **中小企業に対する助成措置を大幅に強化**
  ○業務を代替する周囲の社員への応援手当支給の助成拡充(2024年度から実施)
- 出生後の一定期間に**男女で育休を取得**することを促進するため給付率を手取り**10割相当**に
  (2025年度から実施)

育児期を通じた柔軟な働き方の推進

- **子が3歳以降小学校就学前までの柔軟な働き方を実現するための措置**
  (公布の日から1年6月以内に政令で定める日から実施)
  ○事業主が、テレワーク、時短勤務等の中から2以上措置
- **時短勤務時の新たな給付**(2025年度から実施)

➡ 利用しやすい柔軟な制度へ

注：上記項目のうち、法律改正が必要な事項は、所要の法案を本通常国会に提出。

図表46　子ども・子育て支援法等の一部を改正する法律案の概要

法案の趣旨

こども未来戦略（令和5年12月22日閣議決定）の「加速化プラン」に盛り込まれた施策を着実に実行するため、ライフステージを通じた子育てに係る経済的支援の強化、全てのこども・子育て世帯を対象とする支援の拡充、共働き・共育ての推進に資する施策の実施に必要な措置を講じるとともに、こども・子育て政策の全体像と費用負担の見える化を進めるための子ども・子育て支援特別会計を創設し、児童手当等に充てるための子ども・子育て支援金制度を創設する。

法案の概要

1. 「加速化プラン」において実施する具体的な施策

（1）ライフステージを通じた子育てに係る経済的支援の強化　【①児童手当法、②子ども・子育て支援法】
①児童手当について、(1)支給期間を中学生までから高校生年代までとする、(2)支給要件のうち所得制限を撤廃する、(3)第3子以降の児童に係る支給額を月額3万円とする、(4)支払月を年3回から隔月（偶数月）の年6回とする抜本的拡充を行う。
②妊娠期の負担の軽減のため、妊婦のための支援給付を創設し、当該給付と妊婦等包括相談支援事業とを効果的に組み合わせることで総合的な支援を行う。

（2）全てのこども・子育て世帯を対象とする支援の拡充　【①・②児童福祉法、子ども・子育て支援法等、③～⑤子ども・子育て支援法、⑥児童扶養手当法、⑦子ども・若者育成支援推進法、⑧子ども・子育て支援法の一部を改正する法律】
①妊婦のための支援給付とあわせて、妊婦等に対する相談支援事業（妊婦等包括相談支援事業）を創設する。
②保育所等に通っていない満3歳未満の子どもの通園のための給付（こども誰でも通園制度）を創設する。
③産後ケア事業を地域子ども・子育て支援事業に位置付け、国、都道府県、市町村の役割を明確化し、計画的な提供体制の整備を行う。
④教育・保育を提供する施設・事業者に経営情報等の報告を義務付ける（経営情報の継続的な見える化）。
⑤施設型給付費等支給費用の事業主拠出金の充当上限割合の引上げ、拠出金率の法定上限の引下げを行う。
⑥児童扶養手当の第3子以降の児童に係る加算額を第2子に係る加算額と同額に引き上げる。
⑦ヤングケアラーを国・地方公共団体等による子ども・若者支援の対象として明記。
⑧基準を満たさない認可外保育施設の無償化に関する時限的措置の期限到来に対する対応を行う。

（3）共働き・共育ての推進　【①雇用保険法等、②国民年金法】
①両親ともに育児休業を取得した場合に支給する出生後休業支援給付及び育児期に時短勤務を行った場合に支給する育児時短就業給付を創設する。
②自営業・フリーランス等の育児期間中の経済的な給付に相当する支援措置として、国民年金第1号被保険者の育児期間に係る保険料の免除措置を創設する。

2. 子ども・子育て支援特別会計（いわゆる「こども金庫」）の創設　【特別会計に関する法律】

こども・子育て政策の全体像と費用負担の見える化を進めるため、年金特別会計の子ども・子育て支援勘定及び労働保険特別会計の雇用勘定（育児休業給付関係）を統合し、子ども・子育て支援特別会計を創設する。

3. 子ども・子育て支援金制度の創設　【①④子ども・子育て支援法、②医療保険各法等】

①国は、1（1）①②、（2）②、（3）①②（3）(注1)に必要な費用に充てるため、医療保険者から子ども・子育て支援納付金を徴収することとし、額の算定方法、徴収の方法、社会保険診療報酬支払基金による徴収事務等を定める。
②医療保険者が被保険者等から徴収する保険料に納付金の納付に要する費用（子ども・子育て支援金）を含めることとし、医療保険制度の取扱いを踏まえた被保険者等への賦課・徴収の方法、国民健康保険等における低所得者軽減措置等を定める。
③歳出改革と賃上げによって実質的な社会保険負担軽減の効果を生じさせ、その範囲内で、令和8年度から令和10年度にかけて段階的に導入し、各年度の納付金総額を定める。
④令和6年度から令和10年度までの各年度に限り、(注1)に必要な費用に充てるため、子ども・子育て支援特例公債を発行できること等とする。

施 行 期 日

令和6年10月1日
（ただし、1(2)⑦は公布日、1(2)⑥は令和6年11月1日、1(1)②、(2)①③④⑤、(3)①、2は令和7年4月1日、1(1)②、3②は令和8年4月1日、1(3)②は令和8年10月1日に施行する。）

注1：子ども・子育て支援法に位置づけることに伴い、同法の目的・「子ども・子育て支援」の定義に、子どもを持つことを希望する者が安心して子どもを生み、育てることができる社会の実現・環境の整備を追加し、同法の趣旨を明確化する。
注2：この他、子ども・子育て支援法第58条の9第6項第3号イについて、規定の修正を行う。

おわりに　〜これからも続く少子化対策〜

　今般の少子化対策が"異次元"か否かは見方によって議論が分かれるかもしれないが、ここまで本書を読み進めてくれた読者は、異次元の少子化対策の核となるこども未来戦略の策定にあたり、国際的な動向も踏まえながら広範に議論・検討がなされ、それぞれの政策について従前よりも踏み込んだ政策が盛り込まれたことを理解してくれたのではないだろうか。しかしながら、新聞やテレビの世論調査では、政府の少子化対策に期待しないとの声が大半を占めている。世論の評価の低さは否めない。子育て政策の主たる受益者である若い世代の評価が低いことも正直に言えば想定外だった。

　なぜ評価が低いのか。ひとつには「少子化対策が期待できるか」との問いの立て方にあるのかもしれない。我が国が長年にあたり少子化対策に取り組んでいながら、少子化の進行を食い止められなかったのは明らかだ。こうした中で、少子化対策の実効性そのものへの期待も薄れてしまっているのかもしれない。

　またひとつには実現可能性に疑問がもたれた点があるのかもしれない。我々は冒頭にも述べたように少子化対策を財源とセットで決めるのではなく、国民の理解を得るために、必要なこども・子育て支援策の中身を先に決めた上で、その予算と必要な財源を示すという通常とは異なる政策プロセスを経た。それらの必要な政策を骨太の方針に期限付きで明記したことは、政府として何としても財源を確保し実行に移すとの意思表示に他ならないが、その具体の内容は毎年の予算編成プロセスや毎度の公的価格の決定プロセスに譲らざるを得ない。こうしたことが十分に伝わらずに、財源の先送り、すなわち実現するかどうかわからないとの評価につながってしまった可能性がある。

しかし、2023年末のこども未来戦略で財源構成がはっきりした後も世間の評価は向上しない。いやむしろ、その財源のあり方も含め、批判に晒されている。こども政策に限らずその新たな政策を実施するにあたって、いつの時も鬼門となるのは「財源」である。

　財源を生み出す手法としては、歳出削減、消費税・所得税等、社会保険、国債といった選択肢があるが、実は異次元の少子化対策の議論が始まる前から、こども政策の強化について、施策と財源の粗々の検討が水面下で進められていた。「財源」に関する検討舞台裏をここで明らかにすれば、そこでは、数千億円から1〜2兆円の規模をイメージしながら、まずは消費税、社会保険等の財源についての議論があった。その後、消費税案については、現下の経済情勢では厳しいことから選択肢から早々に外れた。また、社会保険案も考えられるところではあったが、社会保険は働く人の負担で賄われており、働く人の負担によって子育て世帯（働く人）を支えるのは適切ではない（社会全体で子育て世帯を支えるべき）という観点から、これも選択肢から外れた。まず歳出削減を徹底して行うことが重要という認識の下、当初は歳出削減で8割、残りの2割を企業や個人の追加的な拠出金で支えるようなイメージもあったが、国民負担を考え、最終的には全額を歳出削減で賄い、「実質的な追加負担をなくす」という結論となった。

　「実質的な追加負担をなくす」の「実質的な」は、高齢化による社会保障費の自然増は避けられない中で、社会保障費の名目ベースでの増加をなくすのではなく、徹底した歳出削減を通じて社会保障費の増加を自然増の範囲内に抑えるという意味である。

　こども・子育て政策を赤字国債で対応し続けるのは現実的ではない。こども・子育て政策は将来への投資なので、建設国債と同じく「こども国債」で対応すべきという意見も聞くことがあるが、国債は安定財源の確保や財政の信認確保の観点から問題が大きい。世界的に見ても、こども・子育て政策は国債ではなく安定財源の確保によって実行されている。こども未来戦略では、このような状況を踏まえつつ、一方で財源の確保

を待ってこども・子育て政策の充実が後れをとることのないよう、安定財源を確保するまでの間、こども特例公債を発行することにより施策の前倒しでの実行を可能としている。

　上記のとおり、今回の財源は、既存予算の組み替えや社会保障の改革、成長の果実の還元を通じて確保されるため、子育て当事者には圧倒的に給付増となるものである。なぜ「実質的な追加負担なし」としているのに、各医療保険に平均500円弱の徴収金をお願いするのか[55]。医療保険によっては、上記の平均額を大きく上回る可能性がありながらも、なぜそれでも「負担なし」と言い切れるのか[56]。我が国の複雑な社会保障制度への理解がなければ、いずれの説明も腑に落ちることはないだろう。

　政府は、こうした状況を直視し、よりわかりやすく、丁寧に、粘り強く、国民に説明し続けなければならない。

　他方で、行政だけでなく、立法府にも未来のこども達のために責任ある言動が求められる。こども・子育て政策を含む社会保障制度が当事者にとって予見可能性があり持続可能であるためには、政権交代があっても変更されない与野党での共通のコンセンサスを築いていく必要がある。

　この点、今の野党第一党である立憲民主党の財源の考え方をみても不安が募るばかりである。泉代表は、児童手当の第1子から高校卒業年次までの月1万5千円の支給、全てのこどもの国公立大学の無償化と私立大学生や専門学校生への国公立大学と同額程度の負担軽減、公立小中学校の給食費無償化等の施策を、基金や委託事業、天下りの見直しによる歳出削減や所得税の累進性の強化、金融所得課税の見直し等によって実行すると説明している。この場合、予算は4兆円は追加で必要になると見込まれる一方、所得税の累進性の強化では最高税率の90％にしても財源は1兆円いくかどうかであり、金融所得課税の見直しでも多く見積もっても2,000億円程度の財源しか確保できず非現実的と言わざるを得ない。

　また、野党第二党である維新の会は、後期高齢者の医療費の窓口負担

を原則3割に引き上げる政策を掲げた。これは、一部保険料に上乗せする政府の支援金制度案に対し、働く世代ではなく高齢者から徴収して子育て予算にまわすとの維新の会の意思表示かもしれない。しかし、後期高齢者の医療費の窓口負担は既に現役並み所得の人は3割負担、一定の所得の人は2割負担であり、後期高齢者の医療費（総額18.4兆円）のうち窓口負担分は8％（1.5兆円）となっている[57]。3割負担だと上記18.5兆円の30％（5.6兆円）の財政効果が生じると思うかもしれないが、高額療養費制度など自己負担額には上限がある。実際、3割負担である現役世代を含めてみると、国民医療費（総額48兆円）のうち窓口負担は14％（7兆円）にとどまっている[58]。政府の歳出改革の徹底等の取組の中に既に医療・介護保険における金融所得の反映の在り方の検討や高齢者の医療・介護の3割負担（現役並み所得）の判断基準等の見直しなどは入っており、維新案で子育て予算をカバーできるほどの財源を捻出できるかは甚だ疑問である。子ども・子育て支援法等の改正法案の審議に際して、支援金制度の代替として、立憲民主党は、国が日銀保有のETFについて交付国債を発行し、簿価で買い取ったうえで、その分配金収入を当てること、維新の会は、議員定数の削減、行政改革等による歳出削減や国の不要資産の売却等を行うことなどとする対案を出した。立民案は日銀の財務状況の悪化、交付国債の償還財源確保、金融為替市場への影響に加え、日銀による国庫納付金がその分減少するので安定財源の確保とならない、維新案は歳出削減は既に政府案にも含まれており何をどれくらい削減すれば毎年1兆円もの安定財源が確保できるのか不透明であるとの課題がある。繰り返しになるが、安定財源の捻出に関して、魔法の杖を見つけ出すことは政府・与野党問わず、容易ではない。

　野党案をいたずらに批判するつもりはない。各党の少子化対策の中にも傾聴に値するものも数多くある。令和臨調[59]など、超党派でこども・子育て政策を含む社会保障の持続性を議論する動きもあり、仮に政権交代であっても若者や子育て当事者にとって予見性の高い安定的・継続的な少子化対策を実行していく意味においても、こうした超党派の今後の

議論の広がりに期待したい。

　更なる財源確保のあり方について問われることがある。政府の方針は3年間の加速化プラン実施後もこども予算を増やし2030年代初頭までに現在の予算を倍増させるとしているからだ。となれば、加速化プラン後のこども政策の実施にも数兆円の安定財源を要することになる。

　私は、今の段階で更なる財源を議論することは時期尚早と考えている。こども予算は、保険、公費（国、自治体）、企業拠出金、公債など様々な財源で賄われており、財源の構成は予算の構成に左右される。こうした考えに立ち、加速プラン策定の際にも、2023年3月末にまずは試案において採るべき少子化対策の中身を決めた上で、その年末に財源のあり方を決定した。加速プラン後はPDCAサイクルを回した上で更なる少子化対策を検討するとしているので、財源を口にするのはいくら何でも早過ぎると言える。ただ、決め方については、かつての社会保障と税の一体改革の時のように、必要な少子化対策を議論する段階から政府与党だけで決めずに与野党協議で進めていくことは工夫のひとつだと思う。その方が、財源の議論の際にいたずらに政局となるのを避けることができる。

　いずれにせよ、少子化対策に奇策はない。政府にできることは、国民ひとりひとりの「こどもを持ちたいけど持てない」との境遇に寄り添い、その障壁をひとつひとつ取り除き、希望を叶えられる環境づくりを実現するしかない。それを加速化プランの3年間とそれに続く2030年代初頭までのこども予算倍増に向けた政策を着実に実施し、こども・子育て支援の充実を実感してもらうほかない。また、政府の発信が十分でないことを重く受け止めつつ、少子化対策は、若者や子育て世代だけでなくこども・子育てに直接関係のない人達にとっても重要な政策課題であることを粘り強く伝えていくことも必要だ。私は2023年9月13日をもって少子化大臣の任を離れることとなったが、引き続き自民党におけるこども政策の責任の一端（「こども・若者」輝く未来創造本部事務局長）を担うことになった。こども未来戦略だけでも6、7年に及ぶ長期の計

画である。更に、少子化対策のニーズそのものも時代とともに変化していくことを考えれば、こども未来戦略の実行を無事終えて、少子化トレンドが反転したとしても、少子化対策がそれで終わりということにはならないだろう。末筆として、一人でも多くの国民がこどもを持ちたいとの希望を叶えられるよう、そこで生まれたこども達が社会全体で育まれていくよう、その結果として、社会の根幹を支える人口が回復し社会が持続可能なものとなるよう、少子化対策の取組に微力ながらこれからも力を尽くすことを申し上げたい。本書を通じて少しでも我が国の少子化対策への理解が進めば筆者にとって望外の喜びである。

　最後に、本書を執筆するに際して、意見交換をさせていただき、貴重な示唆をいただいた各方面の方々には厚く御礼を申し上げたい。

　特にこども家庭庁の伊澤知法氏、佐藤勇輔氏、本後健氏、山口正行氏には、専門家としての現場の経験に基づいた様々な知見をいただいた。また総務省の前田茂人氏には専門家との意見交換の場の調整等について協力いただいた。

　この場を借りて深く御礼を申し上げる。

注
55）医療や介護は主として国費と保険料で賄われている。したがって、社会保障改革の効果も国費と保険料双方に現れる。国費については歳出削減分をそのまま一般会計の中でこども予算に振り替えることができるが、保険料については医療費に使用するとして徴収したものをそのままこども政策に使うことはできない。社会保険は税と異なり「受益と負担」の明確化が原則だからだ。そこで、各医療保険の理解を得るべく、支援金制度を創設しその負担金として別枠で徴収し特別会計で見える化した上でこども政策に支出することになった。しかし、この徴収金が（公費と同様、歳出削減の範囲内であるにもかかわらず）追加的な負担と誤解され批判を受けることになった。

56）支援金制度は歳出削減の範囲内で行う。医療保険毎に徴収金の金額も異なり、加入者の平均所得が高い医療保険ほど徴収金も高額となるが、そうした医療保険はそもそもの拠出額も大きいため、歳出削減の効果も当然大きくなる。したがって、各医療保険で徴収金と歳出削減額は概ね一致し相殺されることになる。もっとも、我が国の社会保障制度は非常に複雑であるため、完全に一致するわけではない。そこで、全ての医療保険で追加負担が生じないと言い切ると、ミクロでみれば追加負担が生じる医療保険も出てくる可能性を否定できないため、全ての医療保険で追加負担が生じないと誤解されないよう（本文で説明した事情に加え）「実質的」との枕

172

詞がつくことになった。このことは常に留保をおく霞ヶ関文学としては正しいのか
もしれないが、国民にはそれがかえってわかり難く批判を呼んでいるようにも感じ
る。

57）令和 4 年度予算ベース
58）令和 5 年度予算ベース
59）2022 年 6 月 19 日に発足した、令和国民会議のこと。「日本社会と民主主義の持続
　　可能性」をキーワードに、日本社会の人的・知的・制度的な基盤を少しでも豊かに
　　し、次の時代に引き継ぐことを目的に活動。平成から先送りされてきた構造改革課
　　題、特に世代や党派、立場を超えて取り組まなければ前に進まない課題に取り組む
　　共同代表会議のこと。

参考資料

(1) こども・子育て政策の強化について（試案）〜次元の異なる少子化対策の実現に向けて〜（令和5年3月31日 こども政策担当大臣）
※本文中の下線は筆者がポイントとなる部分に追記したものである。

こども・子育て政策の強化について（試案）
〜次元の異なる少子化対策の実現に向けて〜

はじめに

○我が国の少子化は深刻さを増しており、静かな有事とも言える状況にある。昨年の出生数は80万人を割り込み、過去最少となる見込みであり、政府の予測よりも8年早いペースで少子化が進んでいる。少子化の問題はこれ以上放置できない待ったなしの課題である。

○多くの若者が「いずれは結婚したい」と思い、また、結婚した夫婦の多くが「こどもがいると生活が楽しく心が豊かになる」と考え、こどもを持ちたいと思っているにもかかわらず、結婚できず、希望する数のこどもを持てない状況が続いている。

○結婚やこどもを産み、育てることに対する多様な価値観・考え方を尊重しつつ、若い世代が希望通り結婚し、希望する誰もがこどもを産み、育てることができるようにすること、すなわち、個人の幸福追求を支援することで、結果として少子化のトレンドを反転させること、これが少子化対策の目指すべき基本的方向である。

○同時に、少子化・人口減少のトレンドを反転させることは、経済活動の活性化、社会保障機能の安定化、労働供給や地域・社会の担い手の増加など、我が国の社会全体にも寄与する。「未来への投資」としてこども・子育て政策を強化するとともに、社会全体でこども・子育てを支えていくという意識を醸成していく必要がある。

○こうした観点から、本年1月の岸田総理からの指示を受け、こども・子育て政策の強化に向けて、集中的に検討するため、こども政策担当大臣の下、関係府省により構成される「こども政策の強化に関する関係府省会議」（以下「関係府省会議」という。）を開催した。

○関係府省会議では、総理指示で示された3つの基本的方向性を踏まえつつ、学識経験者や子育て当事者などからのヒアリングを重ね、計6回にわたり議論を行った。また、並行して、国内各地で総理主催の「こども政策対話」を3回にわたり開催し、子育て当事者の方々から直接意見を伺う取組も行ってきた。

○本試案は、上記の経緯を踏まえ、我が国のこども・子育て政策を抜本的に強化し、少子化の傾向を反転させるため、今後3年間で加速化して取り組むこども・子育て政策と、こども・子育て政策が目指す将来像を取りまとめたものであり、今後、本年6月の「経済財政運営と改革の基本方針2023」（以下「骨太の方針2023」という。）に向け、総理の下で更に検討を深めていく。

I　こども・子育て政策の現状と課題

1. これまでの政策の変遷〜1.57ショックからの30年〜

○我が国で「少子化」が政策課題として認識されるようになったのは、1990年のいわゆる「1.57ショック」以降である。戦後最低の出生率となったことを契機に、政府は対策をスタートさせ、1994年12月には4大臣（文部・厚生・労働・建設）合意に基づく「エンゼルプラン」が策定された。

○これに基づき「緊急保育対策等5か年事業」として、保育の量的拡大、多様な保育（低年齢児保育、延長保育等）の充実などについて、数値目標を定めて取組が進められたが、同時期に「ゴールドプラン」に基づき基盤整備を進めた高齢社会対策と比べるとその歩みは遅く、また、施策の内容も保育対策が中心であった。

○2000年代に入ると対策の分野は保育だけでなく、雇用、母子保健、教育等にも広がり、2003年には「少子化社会対策基本法」が制定された。翌年には「少子化社会対策大綱」が閣議決定され、少子化対策は政府全体の取組として位置付けられるようになった。

○また、「次世代育成支援対策推進法」により、2005年4月から、国や地方公共団体に加え、事業主も行動計画を策定することとなり、職域における「両立支援」の取組が進められるようになった。

○このように法的な基盤は整えられていったものの、こども・子育て分野への資源投入は限定的であり、例えば家族関係社会支出の対GDP比は、1989年度の0.36％に対し、1999年度には0.53％とわずかな伸びにとどまった。

○2010年代に入り、「社会保障と税の一体改革」の流れの中で大きな転機が訪れた。消費税率の引上げに伴う社会保障の充実メニューとして、こども・子育て

分野に0.7兆円規模の財源が充てられることとなり、さらに、2017年には「新しい経済政策パッケージ」により、「人づくり革命」の一環として追加財源2兆円が確保された。

○こうした安定財源の確保を背景に、待機児童対策、幼児教育・保育の無償化、高等教育の無償化などの取組が進められ、待機児童は一部の地域を除きほぼ解消に向かうなど、一定の成果を挙げた。これらにより、家族関係社会支出の対GDP比は、2013年度の1.13%から2020年度には2.01%まで上昇し、また、国の少子化対策関係予算についても、当初予算ベースで2013年度の約3.3兆円から2022年度には約6.1兆円と過去10年でほぼ倍増した。

2. こども・子育て政策の課題

○こども・子育て政策については、過去30年という流れの中で見れば、その政策領域の拡充や安定財源の確保に伴い、待機児童が大きく減少するなど一定の成果はあったものの、少子化傾向には歯止めがかかっていない状況にある。

○少子化の背景には、経済的な不安定さや出会いの機会の減少、仕事と子育ての両立の難しさ、家事・育児の負担が依然として女性に偏っている状況、子育ての孤立感や負担感、子育てや教育にかかる費用負担など、個々人の結婚・妊娠・出産・子育ての希望の実現を阻む様々な要因が複雑に絡み合っている。

(1) 若い世代が結婚・子育ての将来展望が描けない

○若い世代（18～34歳の未婚者）の結婚意思は、近年、「一生結婚するつもりはない」とする者の割合が増加傾向であるが、一方で、依然として男女の8割以上が「いずれ結婚するつもり」と考えている。また、未婚者の希望する子ども数は減少傾向が続き、直近では男性で1.82人、女性で1.79人であり、女性では初めて2人を下回った。

○有配偶率をみると、男性の場合、雇用形態の違いによる差が大きく、正規職員・従業員の場合の有配偶率は25～29歳で30.5%、30～34歳で59.0%であるのに対し、非正規の職員・従業員の場合はそれぞれ12.5%、22.3%になり、非正規のうちパート・アルバイトでは、それぞれ8.4%、15.7%である。また、年収別にみると、いずれの年齢層でも一定水準までは年収が高い人ほど配偶者のいる割合が高い傾向にある。

○実際の若者の声としても、「自分がこれから先、こどもの生活を保障できるほどお金を稼げる自信がない」「コロナ禍で突然仕事がなくなったり、解雇されたりすることへの不安が強くなった」などの意見が出されている。

○このように、若い世代が結婚やこどもを産み、育てることへの希望を持ちながらも、所得や雇用への不安等から、将来展望が描けない状況にある。

(2) 子育てしづらい社会環境や子育てと両立しにくい職場環境がある

○「自国はこどもを生み育てやすい国だと思うか」との問いに対し、スウェーデン、フランス、ドイツでは、いずれも約8割が「そう思う」と回答しているのに対し、日本では約6割が「そう思わない」と回答している。また、「日本の社会が結婚、妊娠、こども・子育てに温かい社会の実現に向かっているか」との問いに対し、約7割が「そう思わない」と回答している。

○子育て中の方々からも「電車内のベビーカー問題など、社会全体が子育て世帯に冷たい印象」「子連れだと混雑しているところで肩身が狭い」などの声があがっており、公園で遊ぶこどもの声に苦情が寄せられるなど、社会全体の意識・雰囲気がこどもを産み、育てることをためらわせる状況にある。

○また、全世帯の約3分の2が共働き世帯となる中で、未婚女性が考える「理想のライフコース」は、出産後も仕事を続ける「両立コース」が「再就職コース」を上回って最多となっているが、実際には女性の正規雇用における「L字カーブ」の存在など、理想とする両立コースを阻む障壁が存在している。

○女性（妻）の就業継続や第2子以降の出生割合は、夫の家事・育児時間が長いほど高い傾向にあるが、我が国の夫の家事・育児関連時間は2時間程度と国際的にみても低水準である。また、子がいる共働きの夫婦について平日の帰宅時間は女性よりも男性の方が遅い傾向にあり、保育園の迎え、夕食、入浴、就寝などの育児負担が女性に集中する「ワンオペ」になっている傾向もある。

○実際の若者の声としても「女性にとって子育てとキャリアを両立することは困難」「フルタイム共働きで子育ては無理があるかもしれない」といった声があがっている。

○一方で、男性についてみると、正社員の男性について育児休業制度を利用しなかった理由を尋ねた調査では、「収入を減らしたくなかった（41.4%）」が最も多かったが、「育児休業制度を取得しづらい職場の雰囲気、育児休業取得への職場の無理解（27.3%）」「自分にしかできない仕事や担当している仕事があった（21.7%）」なども多く、制度はあっても利用しづらい職場環境が存在していることが伺われる。

(3) 子育ての経済的・精神的負担感や子育て世帯の不公平感が存在する

○夫婦の平均理想子ども数、平均予定子ども数は2000年代以降、ゆるやかに低

○下してきており、直近では、理想子ども数は 2.25 人、予定子ども数は 2.01 人となっている。理想の子ども数を持たない理由としては、「子育てや教育にお金がかかりすぎるから」という経済的理由が 52.6％で最も高く、特に第 3 子以降を持ちたいという希望の実現の大きな阻害要因となっている。

○また、妻の年齢別にみると、35 歳未満では経済的理由が高い傾向にあるが、35 歳以上の夫婦では、「ほしいけれどもできないから」といった身体的な理由が高い。また、いずれの世代も「これ以上、育児の心理的、肉体的負担に耐えられないから」が高い。

○これまでのこども・子育て政策の中では、保育対策にかなりの比重をおいてきたが、0 - 2 歳児の約 6 割はいわゆる未就園児であり、こうした家庭の親の多く集まる子育て支援拠点が行った調査によれば、拠点を利用する前の子育て状況として「子育てをしている親と知り合いたかった」「子育てをつらいと感じることがあった」「子育ての悩みや不安を話せる人がほしかった」など、「孤立した育児」の実態が見られる。

○一方で、在宅の子育て家庭を対象とする「一時預かり」「ショートステイ」「養育訪問支援」などの整備状況は、未就園児 1 人当たりでみると一時預かりは年間約 2.86 日、ショートステイは年間約 0.05 日、養育支援訪問は年間約 0.1 件など、圧倒的に整備が遅れている。

○実際の若者の声としても「教育費が昔より高くなっているので、経済的負担を考えると 1 人しか産めなさそう」「住居費などの固定費に対してお金がかかる」といった負担感のほか、「親の所得でこどもへの支援の有無を判断すべきではない」といった子育て世帯の不公平感を指摘する声もある。保護者がこどもを安心して任せることができるよう、公教育を再生するための施策を進めていくことが重要である。

○また、子育て中の世代が負担感をもって子育てしている姿を見ることによって、「こどもがいると今の趣味や自由な生活が続けられなくなる」「こどもを育てることに対する制度的な子育て罰が存在する」など、若い世代が子育てに対してネガティブなイメージを持つようになっているとの指摘もある。

Ⅱ　基本理念

○3 月 17 日の会見で岸田総理から示されたように、若い世代が希望通り結婚し、希望する誰もがこどもを持ち、ストレスを感じることなく子育てができる社会、そして、こどもたちが、いかなる環境、家庭状況にあっても分け隔てなく大切

にされ、育まれ、笑顔で暮らせる社会、これが目指すべき社会の姿である。

1. 若い世代の所得を増やす

○第一に、若い世代が「人生のラッシュアワー」と言われる学びや就職・結婚・出産・子育てなど様々なライフイベントが重なる時期において、現在の所得や将来の見通しを持てるようにすること、すなわち「若い世代の所得を増やす」ことが必要である。

○このため、こども・子育て政策の範疇を超えた大きな社会経済政策として、最重要課題である「賃上げ」に取り組む。また、賃上げが持続的・構造的なものとなるよう、L字カーブの解消などを含め、男女ともに働きやすい環境の整備、希望する非正規雇用の方々の正規化を進める。

○こうした施策を支える基盤として、多様な働き方を効果的に支える雇用のセーフティネットを構築するため、週所定労働時間20時間未満の労働者に対する雇用保険の適用拡大について検討する。さらに、リスキリングによる能力向上支援、日本型の職務給の確立、成長分野への円滑な労働移動を進めるという三位一体の労働市場改革を加速する。

○その際、いわゆる106万円・130万円の壁を意識せずに働くことが可能となるよう、短時間労働者への被用者保険の適用拡大、最低賃金の引上げに取り組む。さらに、106万円・130万円の壁について、被用者が新たに106万円の壁を超えても手取りの逆転を生じさせない取組の支援などを導入し、さらに制度の見直しに取り組む。

○こうした取組とあわせて、「ライフステージを通じた子育てに係る経済的支援の強化」を行うこととし、次章で具体策を掲げる。

2. 社会全体の構造・意識を変える

○第二に、少子化には我が国のこれまでの社会構造や人々の意識に根差した要因が関わっているため、家庭内において育児負担が女性に集中している「ワンオペ」の実態を変え、夫婦が相互に協力しながら子育てし、それを職場が応援し、地域社会全体で支援する社会を作らなければならない。このため、これまで関与が薄いとされてきた企業や男性、さらには地域社会、高齢者や独身者を含めて、皆が参加して、社会全体の構造や意識を変えていく必要がある。こどもまんなか社会に向けた社会全体の意識改革への具体策を次章で掲げる。

○また、企業においても、出産・育児の支援を投資ととらえ、職場の文化・雰囲気を抜本的に変え、男性、女性ともに、希望通り、気兼ねなく育児休業制度を

使えるようにしていく必要がある。同時に、育児休業制度自体も多様な働き方に対応した自由度の高い制度へと強化するとともに、育児休業に加え、職場に復帰した後の子育て期間における「働き方」も変えていく必要がある。このため、働き方改革の推進とそれを支える育児休業制度等の強化などに強力に取り組んでいくこととし、次章で具体策を掲げる。

3. 全ての子育て世帯を切れ目なく支援する

○第三に、様々な子育て支援策に関しては、親の就業形態に関わらず、どのような家庭状況にあっても分け隔てなく、ライフステージに沿って切れ目なく支援を行い、多様な支援ニーズにはよりきめ細かい対応をしていくこと、すなわち「全ての子育て世帯を切れ目なく支援すること」が必要である。

○これまでも保育所の整備、幼児教育・保育の無償化など、こども・子育て政策を強化してきたが、この 10 年間で社会経済情勢は大きく変わるとともに、今後、取り組むべき子育て支援政策の内容も変化している。

○具体的には、経済的支援の拡充、社会全体の構造・意識の改革に加え、子育て支援サービスの内容についても、
・親が働いていても、家にいても、全ての子育て家庭を等しく支援すること
・幼児教育・保育について、量・質両面からの強化を図ること
・これまで比較的支援が手薄だった、妊娠・出産時から 0 〜 2 歳の支援を強化し、妊娠・出産・育児を通じて、全ての子育て家庭の様々な困難・悩みに応えられる伴走型支援を強化すること
・貧困の状況にある家庭、障害のあるこどもや医療的ケアが必要なこどもを育てる家庭、ひとり親家庭などに対してよりきめ細かい対応を行うこと
などが必要となっている。

○こうした観点から、子育て支援制度全体を見直し、全てのこども・子育て世帯について、親の働き方やライフスタイル、こどもの年齢に応じて、切れ目なく必要な支援が包括的に提供される「総合的な制度体系」を構築することが必要であり、次章で具体策を掲げる。

○総合的な制度体系を構築する際に重要なことは、伴走型支援・プッシュ型支援への移行である。従来、当事者からの申請に基づいて提供されてきた様々な支援メニューについて、行政が切れ目なく伴走する、あるいは支援を要する方々に行政からアプローチする形に、可能なかぎり転換していく。

Ⅲ　今後3年間で加速化して取り組むこども・子育て政策

(2030年は少子化対策の「分水嶺」)

○我が国の出生数は2000年代に入って急速に減少しており、1990年から2000年までの10年間の出生数は約3％の減少であるのに対し、2000年から2010年は約10％の減少、2010年から2020年は約20％の減少となっている。さらに、コロナ禍の3年間（2020～2022年）で婚姻件数は約10万組減少、未婚者の結婚希望や希望こども数も大幅に低下・減少している。このままでは、2030年代に入ると、我が国の若年人口は現在の倍速で急減することになり、少子化はもはや歯止めの利かない状況になる。

(こども・子育て支援加速化プラン)

○2030年代に入るまでのこれからの6～7年が、少子化傾向を反転できるかどうかのラストチャンスであり、少子化対策は待ったなしの瀬戸際にある。このような認識の下、取組を加速化させるため、今後3年間を集中取組期間として、「こども・子育て支援加速化プラン」（以下「加速化プラン」という。）に取り組む。

○加速化プランで掲げる以下の各項目については、次のような考え方に基づき、優先的に取り組む。

①国際比較において相対的に割合が低い現金給付政策を強化する。その際、まず、全てのこどもの育ちを支える経済的支援の基盤を強化する。

②待機児童対策などに一定の成果が見られたことも踏まえ、子育て支援については、量の拡大から質の向上へと政策の重点を移す。

③こどものライフステージを俯瞰しつつ、これまで相対的に対応が手薄であった年齢層を含め全年齢層への切れ目ない支援を実現する。

④上記①～③の基盤に立って、社会的養護や障害児支援など、多様な支援ニーズについては、支援基盤の拡充を中心に速やかに取り組む。

⑤共働き・共育てを推進するため、中小企業への支援を大幅に強化しつつ、特に男性育休の推進について、取組を加速化させる。

⑥上記の施策の拡充と併せ、社会全体でこども・子育てを応援していくための意識改革を推進する。

1.　ライフステージを通じた子育てに係る経済的支援の強化

○Ⅱで述べた賃上げや三位一体の労働市場改革、いわゆる「年収の壁（106万円

／130万円）」の見直しなど、若い世代の所得を増やすための経済政策とあわせて、子育てに係る経済的負担を軽減するため、以下の各施策に取り組む。

(1) 児童手当の拡充～全てのこどもの育ちを支える制度へ～

○児童手当については、次代を担う全てのこどもの育ちを支える基礎的な経済支援としての位置付けを明確化する。このため、所得制限を撤廃して、支給期間を高校卒業まで延長するとともに、多子世帯が減少傾向にあることや経済的負担感が多子になるほど強いこと等を踏まえ、手当額についても、諸外国の制度等も参考にしつつ、見直しを行う。

○対象や金額など見直しの具体的内容については、今後、財源の議論と併せて検討し、骨太の方針2023までに結論を得る。

(2) 出産等の経済的負担の軽減～妊娠期からの切れ目ない支援～

○これまで実施してきた幼児教育・保育の無償化に加え、支援が手薄になっている妊娠・出産期から2歳までの支援を強化する。令和4年度第二次補正予算で創設された「出産・子育て応援交付金」（10万円）について、制度化等を検討することを含め、妊娠期からの伴走型相談支援とともに着実に実施する。また、令和5年4月からの出産育児一時金の大幅な引上げ（42万円→50万円）及び低所得の妊婦に対する初回の産科受診料の費用助成を着実に実施するとともに、出産費用の見える化について令和6年度からの実施に向けた具体化を進める。その上でこれらの効果等の検証を行い、出産費用（正常分娩）の保険適用の導入を含め出産に関する支援等の在り方について検討を行う。

(3) 医療費等の負担軽減～地方自治体の取組への支援～

○概ね全ての地方自治体において実施されているこども医療費助成について、国民健康保険の減額調整措置を廃止する。あわせて、適正な抗菌薬使用などを含め、こどもにとってより良い医療の在り方について、今後、国と地方の協議の場などにおいて検討し、その結果に基づき必要な措置を講ずる。

○学校給食費の無償化に向けて、給食実施率や保護者負担軽減策等の実態を把握しつつ、課題の整理を行う。

(4) 高等教育費の負担軽減～奨学金制度の充実と「授業料後払い制度（いわゆる日本版 HECS）（仮称）」の創設～

○教育費の負担が理想の子ども数を持てない大きな理由の一つとなっているとの

声があることから、特にその負担軽減が喫緊の課題とされる高等教育について、着実に取組を進めていく。

○まず、貸与型奨学金について、奨学金の返済が負担となって、結婚・出産・子育てをためらわないよう、減額返還制度を利用可能な年収上限を 325 万円から 400 万円に引き上げるとともに、出産や多子世帯への配慮など、子育て時期の経済的負担に配慮した対応を行う。

○授業料等減免及び給付型奨学金について、低所得世帯の高校生の大学進学率の向上を図るとともに、令和 6 年度から多子世帯や理工農系の学生等の中間層（世帯年収約 600 万円）に拡大する。

○授業料後払い制度（仮称）について、まずは、令和 6 年度から修士段階の学生を対象として導入（※）した上で、更なる支援拡充の在り方について検討を進める。

　※所得に応じた納付が始まる年収基準は 300 万円程度とするとともに、子育て期の納付に配慮し、例えばこどもが 2 人居れば年収 400 万円程度までは所得に応じた納付は始まらないこととする。

○地方自治体による高等教育費の負担軽減に向けた支援を促す方策について、地方創生を推進するデジタル田園都市国家構想交付金の活用を含め、検討する。

(5) 子育て世帯に対する住宅支援の強化〜子育てにやさしい住まいの拡充〜

○理想のこども数を持てない理由の一つとして若い世代を中心に「家が狭いから」が挙げられていることや、子育て支援の現場からも子育て世代の居住環境の改善を求める声があることから子育てにやさしい住まいの拡充を目指し、住宅支援を強化する。

○具体的には、まず、子育て環境の優れた地域に立地する公営住宅等の公的賃貸住宅を対象に、子育て世帯等が優先的に入居できる取組を進める。

○さらに、ひとり親世帯など支援が必要な世帯を含め、子育て世帯が住宅に入居しやすい環境を整備する観点から、空き家の改修や子育て世帯の入居を拒まないセーフティネット住宅など既存の民間住宅ストックの活用を進める。

○あわせて、子育て世帯等が住宅を取得する際の金利負担を軽減するため、住宅金融支援機構が提供する長期固定金利の住宅ローン（フラット 35）について、住宅の広さを必要とする多子世帯に特に配慮しつつ、支援の充実を図る。

○これらの取組に加えて、こどもの声や音などに気兼ねせず入居できる住まいの環境づくりとして、集合住宅の入居者等への子育て世帯に対する理解醸成や、子育て世帯に対して入居や生活に関する相談等の対応を行う居住支援法人に重

点的な支援を講じる。

2. 全てのこども・子育て世帯を対象とするサービスの拡充

(1) 妊娠期からの切れ目ない支援の拡充～伴走型支援と産前・産後ケアの拡充～

○妊娠から産後2週間未満までの妊産婦の多くが不安や負担感を抱いていることや、こどもの虐待による死亡事例の6割が0歳児（うち5割は0カ月児）であることなどを踏まえると妊娠期からの切れ目ない支援と産前・産後ケアの拡充は急務となっている。

○このため、妊娠期から出産・子育てまで、身近な場所で相談に応じ、多様なニーズに応じたサービスにつなぐ「伴走型相談支援」について、地方自治体の取組と課題を踏まえつつ、継続的な実施に向け制度化の検討を進める。その際、手続き等のデジタル化も念頭に置きつつ制度設計を行う。

○産前・産後の心身の負担軽減を図る観点から産後ケア事業の実施体制の強化等を行う。

○女性が、妊娠前から妊娠・出産後まで、健康で活躍できるよう、国立成育医療研究センターに、「女性の健康」に関するナショナルセンター機能を持たせ、女性の健康や疾患に特化した研究を進める。

(2) 幼児教育・保育の質の向上～75年ぶりの配置基準改善と更なる処遇改善～

○待機児童対策の推進により量の拡大は進んだものの、一方で、昨今、幼児教育・保育の現場でのこどもをめぐる事故や不適切な対応事案などにより子育て世帯が不安を抱えており、安心してこどもを預けられる体制整備を急ぐ必要がある。

○このため、保育所・幼稚園・認定こども園の運営費の基準となる公的価格の改善について、公的価格評価検討委員会中間整理（令和3年12月）を踏まえた費用の使途の見える化を進め、保育人材確保、待機児童解消その他関連する施策との関係を整理しつつ、取組を進める。

○具体的には、「社会保障と税の一体改革」以降積み残された1歳児及び4・5歳児の職員配置基準について1歳児は6対1から5対1へ、4・5歳児は30対1から25対1へと改善するとともに、民間給与動向等を踏まえた保育士等の更なる処遇改善を検討する。

(3) 全ての子育て家庭を対象とした保育の拡充〜「こども誰でも通園制度（仮称）」の創設〜

○０−２歳児の約６割を占める未就園児を含め、子育て世帯の多くが「孤立した育児」の中で不安や悩みを抱えており、支援の強化を求める意見があることから、全てのこどもの育ちを応援し、全ての子育て家庭への支援を強化するため、現行の幼児教育・保育給付に加え、就労要件を問わず時間単位等で柔軟に利用できる新たな通園給付の創設を検討する。当面は、未就園児のモデル事業の拡充を行いつつ、基盤整備を進める。あわせて病児保育の充実を図る。

(4) 新・放課後子ども総合プランの着実な実施〜「小１の壁」打破に向けた量・質の拡充〜

○保育の待機児童が減少する一方で、放課後児童クラブの待機児童は依然として1.5万人程度存在し、安全対策についての強化が求められるなど、学齢期の児童が安心・安全にすごせる場所の拡充は急務である。

○このため、全てのこどもが放課後を安全・安心に過ごし多様な体験・活動を行うことができるよう、新・放課後子ども総合プラン（2019年度〜2023年度）による受け皿の拡大を着実に進めるとともに、職員配置の改善などを図る。

(5) 多様な支援ニーズへの対応〜社会的養護、障害児、医療的ケア児等の支援基盤の充実とひとり親家庭の自立支援〜

○児童虐待の相談対応件数が増加を続けるなど、子育てに困難を抱える世帯が顕在化してきている状況を踏まえ、令和４年に成立した改正児童福祉法では、子育て世帯に対する包括的な支援体制の中核を担うこども家庭センターの設置や地域における障害児支援の中核的役割を担う児童発達支援センターの位置づけの明確化などが行われた。

○また、こどものいる世帯の約１割はひとり親世帯であり、その約５割が相対的貧困の状況にあるなど、ひとり親家庭の自立と子育て支援は喫緊の課題となっている。

○多様なニーズを有する子育て世帯への支援については、今後、こども家庭庁の下で策定される「こども大綱」の中できめ細かい対応を議論していくが、加速化プランにおいては、支援基盤や自立支援の拡充に重点を置き、以下の対応を中心に進める。

（社会的養護・ヤングケアラー等支援）

○子育てに困難を抱える世帯やヤングケアラー等への支援を強化するため、児童福祉法改正により令和6年度から実施される「こども家庭センター」の体制強化を図るとともに、新たに法律に位置付けられる子育て世帯訪問事業等を拡充する。また、社会的養護の下で育ったこどもの自立支援に向けた取組を強化する。

（障害児支援、医療的ケア児支援等）

○障害の有無に関わらず、安心して暮らすことができる地域づくりを進めるため、児童発達支援センターの機能強化により、地域における障害児の支援体制の強化を図るとともに、巡回支援の充実によるインクルージョンを推進する。また、医療的ケア児、聴覚障害児など、専門的支援が必要なこどもたちへの対応のため地域における連携体制を強化する。

（ひとり親家庭の自立促進）

○ひとり親家庭の自立を促進する環境整備を進めるため、ひとり親を雇い入れ、人材育成・賃上げに向けた取組を行う企業に対する支援を強化する。あわせて、看護師・介護福祉士等の資格取得を目指すひとり親家庭の父母に対する給付金制度（高等職業訓練促進給付金制度）について、資格取得期間の短縮・対象資格の拡大など、より幅広いニーズに対応できる制度とする。また、養育費に関する相談支援や取り決めの促進についても強化を図る。

3. 共働き・共育ての推進

(1) 男性育休の取得促進～「男性育休は当たり前」になる社会へ～

○国際的にみても低水準にある夫の家事・育児関連時間を増やし、共働き・共育てを定着させていくための第一歩が男性育休の取得促進である。「男性育休は当たり前」になる社会の実現に向けて、官民一体となって取り組む。このため、制度面と給付面の両面からの対応を抜本的に強化する。

制度面の対応

○まず、制度面では、男性の育休取得率について、現行の政府目標（2025年までに30％）を大幅に引き上げる。具体的には、国・地方の公務員（一般職・一般行政部門常勤）について育休の内容にも留意しつつ、先行的に目標の前倒しを進め、公務員、民間の双方について、以下のように男性の育休取得率の目

標を引き上げる。

　　（男性の育休取得率の目標）

　　<u>2025年　公務員85％（1週間以上の取得率）、民間50％</u>

　　<u>2030年　公務員85％（2週間以上の取得率）、民間85％</u>

　　（参考）民間の直近の取得率：女性85.1％、男性13.97％

○また、<u>次世代育成支援対策推進法の事業主行動計画に男性の育休取得を含めた</u>
<u>育児参加や育休からの円滑な職場復帰支援、育児のための時間帯や勤務地への</u>
<u>配慮等に関する目標・行動を義務付けるとともに、育児・介護休業法における</u>
<u>育児休業取得率の開示制度の拡充を検討する。</u>

　□給付面の対応□

○さらに給付面の対応として、いわゆる「産後パパ育休」（最大28日間）を念頭
に、出生後一定期間内に両親ともに育児休業を取得することを促進するため、
<u>給付率を現行の67％（手取りで8割相当）から、8割程度（手取りで10割相</u>
<u>当）へと引き上げる。</u>

○<u>具体的には、両親ともに育児休業を取得することを促進するため、男性が一定</u>
<u>期間以上の「産後パパ育休」を取得した場合には、その期間の給付率を引き上</u>
<u>げるとともに、女性の産後後の育休取得について28日間（産後パパ育休期間</u>
<u>と同じ期間）を限度に給付率を引き上げる。</u>

○男女ともに、職場への気兼ねなく育休を取得できるようにするため、現行の育
児休業期間中の社会保険料の免除措置及び育休給付の非課税措置に加えて、<u>周</u>
<u>囲の社員への応援手当など育休を支える体制整備を行う中小企業に対する助成</u>
<u>措置を大幅に強化する。</u>

○あわせて、男性育休の大幅な取得増等に対応できるよう、育児休業給付を支え
る財政基盤を強化する。

(2) 育児期を通じた柔軟な働き方の推進〜利用しやすい柔軟な制度へ〜

○育児期を通じて多様な働き方を組み合わせることで、男女で育児・家事を分担
しつつ、育児期の男女がともに希望に応じてキャリア形成との両立を可能とす
る仕組みを構築する。このため、好事例の紹介等の取組を進めるとともに、<u>育</u>
<u>児・介護休業法において、こどもが3歳以降小学校就学前までの場合において、</u>
<u>短時間勤務、テレワーク、出社・退社時刻の調整、休暇など柔軟な働き方を職</u>
<u>場に導入するための制度を検討する。</u>

○あわせて、柔軟な働き方として、男女ともに、短時間勤務をしても手取りが変わることなく育児・家事を分担できるよう、こどもが2歳未満の期間に、時短勤務を選択した場合の給付を創設する。その際、現状の根強い固定的性別役割分担意識の下で、女性のみが時短勤務を選択することで男女間のキャリア形成に差が生じることにならないよう、男女で育児・家事を分担するとの観点も踏まえて、給付水準等の具体的な検討を進める。

○上記の柔軟な働き方についても、男性育休促進と同様に、周囲の社員への応援手当支給等の体制整備を行う中小企業に対する助成措置の大幅な強化とあわせて推進する。

　また、こうした支援に際しては、企業における育児休業制度への取組状況を勘案するなど、実施インセンティブの強化を図る。

○また、こどもが病気の際などに休みにくい等の問題を踏まえ、病児保育の拡充とあわせて、こうした場合に休みやすい環境整備を検討する。具体的には、こどもが就学前の場合に年5日間取得が認められる「子の看護休暇」について、こどもの世話を適切に行えるようにする観点から、対象となるこどもの年齢や休暇取得事由の範囲などについて検討する。

(3) 多様な働き方と子育ての両立支援〜多様な選択肢の確保〜

○子育て期における仕事と育児の両立支援を進め、多様な働き方を効果的に支える雇用のセーフティネットを構築する観点から、現在、雇用保険が適用されていない週所定労働時間20時間未満の労働者についても失業手当や育児休業給付等を受給できるよう、雇用保険の適用拡大に向けた検討を進める。

○自営業・フリーランス等の国民年金の第1号被保険者について、被用者保険の取扱いも踏まえながら、現行の産前・産後期間の保険料免除制度に加えて、育児期間に係る保険料免除措置の創設に向けた検討を進める。

4. こども・子育てにやさしい社会づくりのための意識改革

○上記1〜3で掲げた具体的政策を実効あるものとするためには、行政が責任をもって取り組むことはもとより、こどもや子育て中の方々が気兼ねなく様々な制度やサービスを利用できるよう、地域社会、企業など様々な場で、年齢、性別を問わず、全ての人がこどもや子育て中の方々を応援するといった社会全体の意識改革を進める必要がある。

○例えば、子育て世帯のニーズに応じた多様な支援メニューを用意し、子育てを終えた方や地域の高齢者を含めた「住民参加型」の子育て支援を展開している

自治体、育休取得者の担当業務を引き継ぎ、業務が増加する従業員へ手当を支給することで育休を取りやすい環境づくりをしている中小企業など、実際に取り組まれている好事例も存在する。

○このような、こども・子育てを応援する地域や企業の好事例を共有・横展開していくとともに、こどもや子育て中の方々の気持ちに寄り添いつつ、全ての人ができることから取り組んでいくという機運を醸成していく。具体的な枠組みについては、新たに発足したこども家庭庁の下で検討を進め、今夏頃を目途に取組をスタートさせる。

○政府としても、こども・子育てにやさしい社会づくりのための取組を進める。先行的に、国立博物館など国の施設において、子連れの方が窓口で苦労して並ぶことがないよう、「こどもファスト・トラック」を設けるなどの取組を実施する。こうした取組を他の公共施設、さらに民間施設にも広げていく。

Ⅳ　こども・子育て政策が目指す将来像とPDCAの推進～こどもと向き合う喜びを最大限に感じるための4原則～

○全ての子育て世帯を切れ目なく支援することにより、以下に掲げる「こどもと向き合う喜びを最大限に感じるための4原則」を実現するため、「加速化プラン」については、今後3年間の集中取組期間における実施状況や取組の効果等を検証しつつ、施策の適切な見直しを行い、PDCAを推進していく。

（こどもと向き合う喜びを最大限に感じるための4原則）
1.　こどもを産み、育てることを経済的理由であきらめない

○第一に、こどもを産み、育てることを経済的理由であきらめない社会の実現である。このため、「加速化プラン」の「ライフステージを通じた子育てに係る経済的支援の強化」に基づき実施する施策を着実に進め、その実施状況や効果等を検証しつつ、高等教育費の負担や奨学金の返済などが少子化の大きな要因の一つとなっているとの指摘があることに鑑み、奨学金制度の更なる充実や授業料負担の軽減など、高等教育費の負担軽減を中心に、ライフステージを通じた経済的支援の更なる強化について、適切な見直しを行う。

2.　身近な場所でサポートを受けながらこどもを育てることができる

○第二に、身近な場所でサポートを受けながらこどもを育てることができる社会の実現である。このためには「加速化プラン」の「全てのこども・子育て世帯

を対象とするサービスの拡充」に基づき実施する施策を着実に進め、その実施状況や効果等を検証しつつ、適切な見直しを行う。

3. どのような状況でもこどもが健やかに育つという安心感を持てる

○第三に、どのような状況でもこどもが健やかに育つという安心がある社会の実現である。このためには「加速化プラン」の「全てのこども・子育て世帯を対象とするサービスの拡充」に基づき実施する施策を着実に進め、その実施状況や効果等を検証しつつ、適切な見直しを行う。

4. こどもを育てながら人生の幅を狭めず、夢を追いかけられる

○第四に、こどもを育てながら、キャリアや趣味など人生の幅を狭めることなく、夢を追いかけられる社会の実現である。このためには「加速化プラン」の「共働き・共育ての推進」に基づき実施する施策を着実に進め、その実施状況や効果等を検証しつつ、適切な見直しを行う。

おわりに

○本試案は、長年の課題解決に向けて、まずは必要な政策内容を整理するという観点から取りまとめたものである。今後、この試案をベースに国民的議論を進めていくため、4月以降、内閣総理大臣の下に新たな会議を設置し、更に検討を深めるとともに、こども家庭庁においてこども政策を体系的にとりまとめつつ、6月の骨太の方針2023までに、将来的なこども予算倍増に向けた大枠を提示する。

(2) こども未来戦略～次元の異なる少子化対策の実現に向けて～（令和5年12月22日 こども未来戦略会議）

※本文中の下線は筆者がポイントとなる部分に追記したものである。

こども未来戦略～次元の異なる少子化対策の実現に向けて～

Ⅰ．こども・子育て政策の基本的考え方

～「日本のラストチャンス」2030年に向けて～

○<u>少子化は、我が国が直面する、最大の危機である。</u>

○2022年に生まれたこどもの数は77万759人となり、統計を開始した1899年以来、最低の数字となった。1949年に生まれたこどもの数は約270万人だったことを考えると、<u>こどもの数はピークの3分の1以下にまで減少した</u>。また、2022年の合計特殊出生率は、1.26と過去最低となっている。

○しかも、<u>最近、少子化のスピードが加速している</u>。出生数が初めて100万人を割り込んだのは2016年だったが、2019年に90万人、2022年に80万人を割り込んだ。このトレンドが続けば、2060年近くには50万人を割り込んでしまうことが予想されている。

○そして、少子化は、人口減少を加速化させている。2022年には80万人の自然減となった。<u>今後も、100万人の大都市が毎年1つ消滅するようなスピードで人口減少が進む</u>。現在、日本の総人口は1億2,500万人だが、このままでは、2050年代に1億人、2060年代に9千万人を割り込み、2070年に8,700万人程度になる。わずか50年で、我が国は人口の3分の1を失うおそれがある。

○<u>こうした急速な少子化・人口減少に歯止めをかけなければ、我が国の経済・社会システムを維持することは難しく、世界第3位の経済大国という、我が国の立ち位置にも大きな影響を及ぼす。</u>人口減少が続けば、労働生産性が上昇しても、国全体の経済規模の拡大は難しくなるからである。今後、インド、インドネシア、ブラジルといった国の経済発展が続き、これらの国に追い抜かれ続ければ、我が国は国際社会における存在感を失うおそれがある。

○若年人口が急激に減少する2030年代に入るまでが、こうした状況を反転させることができるかどうかの重要な分岐点であり、2030年までに少子化トレンドを反転できなければ、我が国は、こうした人口減少を食い止められなくなり、持続的な経済成長の達成も困難となる。<u>2030年までがラストチャンスであり、我が国の持てる力を総動員し、少子化対策と経済成長実現に不退転の決意で取</u>

り組まなければならない。

○今回の少子化対策で特に重視しているのは、若者・子育て世代の所得を伸ばさない限り、少子化を反転させることはできないことを明確に打ち出した点にある。もとより、結婚、妊娠・出産、子育ては個人の自由な意思決定に基づくものであって、これらについての多様な価値観・考え方が尊重されるべきであることは大前提である。その上で、若い世代の誰もが、結婚や、こどもを生み、育てたいとの希望がかなえられるよう、将来に明るい希望をもてる社会を作らない限り、少子化トレンドの反転はかなわない。個人の幸福追求を支援することで、結果として少子化のトレンドを反転させること、これが少子化対策の目指すべき基本的方向である。

○このため、政府として、若者・子育て世代の所得向上に全力で取り組む。新しい資本主義の下、賃上げを含む人への投資と新たな官民連携による投資の促進を進めてきており、既に、本年の賃上げ水準は過去 30 年間で最も高い水準となっているほか、半導体、蓄電池、再生可能エネルギー、観光分野等において国内投資が活性化してきている。まずは、こうした取組を加速化することで、安定的な経済成長の実現に先行して取り組む。その中で、経済成長の果実が若者・子育て世代にもしっかり分配されるよう、最低賃金の引上げや三位一体の労働市場改革を通じて、物価高に打ち勝つ持続的で構造的な賃上げを実現する。

○次元の異なる少子化対策としては、（1）構造的賃上げ等と併せて経済的支援を充実させ、若い世代の所得を増やすこと、（2）社会全体の構造や意識を変えること、（3）全てのこども・子育て世帯をライフステージに応じて切れ目なく支援すること、の 3 つを基本理念として抜本的に政策を強化する。

○このように抜本的に政策を強化することにより、こども一人当たりの家族関係支出で見て、我が国のこども・子育て関係予算（GDP 比で 11.0%）は、OECD トップ水準のスウェーデン（15.4%）に達する水準（一定の前提を置いて試算すると 16%程度）となり、画期的に前進する。

○こうした若者・子育て世代の所得向上と、次元の異なる少子化対策を、言わば「車の両輪」として進めていくことが重要であり、少子化対策の財源を確保するために、経済成長を阻害し、若者・子育て世代の所得を減らすことがあってはならない。

○少子化対策の財源は、まずは徹底した歳出改革等によって確保することを原則とする。その際、歳出改革等は、国民の理解を得ながら、複数年をかけて進めていく。

○このため、経済成長の実現に先行して取り組みながら、歳出改革の積上げ等を

待つことなく、2030年の節目に遅れることのないように、前倒しで速やかに少子化対策を実施することとし、その間の財源不足は必要に応じてこども・子育て支援特例公債を発行する。

○経済を成長させ、国民の所得が向上することで、経済基盤及び財源基盤を確固たるものとするとともに、歳出改革等による公費節減と社会保険負担軽減の効果を活用することによって、実質的な負担が生じることなく、少子化対策を進める。少子化対策の財源確保のための消費税を含めた新たな税負担は考えない。

○繰り返しになるが、我が国にとって2030年までがラストチャンスである。全ての世代の国民一人一人の理解と協力を得ながら、次元の異なる少子化対策を推進する。これにより、若い世代が希望どおり結婚し、希望する誰もがこどもを持ち、安心して子育てができる社会、こどもたちがいかなる環境、家庭状況にあっても、分け隔てなく大切にされ、育まれ、笑顔で暮らせる社会の実現を図る。

○この「こども未来戦略」（以下「戦略」という。）では以上の基本的考え方に基づき、これまでにない規模で、全てのこども・子育て世帯を対象にライフステージ全体を俯瞰して、切れ目ない子育て支援の充実を図るとともに、共働き・共育てを推進していくための総合的な対策を推進していく。

○そのためには、制度や施策を策定・実施するだけでなく、その意義や目指す姿を国民一人一人に分かりやすいメッセージで伝えるとともに、施策が社会や職場で活用され、こども・子育て世帯にしっかりと届くよう、企業、地域社会、高齢者や独身者も含め、社会全体でこども・子育て世帯を応援するという気運を高めていく国民運動が必要であり、こうした社会の意識改革を車の両輪として進めていく。

Ⅱ．こども・子育て政策の強化：3つの基本理念

1．こども・子育て政策の課題

○こども・子育て政策については、過去30年という流れの中で見れば、その政策領域の拡充や安定財源の確保に伴い、待機児童が大きく減少するなど一定の成果はあったものの、少子化傾向には歯止めがかかっていない状況にある。

○少子化の背景には、経済的な不安定さや出会いの機会の減少、仕事と子育ての両立の難しさ、家事・育児の負担が依然として女性に偏っている状況、子育ての孤立感や負担感、子育てや教育にかかる費用負担など、個々人の結婚、妊娠・出産、子育ての希望の実現を阻む様々な要因が複雑に絡み合っているが、

とりわけ、こども・子育て政策を抜本的に強化していく上で我々が乗り越えるべき課題としては、以下の3点が重要である。

（1）若い世代が結婚・子育ての将来展望を描けない

○若い世代において、未婚化・晩婚化が進行しており、少子化の大きな要因の一つとなっていると指摘されている。

○若い世代（18～34歳の未婚者）の結婚意思については、依然として男女の8割以上が「いずれ結婚するつもり」と考えているものの、近年、「一生結婚するつもりはない」とする者の割合が増加傾向となっている。さらに、未婚者の希望するこども数については、夫婦の平均理想こども数（2.25人）と比べて低水準であることに加えて、その減少傾向が続いており、直近では男性で1.82人、女性で1.79人と特に女性で大きく減少し、初めて2人を下回った。

○また、雇用形態別に有配偶率を見ると、男性の正規職員・従業員の場合の有配偶率は25～29歳で27.4%、30～34歳で56.2%であるのに対し、非正規の職員・従業員の場合はそれぞれ9.6%、20.0%となっており、さらに、非正規のうちパート・アルバイトでは、それぞれ6.2%、13.0%にまで低下するなど、雇用形態の違いによる有配偶率の差が大きいことが分かる。また、年収別に見ると、いずれの年齢層でも一定水準までは年収が高い人ほど配偶者のいる割合が高い傾向にある。

○実際の若者の声としても、「自分がこれから先、こどもの生活を保障できるほどお金を稼げる自信がない」、「コロナ禍で突然仕事がなくなったり、解雇されたりすることへの不安が強くなった」などの将来の経済的な不安を吐露する意見が多く聞かれる。また、「結婚、子育てにメリットを感じない」との声や、「子育て世帯の大変な状況を目の当たりにして、結婚・出産に希望を感じない」との声もある。

○このように、若い世代が結婚やこどもを生み、育てることへの希望を持ちながらも、所得や雇用への不安等から、将来展望を描けない状況に陥っている。雇用の安定と質の向上を通じた雇用不安の払拭等に向け、若い世代の所得の持続的な向上につながる幅広い施策を展開するとともに、Ⅲ．で掲げる「こども・子育て支援加速化プラン」（以下「加速化プラン」という。）で示すこども・子育て政策の強化を早急に実現し、これを持続していくことが必要である。あわせて、25～34歳の男女が独身でいる理由について、「適当な相手に巡り合わない」とする割合が最も高くなっていることも踏まえた対応も必要である。さらに、幼少期から10代、20代のうちに、こどもと触れ合う機会を多く持つこ

とができるようにすることが重要である。

(2) 子育てしづらい社会環境や子育てと両立しにくい職場環境がある

○「自国はこどもを生み育てやすい国だと思うか」との問いに対し、スウェーデン、フランス及びドイツでは、いずれも約8割以上が「そう思う」と回答しているのに対し、日本では約6割が「そう思わない」と回答している。また、「日本の社会が結婚、妊娠、こども・子育てに温かい社会の実現に向かっているか」との問いに対し、約7割が「そう思わない」と回答している。

○子育て中の方々からも「電車内のベビーカー問題など、社会全体が子育て世帯に冷たい印象」、「子連れだと混雑しているところで肩身が狭い」などの声が挙がっており、公園で遊ぶこどもの声に苦情が寄せられるなど、社会全体の意識・雰囲気がこどもを生み、育てることをためらわせる状況にある。

○こどもや子育て世帯が安心・快適に日常生活を送ることができるようにするため、こどもや子育て世帯の目線に立ち、こどものための近隣地域の生活空間を形成する「こどもまんなかまちづくり」を加速化し、こどもの遊び場の確保や、親同士・地域住民との交流機会を生み出す空間の創出などの取組の更なる拡充を図っていく必要がある。

○また、全世帯の約3分の2が共働き世帯となる中で、未婚女性が考える「理想のライフコース」は、出産後も仕事を続ける「両立コース」が「再就職コース」を上回って最多となっているが、実際には女性の正規雇用における「L字カーブ」の存在など、理想とする両立コースを阻む障壁が存在している。

○女性（妻）の就業継続や第2子以降の出生割合は、夫の家事・育児時間が長いほど高い傾向にあるが、日本の夫の家事・育児関連時間は2時間程度と国際的に見ても低水準である。また、こどもがいる共働きの夫婦について平日の帰宅時間は女性よりも男性の方が遅い傾向にあり、保育所の迎え、夕食、入浴、就寝などの育児負担が女性に集中する「ワンオペ」になっている傾向もある。

○実際の若者の声としても「女性にとって子育てとキャリアを両立することは困難」、「フルタイム共働きで子育ては無理があるかもしれない」といった声が挙がっている。

○一方で、男性について見ると、正社員の男性について育児休業制度を利用しなかった理由を尋ねた調査では、「収入を減らしたくなかった（39.9%）」が最も多かったが、「育児休業制度を取得しづらい職場の雰囲気、育児休業取得への職場の無理解（22.5%）」、「自分にしかできない仕事や担当している仕事があった（22.0%）」なども多く、制度はあっても利用しづらい職場環境が存在し

ていることがうかがわれる。

○こうしたことから、こども・子育て政策を推進するに当たっては、今も根強い固定的な性別役割分担意識から脱却し、社会全体の意識の変革や働き方改革を正面に据えた総合的な対策をあらゆる政策手段を用いて実施していく必要がある。

(3) 子育ての経済的・精神的負担感や子育て世帯の不公平感が存在する

○夫婦の平均理想こども数及び平均予定こども数は 2000 年代以降、ゆるやかに低下してきており、直近では、平均理想こども数は 2.25 人、平均予定こども数は 2.01 人となっている。理想のこども数を持たない理由としては、「子育てや教育にお金がかかりすぎるから」という経済的理由が 52.6%で最も高く、特に第 3 子以降を持ちたいという希望の実現の大きな阻害要因となっている。

○また、妻の年齢別に見ると、35 歳未満では経済的理由が高い傾向にあるが、35 歳以上の夫婦では、「ほしいけれどもできないから」といった身体的な理由が高い。また、いずれの世代も「これ以上、育児の心理的、肉体的負担に耐えられないから」が高い。

○これまでのこども・子育て政策の中では、保育対策にかなりの比重を置いてきたが、0 ～ 2 歳児の約 6 割はいわゆる未就園児であり、こうした家庭の親の多く集まる子育て支援拠点が行った調査によれば、拠点を利用する前の子育て状況として「子育てをしている親と知り合いたかった」、「子育てをつらいと感じることがあった」、「子育ての悩みや不安を話せる人がほしかった」など、「孤立した育児」の実態が見られる。

○一方で、在宅の子育て家庭を対象とする「一時預かり」、「ショートステイ」、「養育訪問支援」などの整備状況は、未就園児 1 人当たりで見ると、一時預かりは年間約 2.86 日、ショートステイは年間約 0.05 日、養育支援訪問は年間約 0.1 件など、圧倒的に整備が遅れている。

○実際の若者の声としても「教育費が昔より高くなっているので、経済的負担を考えると 1 人しか産めなさそう」、「住居費などの固定費に対してお金がかかる」といった負担感のほか、「親の所得でこどもへの支援の有無を判断すべきではない」といった子育て世帯の不公平感を指摘する声もある。

○さらに、子育て家庭が負担感を抱えている現状については、若い世代が子育てに対してネガティブなイメージを持つことにもつながっており、「こどもがいると今の趣味や自由な生活が続けられなくなる」、「こどもを育てることに対する制度的な子育て罰が存在する」などといった指摘の背景ともなっていると考

えられる。

○公教育の再生は少子化対策としても重要であり、こどもを安心して任せること
のできる質の高い公教育を再生し充実させることは、次代を担うこどもたちの
健やかな育成はもとより、若い世代の所得向上に向けた取組の基盤となり得る
ほか、基礎的な教育に係る子育て家庭の負担軽減にもつながるものである。こ
のため、誰一人取り残されない学びの保障に向けた不登校・いじめ対策の推進、
学校における働き方改革の更なる加速化、処遇改善、指導・運営体制の充実、
教師の育成支援の一体的な推進、国策としての GIGA スクール構想の更なる
推進など、公教育の再生に向けた取組を着実に進めていくことが重要である。

○また、学校給食費の無償化の実現に向けて、まず、学校給食費の無償化を実施
する自治体における取組実態や成果・課題の調査、全国ベースでの学校給食の
実態調査を行い、「こども未来戦略方針」の決定から1年以内にその結果を公
表する。

その上で、小中学校の給食実施状況の違いや法制面等も含め課題の整理を丁
寧に行い、具体的方策を検討する。

2.3つの基本理念

○Ⅰ.でも述べたとおり、我々が目指すべき社会の姿は、若い世代が希望どおり
結婚し、希望する誰もがこどもを持ち、安心して子育てができる社会、そして、
こどもたちが、いかなる環境、家庭状況にあっても分け隔てなく大切にされ、
育まれ、笑顔で暮らせる社会である。また、公教育の再生は少子化対策と経済
成長実現にとっても重要であり、以下の基本理念とも密接に関連する。こうし
た社会の実現を目指す観点から、こども・子育て政策の抜本的な強化に取り組
むため、この戦略の基本理念は、以下の3点である。

(1) 若い世代の所得を増やす

○第一に、若い世代が「人生のラッシュアワー」と言われる学びや就職・結婚・
出産・子育てなど様々なライフイベントが重なる時期において、現在の所得や
将来の見通しを持てるようにすること、すなわち「若い世代の所得を増やす」
ことが必要である。

○このため、こども・子育て政策の範疇を越えた大きな社会経済政策として、最
重要課題である「賃上げ」に取り組む。新しい資本主義の下、持続的な成長を
可能とする経済構造を構築する観点から、「質の高い」投資の促進を図りつつ、
「成長と分配の好循環」(成長の果実が賃金に分配され、セーフティネット等に

よる暮らしの安心の下でそれが消費へとつながる）と「賃金と物価の好循環」
（企業が賃金上昇やコストを適切に価格に反映することで収益を確保し、それ
が更に賃金に分配される）という「2つの好循環」の実現を目指す。

○また、賃上げを一過性のものとせず、構造的賃上げとして確固たるものとする
ため、①リ・スキリングによる能力向上支援、②個々の企業の実態に応じた職
務給の導入、③成長分野への労働移動の円滑化の三位一体の労働市場改革につ
いて、「新しい資本主義のグランドデザイン及び実行計画 2023 改訂版」で決定
した事項を、早期かつ着実に実施する。

○さらに、賃上げの動きを全ての働く人々が実感でき、将来への期待も含めて、
持続的なものとなるよう、L字カーブの解消などを含め、男女ともに働きやす
い環境の整備、「同一労働同一賃金」の徹底と必要な制度見直しの検討、希望
する非正規雇用の方々の正規化を含め、雇用の安定と質の向上を通じた雇用不
安の払拭に向けた実効性ある取組を進める。

○こうした施策を支える基盤として、多様な働き方を効果的に支える雇用のセー
フティネットを構築するため、週所定労働時間 10 時間以上 20 時間未満の労働
者を雇用保険の適用対象とすることとし、2028 年度に実施するため、所要の
法案を次期通常国会に提出する。また、いわゆる「年収の壁（106 万円・130
万円）」を意識せずに働くことが可能となるよう、短時間労働者への被用者保
険の適用拡大や最低賃金の引上げに取り組むことと併せて、当面の対応策とし
て、「年収の壁・支援強化パッケージ」を着実に実行し、さらに、制度の見直
しに取り組む。

○また、全国どの地域に暮らす若者・子育て世代にとっても、経済的な不安なく、
良質な雇用環境の下で、将来展望を持って生活できるようにすることが重要で
あり、引き続き、地方創生に向けた取組を促進する。特に、地方において若い
女性が活躍できる環境を整備することが必要であり、地方における分厚い中間
層の形成に向けて、国内投資の拡大を含め、持続的に若い世代の所得が向上し、
未来に希望を感じられるような魅力的な仕事を創っていくための取組を支援し
ていく。

○こうした取組と併せて、Ⅲ．で掲げる「加速化プラン」において、ライフステ
ージを通じた経済的支援の強化や若い世代の所得向上に向けた取組、こども・
子育て支援の拡充、共働き・共育てを支える環境整備などを一体として進め、
若者・子育て世帯の所得を増やすことで、経済的な不安を覚えることなく、若
者世代が、希望どおり、結婚、妊娠・出産、子育てを選択できるようにしてい
く。

(2) 社会全体の構造・意識を変える

○第二に、少子化には我が国のこれまでの社会構造や人々の意識に根差した要因が関わっているため、家庭内において育児負担が女性に集中している「ワンオペ」の実態を変え、夫婦が相互に協力しながら子育てし、それを職場が応援し、地域社会全体で支援する社会を作らなければならない。

○このため、これまで関与が薄いとされてきた企業や男性、さらには地域社会、高齢者や独身者を含めて、皆が参加して、社会全体の構造や意識を変えていく必要がある。こうした観点から、「加速化プラン」においては、こどもまんなか社会に向けた社会全体の意識改革への具体策についても掲げることとする。

○また、企業においても、出産・育児の支援を投資と捉え、職場の文化・雰囲気を抜本的に変え、男性、女性ともに、希望どおり、気兼ねなく育児休業制度を使えるようにしていく必要がある。この点については、特に、企業のトップや管理職の意識を変え、仕事と育児を両立できる環境づくりを進めていくことが重要である。同時に、育児休業制度自体についても、多様な働き方に対応した自由度の高い制度へと強化するとともに、職場に復帰した後の子育て期間における「働き方」も変えていく必要がある。特に、<u>出生率の比較的高い地方から東京圏への女性の流出が続いている現状を踏まえ、全国の中小企業を含めて、女性が活躍できる環境整備を強力に進めていくという視点が重要である。</u>

○<u>働き方改革は、長時間労働の是正により夫婦双方の帰宅時間を早め、育児・家事に充てる時間を十分に確保することや、各家庭の事情に合わせた柔軟な働き方を実現すること等につながる。また、子育て家庭にとってのみならず、事業主にとっても、企業の生産性向上や労働環境の改善を通じた優秀な人材の確保といった効果があることに加えて、延長保育等の保育ニーズの減少を通じて社会的コストの抑制効果が期待されるものでもある。さらに、価値観・ライフスタイルが多様となる中で、子育てに限らない家庭生活における様々なニーズや、地域社会での活動等との両立が可能となるような柔軟で多様な働き方が普及することは、全ての働く人にとってメリットが大きい。このため、特に、働き方改革の実施に課題のある中小企業の体制整備に向けた取組を強力に後押ししていくことが必要である。</u>

○育児休業を取りやすい職場づくりと、育児休業制度の強化、この両方があって、子育て世帯に「こどもと過ごせる時間」を作ることができ、夫婦どちらかがキャリアを犠牲にすることなく、協力して育児をすることができる。このためには、地域や規模に関係なく全ての企業の協力が不可欠であり、働き方改革の推進とそれを支える育児休業制度等の強化など、「加速化プラン」で掲げる具体

的な施策について、政府・経済界・労働界が一体となって、官民挙げて強力に取り組んでいくこととする。

(3) 全てのこども・子育て世帯を切れ目なく支援する

○第三に、様々なこども・子育て支援に関しては、親の就業形態にかかわらず、どのような家庭状況にあっても分け隔てなく、ライフステージに沿って切れ目なく支援を行い、多様な支援ニーズにはよりきめ細かい対応をしていくこと、すなわち「全てのこども・子育て世帯を切れ目なく支援すること」が必要である。

○これまでも保育所の整備、幼児教育・保育の無償化など、こども・子育て政策を強化してきたが、この10年間で社会経済情勢は大きく変わるとともに、今後、取り組むべきこども・子育て支援の内容も変化している。

○具体的には、経済的支援の拡充、社会全体の構造・意識の改革に加え、こども・子育て支援の内容についても、

● 親が働いていても、家にいても、全ての子育て家庭を等しく支援すること

● 幼児教育・保育について、量・質両面からの強化を図ること、その際、待機児童対策などに一定の成果が見られたことも踏まえ、量の拡大から質の向上へと政策の重点を移すこと

● これまで比較的支援が手薄だった、妊娠・出産期から0～2歳の支援を強化し、妊娠・出産・育児を通じて、全ての子育て家庭の様々な困難・悩みに応えられる伴走型支援を強化するなど、量・質両面からの強化を図ること

● 貧困の状況にあるこどもや虐待を受けているこども、障害のあるこどもや医療的ケアが必要なこども、ヤングケアラー、社会的養護の下で暮らすこども、社会的養護経験者（いわゆるケアリーバー）、ひとり親家庭のこどもなど、多様な支援ニーズを有するこども・若者や、これらのこどもの家庭に対してよりきめ細かい対応を行うこと

などが必要となっている。

○こうした観点から、こども・子育て支援に関する現行制度全体を見直し、全てのこども・子育て世帯について、親の働き方やライフスタイル、こどもの年齢に応じて、切れ目なく必要な支援が包括的に提供されるよう、「加速化プラン」で掲げる各種施策に着実に取り組むとともに、「総合的な制度体系」を構築することを目指していく。

○また、「総合的な制度体系」を構築する際に重要なことは、伴走型支援・プッシュ型支援への移行である。従来、当事者からの申請に基づいて提供されてき

た様々な支援メニューについて、行政が切れ目なく伴走する、あるいは支援を要する方々に行政からアプローチする形に、可能な限り転換していくことが求められる。

○さらに、制度があっても現場で使いづらい・執行しづらいという状況にならないよう、「こども政策DX」を推進し、プッシュ型通知や、デジタル技術を活用した手続等の簡素化、データ連携などを通じ、子育て世帯等の利便性向上や健康管理の充実、子育て関連事業者・地方自治体等の手続・事務負担の軽減を図る。なお、こうした「こども政策DX」に積極的に取り組み、各制度の実施に当たってはDXによる効率的な実施を基本とするとともに、関係データの連携、そのデータの利活用を図ることは、Ⅳ．で掲げるPDCAの推進のためにも重要と考えられる。

○また、全国それぞれの地域社会において、地域の実情に応じた包括的な支援が提供されるよう、国と地方自治体が連携して、こども・子育て支援の強化を図っていく必要がある。その際には、地域ごとの多様なニーズに対して、幼児教育・保育事業者はもとより、企業やNPO・NGO、ボランティア団体、地域住民などの多様な主体の参画の下で、それぞれの地域が有する資源を最大限に活用しながら、こども・子育て世帯を地域全体で支えるための取組を促進していくことが重要である。

Ⅲ．「加速化プラン」～今後3年間の集中的な取組～

（これから6～7年がラストチャンス）

○我が国の出生数を1990年以降で見ると、2000年代に入って急速に減少しており、1990年から2000年までの10年間の出生数は約3％の減少であるのに対し、2000年から2010年は約10％の減少、2010年から2020年は約20％の減少となっている。さらに、コロナ禍の3年間（2020～2022年）で婚姻件数は約9万組減少、未婚者の結婚希望や希望こども数も大幅に低下・減少している。

○このままでは、2030年代に入ると、我が国の若年人口は現在の倍速で急減することになり、少子化はもはや歯止めの利かない状況になる。2030年代に入るまでのこれからの6～7年が、少子化傾向を反転できるかどうかのラストチャンスであり、少子化対策は待ったなしの瀬戸際にある。

○このため、以下の各項目に掲げる具体的政策について、「加速化プラン」として、今後3年間の集中取組期間において、できる限り前倒しして実施する。

Ⅲ－1.「加速化プラン」において実施する具体的な施策

1．ライフステージを通じた子育てに係る経済的支援の強化や若い世代の所得向上に向けた取組

(1) 児童手当の抜本的拡充～全てのこどもの育ちを支える制度へ～

○児童手当については、次代を担う全てのこどもの育ちを支える基礎的な経済支援としての位置付けを明確化する。このため、所得制限を撤廃し、全員を本則給付とするとともに、支給期間について高校生年代まで延長する。

　児童手当の多子加算については、こども3人以上の世帯数の割合が特に減少していることや、こども3人以上の世帯はより経済的支援の必要性が高いと考えられること等を踏まえ、第3子以降3万円とする。

　これら、児童手当の抜本的拡充のための所要の法案を次期通常国会に提出し、2024年10月から実施する。その際、児童手当の支払月を年3回から、隔月（偶数月）の年6回とする児童手当法（昭和46年法律第73号）の改正を併せて行い、拡充後の初回の支給を2024年12月とする。

(2) 出産等の経済的負担の軽減～妊娠期からの切れ目ない支援、出産費用の見える化と保険適用～

○これまで実施してきた幼児教育・保育の無償化に加え、支援が手薄になっている妊娠・出産期から2歳までの支援を強化する。令和4年度第二次補正予算で創設された「出産・子育て応援交付金」（10万円）について、2024年度も継続して実施するとともに、2025年度から子ども・子育て支援法（平成24年法律第65号）の新たな給付として制度化することとし、所要の法案を次期通常国会に提出する。くわえて、この新たな給付に伴走型相談支援と組み合わせて実施することを推進し、妊娠期からの切れ目ない支援を着実に実施する。

○本年4月からの出産育児一時金の大幅な引上げ（42万円→50万円）及び低所得の妊婦に対する初回の産科受診料の費用助成を着実に実施するなど、妊婦の経済的負担の軽減を推進するとともに、出産費用の見える化について来年度からの実施に向けた具体化を進める。出産費用の見える化については、本年夏にかけて有識者による検討において公表項目等の整理を行ったところであり、今後、医療機関等の協力を得て、必要な情報の収集やウェブサイトの立ち上げを行う。その上でこれらの効果等の検証を行い、2026年度を目途に、出産費用（正常分娩）の保険適用の導入を含め、出産に関する支援等の更なる強化について検討を進める。あわせて、無痛分娩について、麻酔を実施する医師の確保

を進めるなど、妊婦が安全・安心に出産できる環境整備に向けた支援の在り方を検討する。

(3) 医療費等の負担軽減〜地方自治体の取組への支援〜

○おおむね全ての地方自治体において実施されているこども医療費助成について、国民健康保険の国庫負担の減額調整措置を廃止する。あわせて、適正な抗菌薬使用などを含め、こどもにとってより良い医療の在り方について、社会保障審議会医療保険部会などにおける意見も踏まえつつ検討し、その結果に基づき必要な措置を講ずる。

(4) 高等教育費の負担軽減〜奨学金制度の充実と「授業料後払い制度（いわゆる日本版 HECS)」の創設〜

○教育費の負担が理想のこども数を持てない大きな理由の一つとなっているとの声があることから、特にその負担軽減が喫緊の課題とされる高等教育については、教育の機会均等を図る観点からも、着実に取組を進めていく必要がある。

○まず、貸与型奨学金について、奨学金の返済が負担となって、結婚・出産・子育てをためらわないよう、減額返還制度を利用可能な年収上限について、325万円から400万円に引き上げるとともに、子育て時期の経済的負担に配慮する観点から、こども2人世帯については500万円以下まで、こども3人以上世帯について600万円以下まで更に引き上げる。また、所得連動方式を利用している者について、返還額の算定のための所得計算においてこども1人につき33万円の所得控除を上乗せする。

○授業料等減免及び給付型奨学金について、低所得世帯の高校生の大学進学率の向上を図るとともに、2024年度から多子世帯や理工農系の学生等の中間層（世帯年収約600万円）に拡大する。さらに、高等教育費により理想のこども数を持てない状況を払拭するため、2025年度から、多子世帯の学生等については授業料等を無償とする措置等を講ずることとし、対象学生に係る学業の要件について必要な見直しを図ることを含め、早急に具体化する。

○授業料後払い制度について、まずは、2024年度から修士段階の学生を対象として導入した上で、2025年度からの多子世帯の授業料等の無償化と並行して、学部段階への本格導入に向けた更なる検討を進め、今後の各般の議論を踏まえ、速やかに結論を得る。その財源基盤を強化するため、Ⅲ−2.で後述するHECS債（仮称）による資金調達手法を導入する。

○地方創生を推進するデジタル田園都市国家構想交付金により、地方自治体によ

る高等教育費の負担軽減に向けた支援を促しつつ、大学卒業後に地方に移住する学生への支援を強化する。

(5) 個人の主体的なリ・スキリングへの直接支援

○企業経由が中心となっている国の在職者への学び直し支援策について、働く個人が主体的に選択可能となるよう、5年以内を目途に、効果を検証しつつ、過半が個人経由での給付が可能となるようにしていく。

○その際、教育訓練給付について、訓練効果をより高める観点から、2024年度中に給付率等を含めた拡充を行うとともに、個々の労働者が教育訓練中に生ずる生活費等への不安なく、主体的にリ・スキリングに取り組むことができるよう、2025年度中に訓練期間中の生活を支えるための新たな給付や融資制度を創設するため、所要の法案を次期通常国会に提出する。

(6) いわゆる「年収の壁（106万円／130万円）」への対応

○いわゆる106万円・130万円の壁を意識せずに働くことが可能となるよう、短時間労働者への被用者保険の適用拡大、最低賃金の引上げに引き続き取り組む。

○こうした取組と併せて、人手不足への対応が急務となる中で、壁を意識せずに働く時間を延ばすことのできる環境づくりを後押しするため、当面の対応策として、2023年10月より実施している「年収の壁・支援強化パッケージ」（(1) 106万円の壁への対応（①キャリアアップ助成金のコースの新設、②社会保険適用促進手当の標準報酬算定除外）、(2) 130万円の壁への対応（③事業主の証明による被扶養者認定の円滑化）、(3) 配偶者手当への対応（④企業の配偶者手当の見直し促進））を着実に実行する。また、「年収の壁」を意識せずに働くことが可能になるよう、制度の見直しに取り組む。

(7) 子育て世帯に対する住宅支援の強化〜子育てにやさしい住まいの拡充〜

○こどもや子育て世帯の目線に立った「こどもまんなかまちづくり」を加速化させる。その中で、理想のこども数を持てない理由の一つとして若い世代を中心に「家が狭いから」が挙げられており、また、子育て支援の現場からも子育て世代の居住環境の改善を求める声があることから、子育てにやさしい住まいの拡充を目指し、住宅支援を強化する。

○具体的には、まず、立地や間取りなどの面で子育て環境に優れた公営住宅等の公的賃貸住宅を対象に、必要に応じて住戸の改修支援等を行い、全ての事業主体で子育て世帯等が優先的に入居できる仕組みの導入を働きかける。これによ

り、今後 10 年間で子育て世帯等の居住に供する住宅約 20 万戸を確保する。

○さらに、ひとり親世帯など支援が必要な世帯を含め、子育て世帯が住宅に入居しやすい環境を整備する観点から、改正空家等対策特別措置法に基づく空家等活用促進区域の設定や空家等管理活用支援法人の指定等により、空き家の所有者へ活用を働きかけ、空き家の改修・サブリースを促進するとともに、戸建てを含めた空き家の子育て世帯向けのセーフティネット住宅への登録を促進することなどにより、既存の民間住宅ストックの活用を進める。これらにより、今後 10 年間で子育て世帯等の居住に供する住宅約 10 万戸を確保する。

○あわせて、子育て世帯等が良質な住宅を取得する際に、住宅金融支援機構が提供する全期間固定金利の住宅ローン「フラット 35」について、こどもの人数に応じて金利を引き下げる制度を 2023 年度中に開始する。

○これらの取組に加えて、こどもの声や音などの面で近隣住民に気兼ねせず入居できる住まいの環境づくりとして、集合住宅の入居者等への子育て世帯に対する理解醸成を図る。また、子育て世帯向け住宅の周知の強化や、子育て世帯に対して入居や生活に関する相談等の対応を行う居住支援法人に重点的な支援を講じることにより、住まいに関する支援を必要としながらも支援が行き届いていない子育て世帯への取組を強化する。

2. 全てのこども・子育て世帯を対象とする支援の拡充
(1) 妊娠期からの切れ目ない支援の拡充～伴走型支援と産前・産後ケアの拡充～
○妊娠から産後 2 週間未満までの妊産婦の多くが不安や負担感を抱いていることや、児童虐待による死亡事例（心中以外）の約半数が 0 歳児（うち 25％は 0 か月児）であることなどを踏まえると、妊娠期からの切れ目ない支援と産前・産後ケアの拡充は急務となっている。

○このため、妊娠期から出産・子育てまで、身近な場所で相談に応じ、多様なニーズに応じた支援につなぐ「伴走型相談支援」について、地方自治体の取組と課題を踏まえつつ、継続的な実施に向け、児童福祉法（昭和 22 年法律第 164 号）の新たな相談支援事業として制度化する。その際、アプリや SNS を活用した情報発信など、デジタル技術を積極的に活用する。

○退院直後の母子に対して心身のケアや育児のサポートなどを行い、産後も安心して子育てができる支援体制の確保を図る産後ケア事業については、利用者負担の軽減措置を本年度から全ての世帯に対象を拡大して実施している。更なる利用拡大に向け、本事業を子ども・子育て支援法の地域子ども・子育て支援事業として位置付け、支援を必要とする全ての方が利用できるようにするための

提供体制の確保に向けた取組を進めるとともに、支援の必要性の高い産婦など を受け入れる施設に対する支援の拡充を行い、子育て家庭の産前・産後の心身 の負担軽減を図る観点から、実施体制の強化等を行う。

○「1か月児」及び「5歳児」への健康診査並びに「新生児マススクリーニング 検査」の対象疾患拡充について、早期の全国展開に向けた支援を行うとともに、 「新生児聴覚検査」について、全国での公費負担の実施に向けた取組を進める。

○女性が、妊娠前から妊娠・出産後まで、健康で活躍できるよう、国立成育医 療研究センターに、「女性の健康」に関するナショナルセンター機能を持たせ、 女性の健康や疾患に特化した研究や、プレコンセプションケアや産後ケア事業 を含む成育医療等の提供に関する研究等を進めるとともに、基礎疾患のある妊 産婦や妊娠を希望する女性等に対する妊娠と薬に関する相談支援を進める。ま た、2022 年度から保険適用された不妊治療について、推進に向けた課題を整理、 検討する。

(2) 幼児教育・保育の質の向上～75 年ぶりの配置基準改善と更なる処遇改善～

○待機児童対策の推進により量の拡大は進んだものの、一方で、昨今、幼児教 育・保育の現場でのこどもをめぐる事故や不適切な対応事案などにより子育て 世帯が不安を抱えており、安心してこどもを預けられる体制整備を急ぐ必要が ある。

○このため、保育所・幼稚園・認定こども園の運営費の基準となる公定価格の改 善について、公的価格評価検討委員会中間整理（2021 年 12 月）を踏まえた費 用の使途の見える化を進め、保育人材確保、待機児童解消その他関連する施策 との関係を整理しつつ、取組を進める。

○具体的には、「社会保障と税の一体改革」以降積み残された1歳児及び4・5歳 児の職員配置基準については、

① 2024 年度から、制度発足以来 75 年間一度も改善されてこなかった4・5歳 児について、30 対1から 25 対1への改善を図り、それに対応する加算措置 を設ける。また、これと併せて最低基準の改正を行う（経過措置として当分 の間は従前の基準により運営することも妨げない。）。

② 2025 年度以降、1歳児について、保育人材の確保等の関連する施策との関 係も踏まえつつ、加速化プラン期間中の早期に6対1から5対1への改善を 進める。

○また、保育士等の処遇改善については、令和5年人事院勧告を踏まえた対応を 実施するとともに、民間給与動向等を踏まえた更なる処遇改善を進める。

○くわえて、費用の使途の見える化に向けて、事業者が施設ごとの経営情報等を都道府県知事に報告することを求めるとともに、報告された経営情報等の分析結果等の公表を都道府県知事に求めること等を法定化する。

(3) 全ての子育て家庭を対象とした保育の拡充～「こども誰でも通園制度（仮称）」の創設～

○0～2歳児の約6割を占める未就園児を含め、子育て家庭の多くが「孤立した育児」の中で不安や悩みを抱えており、支援の強化を求める意見がある。全てのこどもの育ちを応援し、こどもの良質な成育環境を整備するとともに、全ての子育て家庭に対して、多様な働き方やライフスタイルにかかわらない形での支援を強化するため、現行の幼児教育・保育給付に加え、月一定時間までの利用可能枠の中で、就労要件を問わず時間単位等で柔軟に利用できる新たな通園給付（「こども誰でも通園制度（仮称）」）を創設する。

○具体的には、2025年度に子ども・子育て支援法に基づく地域子ども・子育て支援事業として制度化し、実施自治体の増加を図った上で、2026年度から子ども・子育て支援法に基づく新たな給付として全国の自治体において「こども誰でも通園制度（仮称）」を実施できるよう、所要の法案を次期通常国会に提出する。

○2025年度からの制度化に向けて、2023年度から本格実施を見据えた試行的事業の開始を可能とすることとし、2024年度も含めた試行的事業の実施状況を踏まえつつ、制度実施の在り方について検討を深める。

○病児保育の安定的な運営を図る観点から、病児保育に係る保育士等の職務の特殊性等を踏まえた基本分単価の引上げ等を、2024年度から行う。

(4) 新・放課後子ども総合プランの着実な実施～「小1の壁」打破に向けた量・質の拡充～

○保育の待機児童が減少する一方で、放課後児童クラブの待機児童は依然として1.5万人程度存在し、安全対策についての強化が求められるなど、学齢期の児童が安全・安心に過ごせる場所の拡充は急務である。

○このため、全てのこどもが放課後を安全・安心に過ごし、多様な体験・活動を行うことができるよう、新・放課後子ども総合プラン（2019年度～2023年度）による受け皿の拡大（約122万人から約152万人への拡大）を目指してきたところであるが、本年度末までにその達成が困難な状況であることを踏まえ、この目標を加速化プランの期間中の早期に達成できるよう取り組むとともに、

放課後児童クラブの安定的な運営を図る観点から、2024 年度から常勤職員配置の改善などを図る。

(5) 多様な支援ニーズへの対応〜こどもの貧困対策・ひとり親家庭の自立支援と社会的養護、障害児・医療的ケア児等の支援基盤の充実〜

○経済的に困難な家庭のこども、障害のあるこどもや医療的ケア児、異なる文化的背景を持つこどもなど、多様な支援ニーズを有するこどもの健やかな育ちを支え、「誰一人取り残さない」社会を実現する観点から、それぞれの地域において包括的な支援を提供する体制の整備が求められる。

○ 2022 年に成立した児童福祉法等の一部改正 18（以下「改正児童福祉法」という。）では、児童虐待の相談対応件数が増加を続けるなど、子育てに困難を抱える世帯が顕在化してきている状況を踏まえ、子育て世帯に対する包括的な支援体制の中核を担うこども家庭センターの設置や地域における障害児支援の中核的役割を担う児童発達支援センターの位置付けの明確化などが行われた。

○また、こどもの貧困対策は、我が国に生まれた全てのこどもの可能性が十全に発揮される環境を整備し、全てのこどもの健やかな育ちを保障するという視点のみならず、公平・公正な社会経済を実現する観点からも極めて重要である。こどものいる世帯の約 1 割はひとり親世帯であり、その約 45%が相対的貧困の状況にあることを踏まえれば、特にひとり親家庭の自立と子育て支援は、こどもの貧困対策としても喫緊の課題であると認識する必要がある。

○さらに、こども・若者が安心して過ごせる居場所づくりが重要となっている。「こどもの居場所づくりに関する指針」に基づき、地方公共団体や民間団体における安定的で質の高い居場所の運営など、現場のニーズに応じた多様な居場所づくりを支援していく。

○こうした多様なニーズを有する子育て世帯への支援については、支援基盤や自立支援の拡充に重点を置き、以下の対応を中心に進めるとともに、今後のニーズの増大等にも対応し、必要な支援を確実に提供していく。

こどもの貧困対策・ひとり親家庭の自立促進

○こどもの貧困を解消し、貧困の連鎖を断ち切るため、こどもの生活支援、学習支援を更に強化するとともに、ひとり親家庭に対し、児童扶養手当の拡充のほか、就業支援、養育費確保支援などを多面的に強化する。

（貧困を解消し、貧困の連鎖を断ち切るためのこどもへの支援）

○ひとり親家庭や低所得子育て世帯のこどもに対する伴走的な学習支援を拡充し、新たに受験料等を支援することで進学に向けたチャレンジを後押しする。

○また、こどもたちが、貧困によって食事が十分にとれなかったり、様々な体験に制約を受けることがなくなるよう、貧困家庭への宅食を行うとともに、地域にある様々な場所を活用して、安全・安心で気軽に立ち寄ることができる食事や体験・遊びの機会の提供場所を設ける。こうした取組を通じて、支援が必要なこどもを早期に発見し、適切な支援につなげる仕組みをつくることにより、こどもに対する地域の支援体制を強化する。

（ひとり親の就労支援等を通じた自立促進や経済的支援等）

○看護師・介護福祉士等の資格取得を目指すひとり親家庭の父母に対する給付金制度（高等職業訓練促進給付金制度）について、短期間で取得可能な民間資格を含む対象資格に拡大し、より幅広いニーズに対応できる制度とする。また、幅広い教育訓練講座の受講費用の助成を行う給付金（自立支援教育訓練給付金）について、助成割合の引上げ等を行うとともに、ひとり親に対する就労支援事業等について、所得等が増加しても自立のタイミングまで支援を継続できるよう、対象者要件を拡大する。

○ひとり親家庭の自立を促進する環境整備を進めるため、ひとり親を雇い入れ、人材育成・賃上げに向けた取組を行う企業に対する支援を強化する。

○養育費の履行確保のため、養育費の取決め等に関する相談支援や養育費の受取に係る弁護士報酬の支援を行い、ひとり親家庭の生活の安定を図る。

○児童扶養手当の所得限度額について、ひとり親の就労収入の上昇等を踏まえ、自立の促進を図る観点から見直すとともに、3人以上の多子世帯についての加算額を拡充することとし、このための所要の法案を次期通常国会に提出する。

児童虐待防止・社会的養護・ヤングケアラー等支援

○改正児童福祉法による包括的な相談支援体制の構築などの体制整備を着実に実施するとともに、こども・若者視点での新たなニーズに応じた支援やアウトリーチ型支援などを強化する。

（虐待の未然防止）

○子育てに困難を抱える世帯やヤングケアラー等に対するプッシュ型・アウトリーチ型支援を強化するため、こども家庭センターの全国展開を図るとともに、

学校や地域とのつなぎ役の配置などにより、子育てに困難を抱える家庭やこどものSOSをできる限り早期に把握し、必要な支援を届けるための体制整備を推進する。また、子育て世帯への訪問支援などの家庭支援事業を拡充するとともに、宅食などのアウトリーチ支援を充実する。
○妊婦健診未受診の妊婦などを必要な支援につなげるため、継続的に訪問支援を行う事業を実施するとともに、生活に困難を抱える特定妊婦等に対する一時的な住まいの提供や、こどもの養育等に関する相談・助言等を行う事業に取り組む。

（こども・若者視点からの新たなニーズへの対応）
○こども・若者視点からの新たなニーズへの対応として、虐待等で家庭等に居場所が無いこども・若者がそのニーズに合わせて必要な支援を受けられ、宿泊もできる安全な居場所等を確保する。
○また、親からの虐待や貧困等に起因して様々な困難に直面する学生等に対し、食事提供・相談支援等のアウトリーチ型支援を行う。

（児童虐待への支援現場の体制強化）
○児童虐待に迅速かつ的確に対応するため、児童相談所の職員の採用・人材育成・定着支援や業務軽減に向けたICT化等を行うとともに、こども家庭ソーシャルワーカーの資格取得を促進する。

（虐待等を受けたこどもの生活環境等の整備）
○こどもの状況等に応じた個別ケアを推進するため、一時保護施設における小規模ユニットケアを推進するとともに、一時保護施設や児童養護施設等に入所しているこどもの学習環境整備等の支援強化を図る。
○こどもの権利擁護の環境整備や親子関係の再構築支援を推進する。
○家庭養育環境を確保するための里親委託等を推進し、里親等委託率の向上を目指す。あわせて、里親支援センター等における特別養子縁組家庭等に対する情報提供、養育に関する助言等の支援を推進する。
○社会的養護を経験した若者が自立した社会生活を送ることができるよう、住居の提供や生活相談等を行う事業について、年齢にかかわらず必要な支援を継続するとともに、課題に応じた個別対応の強化や生活の質の向上を図る。また、虐待経験がありながら公的支援につながることなく成人した者等に対する相談・助言、一時的な居住支援等を行う。

障害児支援、医療的ケア児支援等

○こどもと家族に寄り添いながら個々の特性や状況に応じた質の高い支援の提供を進めるとともに、地域社会への参加・包摂（インクルージョン）を推進し、障害の有無にかかわらず、全てのこどもが安心して共に育ち暮らすことができる地域社会を実現する。

（早期発見・早期支援等の強化）

○保健、医療、福祉、教育等の関係者が連携し、地域において様々な機会を通じた発達相談、発達支援、家族支援の取組を進め、早期から切れ目なくこどもの育ちと家族を支える体制の構築を進める。

（地域における支援体制強化とインクルージョンの推進）

○障害の有無にかかわらず、安心して暮らすことができる地域づくりを進めるため、地域における障害児の支援体制の強化や保育所等におけるインクルージョンを推進する。具体的には、地域における障害児支援の中核的役割を担う児童発達支援センターについて、専門的な支援の提供と併せて、地域の障害児支援事業所や保育所等への支援を行うなどの機能強化を行うとともに、保育所等への巡回支援の充実を図る。

○こうした支援体制の強化が全国各地域で進むよう、国や都道府県等による状況把握や助言等の広域的支援を進め、地域の支援体制の整備を促進する。

（専門的な支援の強化等）

○医療的ケア児、聴覚障害児など、専門的支援が必要なこどもたちへの対応のため地域における連携体制を強化するとともに、医療的ケア児について一時的に預かる環境の整備や保育所等における受入れ体制の整備を進める。

○また、補装具については、障害のあるこどもにとって日常生活に欠かせないものであり、成長に応じて交換が必要なものであることを踏まえ、保護者の所得にかかわらずこどもの育ちを支える観点から、障害児に関する補装具費支給制度の所得制限を撤廃する。

○全国どの地域でも、質の高い障害児支援の提供が図られるよう、研修体系の構築など支援人材の育成を進めるとともに、ICT を活用した支援の実証・環境整備を進める。

3. 共働き・共育ての推進

(1) 男性育休の取得促進〜「男性育休は当たり前」になる社会へ〜

○国際的に見ても低水準にある夫の家事・育児関連時間を増やし、共働き・共育てを定着させていくための第一歩が男性育休の取得促進である。「男性育休は当たり前」になる社会の実現に向けて、官民一体となって取り組む。このため、制度面と給付面の両面からの対応を抜本的に強化する。

○なお、こうした対応を図るに当たっては、各種施策によって、かえって女性側に家事・育児負担が偏ってしまうということのないように十分に留意しなければならない。

制度面の対応

○まず、制度面では、男性の育児休業取得率について、現行の政府目標（2025年までに30%）を大幅に引き上げる。具体的には、国・地方の公務員（一般職・一般行政部門常勤）について育児休業の内容にも留意しつつ、先行的に目標の前倒しを進め、公務員、民間の双方について、以下のように男性の育児休業取得率の目標を引き上げる。

　（男性の育児休業取得率の目標）

　2025年 公務員85%（1週間以上の取得率）、民間50%

　2030年 公務員85%（2週間以上の取得率）、民間85%

　（参考）民間の直近の取得率20：女性80.2%、男性17.13%

○また、2025年3月末で失効する次世代育成支援対策推進法（平成15年法律第120号）を改正し、その期限を延長した上で、一般事業主行動計画について、数値目標の設定や、PDCAサイクルの確立を法律上の仕組みとして位置付けるとともに、今後の次世代育成支援において重要なのは「男女とも仕事と子育てを両立できる職場」であるという観点を明確化した上で、男性の育児休業取得を含めた育児参加や育児休業からの円滑な職場復帰支援、育児に必要な時間帯や勤務地への配慮等に関する行動が盛り込まれるよう促す。あわせて、育児休業、介護休業等育児又は家族介護を行う労働者の福祉に関する法律（平成3年法律第76号。以下「育児・介護休業法」という。）における育児休業取得率の開示制度について、常時雇用する労働者数が300人超の事業主に拡充するため、所要の法案を次期通常国会に提出することとし、これを踏まえて有価証券報告書における開示を進める。

○さらに給付面の対応として、いわゆる「産後パパ育休」（最大28日間）を念頭に、出生後一定期間内に両親ともに育児休業を取得することを促進するため、給付率を現行の67％（手取りで8割相当）から、80％（手取りで10割相当）へと引き上げる。

○具体的には、子の出生直後の一定期間内（男性は子の出生後8週間以内、女性は産後休業後8週間以内）に、両親が共に14日以上の育児休業を取得した場合には、その期間の給付率を28日間を限度に引き上げることとし、2025年度から実施するため、所要の法案を次期通常国会に提出する。

○男女ともに、職場への気兼ねなく育児休業を取得できるようにするため、現行の育児休業期間中の社会保険料の免除措置及び育児休業給付の非課税措置に加えて、育児休業を支える体制整備を行う中小企業に対する助成措置を大幅に強化する取組を推進する。具体的には、業務を代替する周囲の社員への応援手当の支給に関する助成の拡充や代替期間の長さに応じた支給額の増額を行う。あわせて、「くるみん認定」の取得など、各企業の育児休業の取得状況等に応じた加算等による実施インセンティブの強化を図る。

○あわせて、男性育休の大幅な取得増等に対応できるよう、育児休業給付を支える財政基盤を強化するため、2022年雇用保険法改正法の附則の規定を踏まえ、
　・2024年度から、国庫負担割合を現行の1/80から本則の1/8に引き上げるとともに、
　・当面の保険料率は現行の0.4％に据え置きつつ、今後の保険財政の悪化に備えて、本則料率を2025年度から0.5％に引き上げる改正を行うとともに、実際の料率は保険財政の状況に応じて弾力的に調整する仕組みを導入する
 こととし、所要の法案を次期通常国会に提出する。

(2) 育児期を通じた柔軟な働き方の推進～利用しやすい柔軟な制度へ～

○育児期を通じて多様な働き方を組み合わせることで、男女で育児・家事を分担しつつ、育児期の男女が共に希望に応じてキャリア形成との両立を可能とする仕組みを構築するとともに、好事例の紹介等の取組を進める。

○こどもが3歳になるまでの場合においては、現行の育児・介護休業法上、短時間勤務を措置することが事業主に義務付けられており、フレックスタイム制を含む出社・退社時刻の調整等が努力義務となっている。これらに加え、新たに子育て期の有効な働き方の一つとして、テレワークも事業主の努力義務の対象に追加するため、所要の法案を次期通常国会に提出する。

○また、こどもが3歳以降小学校就学前までの場合においては、育児・介護休業法で、柔軟な働き方を実現するため、①フレックスタイム制を含む出社・退社時刻の調整、②テレワーク、③短時間勤務制度、④保育施設の設置運営等、⑤休暇から、事業主が職場の労働者のニーズを把握しつつ複数の制度を選択して措置し、その中から労働者が選択できる制度（「親と子のための選べる働き方制度（仮称）」）を創設する。さらに、現在はこどもが3歳になるまで請求することができる残業免除（所定外労働の制限）について、対象となるこどもの年齢を小学校就学前まで引き上げるため、所要の法案を次期通常国会に提出する。

○さらに、子や家庭の状況（例えば、障害児・医療的ケア児を育てる親やひとり親家庭等）から、両立が困難となる場合もある。労働者の離職を防ぐ観点から、事業主に対して、妊娠・出産等の申出時や子が3歳になる前に、労働者の仕事と育児の両立に関する個別の意向を聴取し、その意向に対する自社の状況に応じた配慮を求めることとするため、所要の法案を次期通常国会に提出する。

○あわせて、育児中の柔軟な働き方として、男女ともに時短勤務を選択しやすくなるよう、「育児時短就業給付（仮称）」を創設し、こどもが2歳未満の期間に、時短勤務を選択した場合に、時短勤務時の賃金の10%を支給することとし、2025年度から実施するため、所要の法案を次期通常国会に提出する。

○上記の短時間勤務についても、男性育休促進と同様に、周囲の社員への応援手当支給等の体制整備を行う中小企業に対する助成措置の大幅な強化と併せて推進する。

○また、こどもが病気の際などに休みにくい等の問題を踏まえ、病児保育の拡充と併せて、こうした場合に休みやすい環境整備を行う。具体的には、こどもが就学前の場合に年5日間23取得が認められる「子の看護休暇」について、対象となるこどもの年齢を小学校3年生修了時まで引き上げるほか、こどもの行事（入園式等）参加や、感染症に伴う学級閉鎖等にも活用できるように休暇取得事由の範囲を見直すため、所要の法案を次期通常国会に提出するとともに、取得促進に向けた支援を行う。

○また、仕事と育児の両立に取り組む労働者の心身の健康を守るため、企業における勤務間インターバル制度の導入やストレスチェック制度の活用など、労働者の健康確保のために事業主の配慮を促す仕組みを導入するとともに、選択的週休3日制度の普及にも取り組む。

○こうした個々の制度の前提として、長時間労働の是正を始め、企業全体の働き方改革をより一層推進し、育児期の男女が共に職場からの帰宅後に育児や家事を行うことができるようにすることが重要である。このため、まずは、2024

年度からの時間外労働の上限規制の全面施行に向け、法制度の周知を徹底し、必要な支援を実施するとともに、更なる長時間労働の是正に向けて、実効性を高めるための一層の取組を推進していく。このことは、家族介護や不妊治療など、様々な事情を抱える方々が、仕事との両立を可能とし、各自の能力を発揮することにもつながるものである。

(3) 多様な働き方と子育ての両立支援〜多様な選択肢の確保〜

○子育て期における仕事と育児の両立支援を進め、多様な働き方を効果的に支える雇用のセーフティネットを構築する観点から、現在、雇用保険が適用されていない週所定労働時間 10 時間以上 20 時間未満の労働者についても失業給付や育児休業給付等を受給できるよう、新たに適用対象とし、適用対象者数や事業主の準備期間等を勘案して 2028 年度に施行するため、所要の法案を次期通常国会に提出する。

○自営業・フリーランス等の育児期間中の経済的な給付に相当する支援措置として、国民年金の第 1 号被保険者について育児期間に係る保険料免除措置を創設することとする。その際、現行の産前・産後期間の保険料免除制度や被用者保険の育児休業期間の保険料免除措置を参考としつつ、2026 年度に施行するため、所要の法案を次期通常国会に提出する。

4. こども・子育てにやさしい社会づくりのための意識改革

○こども・子育て政策を実効あるものとするためには、行政が責任をもって取り組むことはもとより、こどもや子育て中の方々が気兼ねなく様々な制度や支援メニューを利用できるよう、地域社会、企業など様々な場で、年齢、性別を問わず、全ての人がこどもや子育て中の方々を応援するといった社会全体の意識改革を進める必要がある。

○こどもや子育て世帯を社会全体で支える気運を醸成するため、優先案内や専門レーンを設置するなどの取組が国立博物館など国の施設において今春にスタートしており、利用者のニーズを踏まえつつ、こうした取組を他の公共施設や民間施設にも広げていくとともに、公共インフラのこども向け現場見学機会の増加など、有意義な体験の場を提供する。

○また、鉄道やバスなどにおけるベビーカー使用者のためのフリースペース等の設置や分かりやすい案内の促進とともに、公共交通機関等において、妊産婦や乳幼児連れの方を含め、配慮が必要な方に対する利用者の理解・協力を啓発する取組を推進する。

○さらに、「こどもまんなか宣言」の趣旨に賛同する企業・個人・地方自治体などに「こどもまんなか応援サポーター」となっていただき、「今日からできること」を実践し、取り組んだ内容を自ら SNS などで発表する「こどもまんなか応援プロジェクト」の取組を始め、こども・子育てを応援する地域や企業の好事例の共有・横展開や各地域でリレーシンポジウムを開催するなど、こどもや子育てにやさしい社会の輪が、全国に広がっていくよう取り組んでいく。

○もとよりこうした意識改革は、少子化の危機的な状況、そして今のこどもを取り巻く状況や、子育て世帯の負担がいかに大きなものかということをより多くの方に理解していただくことによって、自然と周囲の協力が行われることが望ましい。社会の意識を変えていくことは簡単ではないが、大きな挑戦と捉え、様々な手法で国民的な議論を起こし、より多くの方の理解と行動を促していく。

Ⅲ－2.「加速化プラン」を支える安定的な財源の確保

○Ⅲ－1. の1. ～4. で掲げた給付面の改革や意識改革と並行して、次のような財政面の改革に取り組む。

（見える化）
○こども家庭庁の下に、2025 年度に、こども・子育て支援特別会計（いわゆる「こども金庫」）を創設し、既存の（特別会計）事業を統合しつつ、こども・子育て政策の全体像と費用負担の見える化を進める。

（予算規模）
○「加速化プラン」の予算規模は、各年度の予算編成を通じて決定されていくこととなるが、現時点の見込みでは、
1. ライフステージを通じた子育てに係る経済的支援の強化や若い世代の所得向上に向けた取組 1.7 兆円程度
2. 全てのこども・子育て世帯を対象とする支援の拡充 1.3 兆円程度
3. 共働き・共育ての推進 0.6 兆円程度
全体として 3.6 兆円程度の充実となる。

○2030 年代に入るまでの少子化対策のラストチャンスを逃さないよう、徹底した歳出改革等や構造的賃上げ・投資促進の取組を複数年にわたって先行させつつ、「加速化プラン」の大宗を 3 年間（2026 年度まで）で実施する。

（財源の基本骨格）

①財源については、国民的な理解が重要である。既定予算の最大限の活用等を行うほか、2028 年度までに徹底した歳出改革等を行い、それによって得られる公費節減の効果及び社会保険負担軽減の効果を活用する。歳出改革と賃上げによって実質的な社会保険負担軽減の効果を生じさせ、その範囲内で支援金制度を構築することにより、実質的な負担が生じないこととする。

　「加速化プラン」の実施が完了する 2028 年度までに、②の既定予算の最大限の活用等、③の歳出改革による公費節減及び支援金制度の構築により、3.6 兆円程度の安定財源を確保する。

　なお、消費税などこども・子育て関連予算充実のための財源確保を目的とした増税は行わない。

②既定予算の最大限の活用等については、子ども・子育て拠出金など既定の保険料等財源や、社会保障と税の一体改革における社会保障充実枠の執行残等の活用などにより、2028 年度までに、全体として 1.5 兆円程度の確保を図る。

③歳出改革については、「全世代型社会保障構築を目指す改革の道筋（改革工程）」における医療・介護制度等の改革を実現することを中心に取り組み、これまでの実績も踏まえ、2028 年度までに、公費節減効果について 1.1 兆円程度の確保を図る。

　歳出改革と賃上げによって実質的な社会保険負担軽減の効果を生じさせ、その範囲内で、2026 年度から段階的に 2028 年度にかけて支援金制度を構築することとし、2028 年度に 1.0 兆円程度 35 の確保を図る。

④2028 年度にかけて安定財源を確保するまでの間に財源不足が生じないよう、必要に応じ、つなぎとして、こども・子育て支援特例公債（こども金庫が発行する特会債）を発行する。

⑤上記の安定財源とは別に、授業料後払い制度の導入に関して、学生等の納付金により償還が見込まれること等を踏まえ HECS 債（仮称）による資金調達手法を導入する。

○上記の基本骨格等に基づき、「加速化プラン」に盛り込まれた施策を実施するために必要な法案とともに、こども金庫の創設及び支援金制度の導入等に関する法案を、次期通常国会に提出する。

Ⅲ−3. こども・子育て予算倍増に向けた大枠

○「加速化プラン」を実施することにより、こども一人当たりの家族関係支出で

見て、我が国のこども・子育て関係予算（GDP 比で 11.0%）は、OECD トップ水準のスウェーデン（15.4%）に達する水準（一定の前提を置いて試算すると 16% 程度）となり、画期的に前進する。

○また、「加速化プラン」を実施することにより、国のこども家庭庁予算（2022 年度 4.7 兆円）は約 5 割増加すると見込まれる。さらに、育児休業については、新たな男性育休の取得目標の下での職場の意識改革や制度拡充の効果により関連予算が倍増していくと見込まれる。

○こども・子育て政策の充実は、決して、「加速化プラン」で終わるものではない。こども・子育て予算倍増に向けては、「加速化プラン」の効果の検証を行いながら、政策の内容・予算を更に検討し、こども家庭庁予算で見て、2030 年代初頭までに、国の予算又はこども一人当たりで見た国の予算の倍増を目指す。今後更に政策の内容の充実を検討し、内容に応じて、社会全体でどう支えるかあらゆる選択肢を視野に入れて更に検討する。

Ⅳ．こども・子育て政策が目指す将来像と PDCA の推進

○全てのこども・子育て世帯を切れ目なく支援することにより、以下に掲げる「こどもと向き合う喜びを最大限に感じるための 4 原則」を実現するため、今後 3 年間の集中取組期間における「加速化プラン」の実施状況や各種施策の効果等を検証しつつ、こども・子育て政策の適切な見直しを行い、PDCA を推進していく。

○その際には、現行のこども・子育て政策が、これまでの経緯などから、医療保険や雇用保険、子ども・子育て支援制度など様々な制度が関わっており、その結果、制度間の縦割りや不整合といった問題や、申請手続・窓口が異なるために制度を利用しづらいといった問題が指摘されてきているほか、費用負担など財政構造も制度ごとに異なっている状況にあることを見直し、「総合的な制度体系」を構築する観点から、現行の関連制度を一つの制度に統合していくことも視野に置き、給付と負担の関係を含めて、その全体像が国民にとって分かりやすい制度としていく。

～こどもと向き合う喜びを最大限に感じるための 4 原則～
1．こどもを生み、育てることを経済的理由であきらめない
○第一に、こどもを生み、育てることを経済的理由であきらめない社会の実現である。このため、「加速化プラン」の「ライフステージを通じた子育てに係る

経済的支援の強化や若い世代の所得向上に向けた取組」に基づき実施する施策を着実に進め、その実施状況や効果等を検証しつつ、高等教育費の負担や奨学金の返済などが少子化の大きな要因の一つとなっているとの指摘があることに鑑み、奨学金制度の更なる充実や授業料負担の軽減など、高等教育費の負担軽減を中心に、ライフステージを通じた経済的支援の更なる強化や若い世代の所得向上に向けた取組について、適切な見直しを行う。

2. 身近な場所でサポートを受けながらこどもを育てられる

○第二に、身近な場所でサポートを受けながらこどもを育てることができる社会の実現である。このためには「加速化プラン」の「全てのこども・子育て世帯を対象とする支援の拡充」に基づき実施する施策を着実に進め、その実施状況や効果等を検証しつつ、適切な見直しを行う。

3. どのような状況でもこどもが健やかに育つという安心感を持てる

○第三に、どのような状況でもこどもが健やかに育つという安心がある社会の実現である。このためには「加速化プラン」の「全てのこども・子育て世帯を対象とする支援の拡充」に基づき実施する施策を着実に進め、その実施状況や効果等を検証しつつ、適切な見直しを行う。

4. こどもを育てながら人生の幅を狭めず、夢を追いかけられる

○第四に、こどもを育てながら、キャリアや趣味など人生の幅を狭めることなく、夢を追いかけられる社会の実現である。このためには「加速化プラン」の「共働き・共育ての推進」に基づき実施する施策を着実に進め、その実施状況や効果等を検証しつつ、適切な見直しを行う。

おわりに

○本戦略は、少子化・人口減少のトレンドを反転させるため、これまでとは次元の異なる少子化対策の実現に向けて取り組むべき政策強化の基本的方向を取りまとめたものであり、今後3年間の集中取組期間において実施すべき「加速化プラン」の内容を明らかにするとともに、将来的なこども・子育て予算の倍増に向けた大枠を示している。

○本戦略に基づくこども・子育て政策の抜本的な強化に向け、少子化の克服に向けた基本的な政策の企画立案・総合調整をつかさどるこども家庭庁が中心とな

り、文部科学省や厚生労働省等の関係省庁と連携し、こども・若者や子育て当事者の視点に立って、こども基本法（令和4年法律第77号）に基づきこども施策の基本的な方針や重要事項等について定める「こども大綱」の実行と併せて政府を挙げて、取り組んでいく。

○その際、本戦略に基づく制度や施策の内容、意義、目指す姿を国民一人一人に分かりやすいメッセージで伝えるとともに、社会全体でこども・子育て世帯を応援するという気運を高め、社会の意識改革を進めていく国民運動を、経済界や地方自治体など幅広い関係者の参画と協力を得ながら展開する。

（別紙）こども・子育て支援特別会計とこども・子育て支援金制度

○以下の内容に沿って 2024 年通常国会への法案提出に向けて、引き続き検討する。

1　こども・子育て支援特別会計

（骨格と見える化）

○こども・子育て政策の全体像と費用負担の見える化を進めるため、新たな特別会計（いわゆる「こども金庫」）として、2025 年度から、こども・子育て支援特別会計（仮称）を設置し、特定の財源を活用して実施する事業を一般会計と区分して経理する。

○同特別会計は、子ども・子育て支援法に基づく子ども・子育て支援に係る事業を経理する「こども・子育て支援勘定」（仮称）と雇用保険法に基づく育児休業等給付に係る事業を経理する「育児休業等給付勘定」（仮称）に区分する。

○これにより、こども・子育て政策に関して、予算の一覧性が高まるとともに、給付と拠出の関係がより一層明確化される。

（特別会計における歳入）

○同特別会計における歳入は、主に以下のとおりとする。
・一般会計からの繰入金
・子ども・子育て拠出金
・育児休業給付に充てる雇用保険料
・こども・子育て支援納付金（仮称）（以下「支援納付金」という。）
・こども・子育て支援特例公債（仮称）の収入

（特別会計における歳出）

○同特別会計における歳出は、主に以下のとおりとする。このうち※については、支援納付金を充当する。
・子ども・子育て支援法に基づく子どものための教育・保育給付
・子ども・子育て支援法に基づく地域子ども・子育て支援事業等
・雇用保険法に基づく育児休業給付
・出産・子育て応援給付金の制度化（※）
・共働き・共育てを推進するための経済支援（両親が共に一定期間以上の育児休業を取得した場合の育児休業給付率の引上げに相当する部分、育児時短就業給付（仮称）の創設、自営業者・フリーランス等の育児期間中の経済的な

222

給付に相当する支援措置としての国民年金第1号被保険者についての育児期間に係る保険料免除措置の創設）（※）

・こども誰でも通園制度（仮称）（※）

・児童手当（※）

○なお、支援納付金の収納が満年度化するまでの間、支援納付金を充当する事業に要する費用について、つなぎとしてこども・子育て支援特例公債を発行する。支援納付金はその償還にも充当できる。

○あわせて、支援納付金やこども・子育て支援特例公債の収入に係る決算剰余金が、支援納付金を充当する経費以外に使われることのないよう、こども・子育て支援勘定に、こども・子育て支援資金（仮称）を設置して分別管理する。

2　こども・子育て支援金制度

（骨格）

○歳出改革と賃上げによって実質的な社会保険負担軽減の効果を生じさせ、その範囲内でこども・子育て支援金制度（仮称）を構築する。

○これは、少子化対策に充てる費用について、企業を含め社会・経済の参加者全員が連帯し、公平な立場で、広く拠出していく仕組みとする。

○こども・子育て支援金（仮称）（以下「支援金」という。）の充当対象事業に係る費用の拠出のため、医療保険者に、支援納付金の納付をお願いし、医療保険者がその納付に充てる費用として、被保険者等から保険料と合わせて支援金を徴収する。

（支援納付金）

○各年度における支援納付金の総額は、支援納付金を充当する事業の所要額が毎年変動するため、毎年末の予算編成過程において、その見込み額を基に、こども家庭庁が支援金を拠出する立場にある関係者等の意見を聴取しつつ、その年度までに生じた上述の実質的な社会保険負担軽減の効果の範囲内で決定する。

○支援納付金総額に対する医療保険者間での費用負担の分担については、以下のとおりとする。

・後期高齢者医療制度とその他の医療保険制度：後期高齢者と現役世代の医療保険料負担に応じて按分（現行の出産育児支援金における按分と同様）

・被用者保険と国民健康保険制度：加入者数に応じて按分（現行の介護納付金、後期高齢者支援金における按分と同様）

・被用者保険間：総報酬に応じて按分（現行の介護納付金、後期高齢者支援金

における按分と同様）
○支援納付金の医療保険者からの徴収に係る事務については、介護納付金の事務
　を参考としつつ、国の事務は社会保険診療報酬支払基金において実施する。
（支援金）
○医療保険者が被保険者から徴収する支援金については、被用者保険、国民健康
　保険・後期高齢者医療制度それぞれの各医療保険者の支援納付金総額に照らし
　医療保険料の賦課・徴収の方法を踏まえ、医療保険者ごとに設定する。
○国民健康保険及び後期高齢者医療制度においては、低所得者に対する応益分支
　援金の軽減措置（医療保険と同様の所得階層別の軽減率（7割、5割、2割））、
　被保険者の支援金額に一定の限度（賦課上限）を設ける措置等を設けることと
　し、詳細は現行の医療保険制度に準ずる形で実施する。
○上記の措置に加え、国民健康保険における支援金については、本制度が少子化
　対策に係るものであることに鑑み、こどもがいる世帯の金額が増えないよう、
　18歳に達する日以後の最初の3月31日以前までのこどもに係る支援金の均等
　割額の10割軽減の措置を講じる。
○また、国民健康保険及び後期高齢者医療制度における支援金の賦課に当たって
　は、負担の公平性の観点から、金融所得を勘案することについて、引き続き検
　討を行う。

（医療保険者に対する財政支援等）
○医療保険者への財政支援として、医療保険制度における介護納付金の例を参考
　に、保険者の支援納付金の納付業務に係る事務費の国庫負担等、国民健康保険
　に関する定率負担・補助等の措置を講ずる。また、施行時の措置として、医療
　保険者における準備金等の必要な経費について、必要な措置を検討する。

（実施時期等）
○支援金制度は、歳出改革と賃上げによって実質的な社会保険負担軽減効果を生
　じさせた範囲内で構築するものであり、また、その徴収に当たっては、医療保
　険者や社会保険診療報酬支払基金等における相当程度の準備作業が必要であり、
　後期高齢者医療制度における保険料改定作業等も踏まえる必要がある。
○こうした点を踏まえ、支援金制度は、2026年度から開始して2028年度までに
　段階的に構築することとする。あわせて、法律において、支援金制度は上述の
　実質的な社会保険負担軽減効果の範囲内で構築することや、2028年度までの
　各年度の支援金総額、歳出改革（全世代型社会保障制度改革）の推進の基本的

考え方など、必要な事項を規定する。

参考文献

・山口慎太郎（2021）「子育て支援の経済学」日本評論社
・山田昌弘（2020）「日本の少子化対策はなぜ失敗したのか？―結婚・出産が回避される本当の原因」光文社
・松田茂樹（2021）「［続］少子化論―出生率回復と〈自由な社会〉」学文社
・柴田悠（2016）「子育て支援が日本を救う―経済効果の統計分析」勁草書房
・村上芽（2019）「少子化する世界」日本経済新聞出版
・藤波匠（2023）「なぜ少子化は止められないのか」日経BP・日本経済新聞出版
・山崎史郎（2021）「人口戦略法案―人口減少を止める方策はあるのか」日本経済新聞出版
・筒井淳也（2023）「未婚と少子化―この国で子どもを産みにくい理由」ＰＨＰ研究所
・永瀬伸子・寺村絵里子編著（2021）「少子化と女性のライフコース」原書房
・小室淑恵・天野妙（2020）「男性の育休―家族・企業・経済はこう変わる」PHP研究所
・山野良一（2014）「子どもに貧困を押しつける国・日本」光文社
・池上彰編（2015）「日本の大課題　子どもの貧困―社会的養護の現場から考える」筑摩書房
・内閣府（2022）「少子化社会対策白書」
・厚生労働省（2022）「令和4年版厚生労働白書」

著者略歴

小倉將信（おぐら・まさのぶ）

昭和56（1981）年生まれ。平成16（2004）年東京大学法学部卒業後、日本銀行に入行。平成21（2009）年オックスフォード大学大学院金融経済学修士修了。

平成24（2012）年、町田市・多摩市（東京都第23選挙区）選出の衆議院議員として初当選。現在4期目。

平成29（2017）年総務大臣政務官に就任。地方行政・地方財政・地方税制・消防を担当。

令和3（2021）年自民党青年局長に就任。

令和4（2022）年内閣府特命担当大臣に就任。こども政策、少子化対策、男女共同参画、女性活躍、共生社会、孤独・孤立対策を担当。

令和5（2023）年初代こども家庭庁担当大臣に就任。

令和6年現在、自民党副幹事長。税制調査会幹事、金融調査会幹事長代理、消費者問題調査会事務局長、党改革実行本部幹事、女性活躍推進特別委員会委員長代理、「こども・若者」輝く未来創造本部事務局長、孤独・孤立対策特命委員会委員長など。

もとしょうしかだいじんかいせつ　いじげんしょうしかたいさく
元少子化大臣が解説する異次元の少子化対策

2024年5月31日　初版発行

　著　者　おぐらまさのぶ
　　　　　小倉將信

制作・発売　**中央公論事業出版**
　　　　　〒101-0051　東京都千代田区神田神保町1-10-1
　　　　　　　　　　　IVYビル5階
　　　　　電話　03-5244-5723
　　　　　URL　https://www.chukoji.co.jp/

　　　　　印刷・製本／大日本印刷
　　　　　装丁／studio TRAMICHE